Eine Frau, die eigentlich eine Katze ist.
Ein Polizist, der unter einer Katzenhaarallergie leidet.
Und ein plötzlicher Mord.

Kate liebt es, mit dem neuen Polizisten Jeremy Spielchen zu spielen. Als Gestaltwandlerin weiß sie sofort, dass er ihr Seelengefährte ist. Nur wie soll sie ihm die Wahrheit über sich erklären? Wird er an ihrer Seite bleiben, obwohl sie ein magisches Wesen ist?

Jeremy glaubt, langsam wahnsinnig zu werden. Seitdem er nach Portumna versetzt wurde, sieht er Dinge, die nicht sein können. Angefangen hat es mit einem Mann mit Hufen und jetzt denkt er, dass sich eine Nixe im Shannon tummelt. Außerdem ist da diese Katze, die er trotz seiner Katzenhaarallergie problemlos streicheln kann.

Als ob das alles noch nicht genug ist, fühlt sich der dominant-sadistische Polizist zu einer Privatermittlerin hingezogen, die ihm ständig einen Schritt voraus ist.

Eines Tages gerät sie unter Mordverdacht, weshalb er sie festnimmt, obwohl er von ihrer Unschuld überzeugt ist.

Ist er in der Lage, sie vor einer ungerechten Strafe zu bewahren? Oder wird er hilflos zusehen müssen, wie sie ins Gefängnis wandert?

Eine Geschichte vor den traumhaften Kulissen der irischen Landschaft, die den Leser tief in die magische Welt hineinzieht, die aber auch zeigt, wie wichtig Vertrauen, Liebe und Freundschaft sind.

Original-Ausgabe erschienen im März 2023 bei Merlins Bookshop.

Korrektorat & Lektorat: Merlins Bookshop, Birlenbach

Verlag: Merlins Bookshop, Waldstr. 22, 65626 Birlenbach

Druck: Arkadruk, Polen

ISBN: 978-3-96248-525-2

Lisa Skydla

Vom Kätzchen verführt

Roman

Merlin´s Bookshop

Inhalt

Kapitel 1 - Neuanfang

Jeremy wuchtete die letzte Umzugskiste aus dem LKW, ehe er die hintere Ladeklappe zuschlug. Einen Moment atmete er durch, bevor er die Kiste in das hübsche kleine Cottage trug, das von jetzt an sein Zuhause sein würde.

Im Wohnzimmer saß sein bester Kumpel Alex, der ihn stirnrunzelnd ansah. „Ich hätte nie gedacht, dass du es tatsächlich durchziehst. Du läufst vor einer Frau davon!“ Missmutig sah er ihn an.

Jeremy zuckte nur mit den Schultern, sie hatten diese Diskussion bereits etliche Male geführt. „Es ist nicht nur wegen Ellen, das habe ich dir schon so oft erklärt. Ich brauche einfach neue Herausforderungen und in Athlone gab es für mich keine Aufstiegsmöglichkeiten.“ Er seufzte leicht, da er genau wusste, dass es sich um eine billige Ausrede handelte. In Wirklichkeit war er nach Portumna gezogen, weil er seiner Ex-Freundin nicht ständig über den Weg laufen wollte. Sicher war das kindisch, feige und auch kurzsichtig, trotzdem ertrug er es nur schlecht, jeden Tag an ihren Verrat erinnert zu werden. Er hatte sie im Bett mit ihrem Chef erwischt, was für ein Klischee.

„Du kannst es dir gerne einreden, aber ich glaube dir kein Wort.“ Alex deutete auf die Kisten. „Soll ich dir beim Auspacken helfen?“

„Nein, danke, damit komme ich schon klar. Sind ja nur meine persönlichen Sachen." Er klopfte seinem Kumpel auf die Schulter. „Ich bin ja nicht aus der Welt."

„Gut, dann mache ich mich auf den Rückweg. Solltest du Hilfe brauchen, ruf mich an."

Die Freunde umarmten sich, anschließend verließ Alex das Häuschen, um mit dem LKW zurückzufahren.

Jeremy sah sich in dem Chaos um, ehe er tief Luft holte, um zumindest die wichtigsten Kartons auszupacken. Er hatte das Cottage möbliert gemietet, sodass er seine Zelte jederzeit abbrechen konnte. Allerdings hatten sich im Laufe der Zeit eine ganze Menge Dinge angesammelt, die er nicht wegwerfen wollte. Angefangen von seinen Büchern über die persönlichen Sachen, kleine Andenken und natürlich seine Bogen. Er liebte Bogenschießen, daher besaß er eine ansehnliche Sammlung. Dazu kamen die verschiedenen Pfeile, Zielscheiben, Pfeilfangvorhang sowie weiteres Zubehör. Hinter seinem Cottage gab es genug Platz, wo er seinem Hobby frönen konnte.

Kurz überlegte er, dann trug er zuerst die Kartons mit der Aufschrift Küche in das entsprechende Zimmer. Jeremy kochte gerne, besonders experimentierte er mit neuen Gerichten oder Zutaten. Seine Küchenutensilien füllten tatsächlich fünf Kisten.

Nacheinander packte er die Sachen in die Schränke, dabei erinnerte er sich daran, wie er für seine ehemalige Freundin gekocht hatte. Bitterkeit erfüllte seine Gedanken. Wie konnte er sich nur so sehr in ihr täuschen? Er hätte sie beinahe geheiratet. Jetzt schüttelte er über sich selbst den Kopf, denn die Anzeichen, dass ihre Gefühle lediglich oberflächlich gewesen waren, ignorierte er damals einfach. Eilig schob er die Grübeleien von sich, aktuell ging es um einen Neuanfang, zumal er zum Chief Superintendent ernannt worden war. Auf die Beförderung wartete er schon seit einigen Jahren, sodass er nicht lange überlegen musste.

Nachdem er die Küche eingerichtet hatte, nahm er sich das Schlafzimmer vor. Hier war er relativ schnell fertig, obwohl er sogar das Bett frisch bezog. Bei seiner Kleidung beschränkte er sich auf die notwendigen Sachen, ihm lag kaum etwas an der neuesten Mode. Hand- und Badetücher packte er direkt in einen Schrank im Badezimmer, anschließend kamen die Bücherkisten dran.

Jetzt stand er vor einem ziemlichen Problem, da er niemals alle seine Schätze in das winzige Regal im Wohnzimmer untergebracht bekam. Seufzend überlegte er, was er machen sollte. Auf gar keinen Fall würde er die Romane entsorgen oder verschenken. Natürlich war das irgendwie kindisch, trotzdem brachte er es einfach nicht übers Herz.

Als er keinen Platz mehr in dem bereits vorhandenen Bücherregal fand, angelte er den Autoschlüssel von der Ablage neben der Haustür, schnappte sich seinen Geldbeutel und machte sich auf den Weg ins nächste Möbelgeschäft. Im Schlafzimmer gab es noch eine Ecke für ein weiteres Regal, außerdem hatte er eine gute Stelle im Flur gefunden.

Als er in seinem Wagen saß, holte er sein Smartphone hervor, um nach einem geeigneten Geschäft zu suchen, dabei nahm er aus den Augenwinkeln eine Bewegung wahr. Sofort sah er sich um, konnte aber nichts Ungewöhnliches erkennen. Gezielt atmete er aus, so langsam sollte er zur Ruhe kommen. Seit er das erste Mal in Portumna gewesen war, um sich das Cottage anzusehen, befürchtete er den Verstand zu verlieren. Vor vier Wochen bildete er sich ein, tatsächlich einen Mann mit einem Huf statt eines Fußes gesehen zu haben. Darüber hatte er mit niemandem geredet, nicht einmal Alex wusste davon.

Erneut holte er tief Luft, anschließend startete er den Motor des Geländewagens, um sich auf den Weg zum Möbelhaus zu machen. Es blieb ihm nicht so viel Zeit, da er am nächsten Tag seine neue Stelle antreten musste.

~~°~~

„Irgendetwas hereingekommen?", wollte Kim wissen, als sie das kleine Büro betrat und ihre Sachen verstaut hatte.

Kate schüttelte den Kopf. „Nein, es ist sehr ruhig, aber eine Pause tut uns ganz gut."

Die zwei Frauen betrieben eine Detektei, wobei sie mal gegen Bezahlung und mal ohne arbeiteten. Seit Kims Eltern vor mehr als fünfzig Jahren ermordet worden waren, während die Täter nie gefasst wurden, hatten sie sich der Aufgabe verschrieben, für Ordnung zu sorgen. Zum Glück besaßen beide ein kleines Vermögen, sodass sie nicht auf die Einnahmen des Geschäfts angewiesen waren.

„Es gibt einen neuen Chief Superintendenten, schon gehört?" Kim sah nachdenklich auf ihre Kollegin, die auch gleichzeitig ihre Chefin war. „Vielleicht ist das endlich mal jemand, mit dem wir zusammenarbeiten können." Sie seufzte leise. Der vorige Chief lehnte jede Einmischung ab, wie er es nannte, obwohl sie ihm mehrfach beweisen konnten, dass sie ihren Job verstanden.

„Glaubst du das wirklich? Ich bezweifele, dass ein Beamter sich auf irgendeine Art helfen lässt." Kate lachte spöttisch auf. „Die haben doch alle Angst, dass wir ihnen die Butter vom Brot nehmen. Zum Glück weiß hier niemand, was genau wir sind."

Dem stimmte Kim bedauernd zu. Wie gerne hätte sie einen Vertrauten gehabt, mit dem sie offen reden durfte, wenn es um einen Fall ging. Natürlich gab es die Möglichkeit, jederzeit die Wächter um Rat zu fragen, nur waren die Söldner, wie man sie auch nannte, enorm beschäftigt, sodass sie sie lieber in Ruhe ließen. Bei der Gruppe handelte es sich um eine Art Polizei für die paranormale Welt, sobald ein magisches Wesen aus der Reihe tanzte oder angegriffen wurde, sorgten sie für Gerechtigkeit. Leider hielten sich die Gerüchte, dass sie brutal, bösartig und gefährlich waren.

Kate wusste es besser, weil sie die Cousine von Logan O'Grady, einem der Wächter, war. Er konnte sich in einen Jaguar verwandeln, wobei es bei ihr hingegen nur zu einer schwarzen Katze mit einer weißen Brust reichte. Manchmal vererbten sich eben die falschen Gene.

„Wir sollten ihm eine faire Chance geben. Immerhin ist er nicht bereits scheintot, wie der letzte Chief." Kim legte den Kopf schief, was Kate daran erinnerte, dass es sich bei ihr im Grunde um einen Raben handelte. Ein Umstand, der ihnen bei ihren Ermittlungen genauso zugutekam, wie ihre eigenen tierischen Fähigkeiten.

„Hast du ihn schon gesehen?", erkundigte sich Kate leise seufzend. Seit ihre Freundin regelmäßig mit einem Dachdecker aus der Stadt ausging, versuchte sie, sie zu verkuppeln. Meistens ging ihr das gehörig auf die Nerven.

„Es könnte sein, dass ich eben an seinem Haus vorbeigefahren bin", gab Kim schmunzelnd zu. „Er ist wirklich ein Leckerbissen. Groß, dunkle Haare, durchtrainiert." Sie zwinkerte ihrer Chefin auf eine eindeutige Weise zu.

„Lass es doch einfach gut sein, bitte. Ich möchte verhindern, mit dem falschen Mann auszugehen. Glaub mir, ich habe auch so genug zu tun.“ Sie musste sich beherrschen, um den richtigen Ton zu treffen.

„Ich weiß, dass Teddy nicht mein Seelengefährte ist. Trotzdem wird man ja wohl noch leben dürfen“, zischte Kim beleidigt. Ihr lag es im Magen, dass es sich bei ihrem aktuellen Partner keineswegs um ihre Dualseele handelte. Sie liebte ihn, dennoch spürte sie deutlich, dass die Gefühle eher an der Oberfläche blieben.

„So meinte ich das nicht und das weißt du.“ Kates Tonfall wurde jetzt schärfer, da sie keinesfalls der Prellbock für das schlechte Gewissen ihrer Freundin spielen wollte. „Ich habe einige Beziehungen gehabt, ohne daran zu denken, dass irgendwo mein Seelenpartner wartet. Einsamkeit kann sehr quälend sein“, fügte sie versöhnlich hinzu.

Als Gestaltwandler wusste man sofort, ob sein Gegenüber wirklich der richtige Partner war. Dummerweise dauerte es in der Regel auch eine kleine Ewigkeit, bis sie ihre Dualseele gefunden hatten. Natürlich nur, wenn sie sich nicht schon von Kindesbeinen an kannten, was durchaus öfter vorkam. Darüber hinaus lebten sie viel länger als normale Menschen, so war Kate in ihrer Menschengestalt zwar erst achtundzwanzig, als Katzenwandler feierte sie in diesem Jahr allerdings ihren dreihundertzwanzigsten Geburtstag.

„Tut mir leid, aber ich denke immer, mich verteidigen zu müssen.“ Zerknirscht sah Kim die Freundin an. „Es fällt mir von Tag zu Tag schwerer, Teddy anzulügen. Verdammte Geheimhaltung!“

Die paranormalen Wesen lebten weitgehend unerkannt unter den Menschen, dabei besaßen sie eine eigene Regierung, andere Gesetze und eben die Wächter, die aufpassten, dass alle sich an die Verordnungen hielten. Mittlerweile gab es sogar Helfer in verschiedenen Orten, die besonders auf die oberste Regel, die Geheimhaltung, achteten.

„Möchtest du wirklich, dass die Normalen von uns wissen?" Ungläubig riss Kate die Augen auf. „Ich will mir nicht mal vorstellen, was sie mit uns anstellen würden."

Kim winkte ungeduldig ab. „Ich erkenne an, dass es nötig ist, uns zu schützen, trotzdem macht es mir das Leben nicht gerade leichter. Ich liebe Teddy, obwohl ich weiß, dass da noch mehr sein könnte." Seufzend legte sie den Kopf in die Hände.

„Das verstehe ich sehr gut, wie gesagt, ich war auch schon in der gleichen Situation." Kate lächelte ihr zu, anschließend nahm sie sich ein Blatt Papier, auf dem Notizen standen. „Ich schreibe mal die Rechnung für unseren letzten Auftrag." Damit war für sie die Unterhaltung beendet.

Bei dem vergangenen Einsatz hatten sie einen Ausreißer zurückgebracht. Die junge Fee hatte sich von einem Sukkubus verführen lassen. Die Eltern trennten beide, woraufhin sie sich in der angrenzenden Abtei versteckt hielt. Zum Glück war sie noch sehr unerfahren, sodass sie sich mit etwas Honig anlocken ließ. Kate lächelte bei der Erinnerung daran, dass die Sache glatt über die Bühne gegangen war. Oft genug gab es Schwierigkeiten, die sie wertvolle Zeit kostete. In dem Fall hatte der Sukkubus sich zurückgezogen, sobald er bemerkte, dass sich weitere Paranormale einmischten. Mutig konnte man diese Art bestimmt nicht nennen.

„Was machst du heute Abend?"

Mit der Frage riss Kim ihre Chefin aus ihren Gedanken.

Unschlüssig zuckte Kate mit den Schultern. „Keine Ahnung, wahrscheinlich gehe ich früh ins Bett oder sehe mir eine Sendung im Fernsehen an. Weshalb willst du das wissen?“ Neugierig musterte sie ihr Gegenüber.

„Vielleicht hast du ja Lust auf eine Trainingseinheit im Fitnessstudio? Ich möchte mal wieder was für mich tun, nur alleine bekomme ich den Hintern kaum hoch.“ Kim setzte ihren besten Bettelblick auf, woraufhin Kate lachen musste.

„Du hast recht, schaden kann es nicht. Also lass uns später ein wenig trainieren. Aber du unterlässt jeden Kuppelversuch, verstanden?“ Ernst sah sie ihr Gegenüber an. Auf gar keinen Fall wollte sie erneut eine so peinliche Situation erleben, wie letztens im Pub. Zugegeben, Kim hatte zu viel getrunken, trotzdem fühlte sie heute noch die Wärme in ihre Wangen steigen, als sie an den Abend dachte.

Sie hatten ihrem Lieblingspub einen Besuch abgestattet, wo sie mit den anderen Gästen ausgiebig feierten. Plötzlich stieß Kim Percy, einem Bekannten der beiden, den Ellenbogen in die Seite. „Gefällt dir meine Freundin eigentlich?“ Das war die Frage gewesen, die seine Aufmerksamkeit auf Kate lenkte, doch als er nickte, gab Kim erst recht Gas. Sie pries ihre Chefin an wie saures Bier oder einen Ladenhüter, den man unbedingt loswerden musste. Verzweifelt hatte Kate versucht sie zu stoppen, nur ohne jeden Erfolg. Es ging so weit, dass sie den armen Mann nach draußen zog, wo sie ihm erklärte, dass sie keine Beziehung mit ihm eingehen wollte. Sie erinnerte sich, dass Percy ziemlich erleichtert reagiert hatte, zumal er sich um eine andere Frau bemühte.

„Du trägst mir den einen Ausrutscher immer noch nach?“ Ungläubig starrte Kim sie an.

„Nein, aber ich will verhindern, dass ich erneut jemandem erklären muss, dass ich lieber Single bleibe.“ Sie lachte leise. Im Nachhinein war es lustig gewesen, das musste sie zugeben.

„Also kommst du mit?“ Hoffnung schwang in Kims Stimme mit.

„Das habe ich dir doch gesagt. Außerdem ist es ein gutes Mittel gegen die Nervosität, die mich neuerdings plagt.“ Kate stoppte sich selbst, als sie bemerkte, dass sie schon wieder mit den Fingerkuppen auf der Tischplatte trommelte. „Es wird irgendwie von Tag zu Tag stärker.“ Das Gerücht ging um, dass diese Spannung den wahren Seelenpartner ankündigte, trotzdem nervte es sie, dass sie kaum noch zur Ruhe kam.

„Ich würde so gerne mit dir tauschen, leider spüre ich gar nichts.“ Kim seufzte.

„Es ist nur eine Vermutung, niemand hat je bestätigt, dass die Dualseele wirklich auftaucht“, wies Kate sie leise zurecht. Allerdings hielt sie die Schärfe aus der Stimme, denn mittlerweile gab es einige Gestaltwandler, die diese besondere Unruhe verspürt hatten, kurz bevor sie ihre Partner trafen.

~~°~~

Jeremy streckte sich, er hatte die Regale aufgebaut, fast alle Kisten ausgepackt und fühlte sich trotzdem unausgeglichen. Rastlos lief er durch sein neues Reich, überlegte kurz, ob er seinen Lieblingsbogen spannen sollte, doch den Gedanken verwarf er wieder. Irgendwie war ihm danach, sich weiter auszupowern. Es wunderte ihn selbst, normalerweise hatte er mehr als genug Bewegung gehabt. Nach ein paar Minuten, die er durch seine Wohnung getigert war, nahm er erneut das Handy zur Hand, um nach einem Fitnessstudio zu suchen.

Auf keinen Fall wollte er die halbe Nacht wach im Bett liegen. Da war es besser, sich sportlich zu betätigen, zumal er von vornherein vorhatte, sich in einem Fitnesscenter anzumelden.

Die Telefongesellschaft würde den Anschluss erst in den kommenden Tagen legen, somit musste er auf seinen PC vorerst verzichten, zum Glück gab es Smartphones.

Ein paar Sekunden benötigte er, bevor sein Handy eine Möglichkeit ausspuckte, die ihm zusagte, sodass er seine Sportklamotten einpackte und hinfuhr. Der Parkplatz war ziemlich groß, was ihm positiv auffiel. Als er das Gebäude betrat, sah er sich gründlich um, denn auf keinen Fall wollte er in einem Drecksloch trainieren, aber auch hier wurde er überrascht, alles sah blitzsauber aus. Außerdem begrüßte die Angestellte am Tresen ihn freundlich. Die Anmeldung brachte er schnell hinter sich, woraufhin er sich umzog, um kurz darauf auf ein Laufband zuzusteuern. Einen Trainingsplan lehnte er ab, dazu kannte er sich zu gut aus.

Gerade als er das Tempo einstellte, kamen zwei Frauen in den Raum, die ihm sofort auffielen, weil sie mehr als ansehnlich waren. Die eine hatte rabenschwarze Haare, die andere hellblonde. Weshalb er ausgerechnet auf die beiden aufmerksam wurde, konnte er nicht mal sagen. Vielleicht lag es am hellen Lachen der Blonden oder auch an der Art, wie sie sich gegenseitig neckten. Es erinnerte ihn ein wenig an seinen Kumpel Alex und sich selbst. Fasziniert beobachtete er, wie sie auf die Stepper zusteuerten, dabei vergaß er sein eigenes Training völlig, sodass er fast vom Band gefallen wäre. Peinlich berührt konzentrierte er sich darauf, das Tempo zu halten, wobei ihm bewusst wurde, dass die Frauen seinen Patzer durchaus bemerkt hatten. Wie dumm konnte er sich benehmen? Innerlich wies er sich zurecht, zumal er ja gerade vor seiner Ex geflohen war. Obwohl er sich fest vornahm, besonders der Blonden keinen weiteren Blick zu schenken, sah er doch immer wieder zu ihr hin. Sie faszinierte ihn! Als er sogar mit dem Gedanken spielte, sie anzusprechen, zweifelte er an seinem Verstand. War er noch nicht genug auf die Nase gefallen? Andererseits hatte er kaum vor, den Rest seines Lebens alleine zu verbringen. Es musste ja nicht unbedingt die große Liebe sein, Freunde konnte er brauchen, daher war ihm auch eine lockere Bekanntschaft willkommen. Aber zuerst wollte er sein Training hinter sich bringen, ohne sich vollkommen zum Affen zu machen. Die Leute hier dachten am Ende, dass er völlig untervögelt war.

~~°~~

Kate betrat gut gelaunt die Umkleidekabine im Fitnessstudio, wo Kim bereits auf sie wartete. Sie waren vom Büro aus zuerst nach Hause gefahren, um ihre Sachen zu holen.

„Ich dachte schon, dass du dich drückst“, bemerkte Kim lachend, dabei stieß sie ihre Freundin mit der Schulter an.

Kate verdrehte die Augen. „Seit wann bin ich diejenige, die keine Lust auf Sport hat? Du bist doch die, die immer wieder absagt.“ Eilig zog sie sich um, denn plötzlich wurde die Nervosität noch schlimmer und sie wusste nicht, wie sie darauf reagieren sollte. Es kam ihr vor, als ob sie kurz vor einem Gewitter stünde, bei dem man die elektrische Spannung bereits fühlte.

„Alles in Ordnung?“ Kim betrachtete sie besorgt.

Fahrig nickte sie. „Ja, lass uns anfangen, ich habe offensichtlich zu viel überschüssige Energie.“ Sie deutete mit dem Kinn auf die Tür.

Gemeinsam liefen sie zu dem Raum mit den Kardiogeräten, wo sie sich aufwärmen wollten, dabei erzählte Kim eine Anekdote von ihrem Bruder, wie er bei einem Sprung ins Wasser die Badehose verloren hatte. Sie beschrieb es so lebhaft, dass Kate laut auflachte.

Natürlich kannte sie Greg, sodass sie sich die Szene bildhaft vorstellen konnte. Außerdem wusste sie, dass er manchmal ganz schön den Macho heraushängen ließ, daher brachte ihn eine solche Panne schnell auf den Boden zurück. Als sie zu einer Antwort ansetzte, bemerkte sie einen Mann, der fast vom Laufband stürzte, gleichzeitig fiel die Nervosität von ihr ab. Wow, damit hatte sie so gar nicht gerechnet.

„Schau mal, der Tollpatsch da drüben, das ist der neue Superintendent. Ich hätte ihn nicht für so ungeschickt gehalten“, flüsterte Kim ihr in dem Augenblick zu.

Das hatte Kate gerade noch gefehlt: Der Chief war ihr Seelengefährte. Ausgerechnet jemand von der örtlichen Garda, der irischen Polizei, mit dem sie auf jeden Fall aneinandergeraten würde, zumindest solange sie ihm ihre wahre Natur verheimlichte. Aber wie gestand man seinem menschlichen Partner, dass man selbst ein Gestaltwandler war? Konnte er ihr überhaupt glauben?

„Träumst du?“ Kim stieß sie mit der Schulter an, gleichzeitig deutete sie auf einen Stepper. „Wir sollten uns aufwärmen.“

Kate folgte ihr wie in Trance, dabei unterdrückte sie den Drang, den Mann intensiver zu betrachten. Er wäre fast vom Laufband gekippt, als sie hereinkamen, handelte es sich bei ihm am Ende um einen Schürzenjäger? Normalerweise passten die Gefährten perfekt zusammen, jedenfalls, wenn sie ihre Eltern oder ihre Geschwister so sah. Aber die hatten sich auch schon im Kindergarten kennengelernt.

Kapitel 2 - Unerwartete Begegnung

Tief in ihre Gedanken versunken, bewegte sie sich viel zu schnell auf dem Stepper, sodass Kim eingriff, um zu verhindern, dass sie unliebsame Aufmerksamkeit auf sich zog. Natürlich machte ihr Schnelligkeit nichts aus, im Gegenteil, sie liebte es, zu rennen und sich auszutoben, besonders in ihrer Gestalt als Katze. Nur hier im Studio musste sie unweigerlich auffallen.

„Was ist los mit dir?“ Fragend sah Kim sie an, bis sich ihre Augen erstaunt weiteten. „Deine Nervosität ist weg“, stellte sie fasziniert fest, gleichzeitig ließ sie ihren Blick durch den Raum schweifen.

„Ja, scheint wohl so.“ Kate verhielt sich einsilbig, da sie selbst unter Schock stand. Eine ganze Weile hatte sie es für ein Gerücht gehalten, doch es stimmte offensichtlich: Die Unruhe zeigte den Gefährten an.

„Ist es wahr?“ Aufregung klang in Kims Stimme mit, die sich auf dem Gerät neben ihr aufwärmte. „Wer ist es?“

Fast hätte Kate unwillig die Luft ausgestoßen, nur war das mehr als unfair, immerhin hielt ihre Freundin ihre miese Laune seit etlichen Monaten aus. Trotzdem hätte sie jetzt gerne Zeit für sich gehabt. Kurz dachte sie darüber nach, dass sie Kopfschmerzen oder Übelkeit vortäuschen sollte. Gerade rechtzeitig fiel ihr ein, dass jeder Gestaltwandler Lügen riechen konnte, weil sich dabei spezielle Hormone freisetzten. Bei den meisten magischen Wesen war es schwieriger, da man die Gerüche erst einordnen musste, außerdem besaß sie nur wenig Übung, was fremde Paranormale anging. Kim hingegen kannte sie verdammt gut, sodass sie diese Möglichkeit wegfiel. „Können wir bitte später ausführlich reden? Ich fühle mich wie vor den Kopf geschlagen“, flüsterte sie ihr zu.

Verständnisvoll nickte Kim, gleichzeitig lächelte sie vergnügt. Ihr gefiel es, dass ihre Freundin einen Partner bekam, der hoffentlich zu ihr passte. Darüber hinaus war sie jetzt vorgewarnt, falls die seltsame Unruhe sie befiel, wusste sie, dass der Seelengefährte im Anmarsch war.

Schweigend wärmten sich die Frauen auf, anschließend holten sie sich ihre Trainingspläne, die von dem hauseigenen Trainer auf Nachfrage aktualisiert wurden. Natürlich benötigten beide keinen solchen Plan, genauso wenig mussten sie seine Unterstützung in Anspruch nehmen, ihre Tiergene sorgten dafür, dass sie eine genaue Vorstellung davon hatten, was sie tun sollten. Andererseits fielen sie unweigerlich auf, falls sie auf die Hilfe des Mannes verzichteten.

Kate nutzte die Zeit, um ihren Gefühlsaufruhr unter Kontrolle zu bringen, gleichzeitig überlegte sie, was für Alternativen sie besaß. Aus Erzählungen wusste sie, dass es schier unmöglich war, sich von seiner Dualseele fernzuhalten. Die Sehnsucht würde in dem Fall von Tag zu Tag größer werden, was hieß, dass sie unendlich leiden müsste. Fast hätte sie aufgelacht, denn es gab überhaupt keinen Grund, sich von dem Polizisten zu distanzieren. Er sah gut aus, bei dem Gedanken drehte sie sich zu ihm, um ihn genauer unter die Lupe zu nehmen.

Er stemmte Gewichte auf einer Hantelbank und was sie sah, gefiel ihr. Dunkle Haare, die jetzt leicht verstrubbelt aussahen, ein kantiges Gesicht, eine Figur, die zeigte, dass er regelmäßig Sport trieb, doch das Beste waren seine Augen. Die Iriden strahlten in einem hellen Blau, das sie sogar auf die Entfernung erkannte.

Natürlich blickte er in dem Moment zu ihr herüber, sodass sie schnell den Kopf in eine andere Richtung drehte. Wie peinlich, dass er sie beim Gaffen erwischt hatte! Das konnte auch nur ihr passieren. Aus den Augenwinkeln bemerkte sie sein Grinsen. Fast hätte sie ihn wieder angestarrt, einfach, weil er sie faszinierte, aber das verkniff sie sich jetzt energisch.

Im Laufe ihres Trainings nahm sie sich vor, ihn später anzusprechen, falls sich die Gelegenheit ergab. Bei ihrem Job war es zwar möglich, dass es zu Spannungen kam, wenn sie sich mit dem Polizisten einließ, andererseits war sie mehr als hilfreich, was sie in der Vergangenheit oft bewiesen hatte. Seufzend gab sie zu, dass es meistens um irgendwelche Ausreißer, kleinere Diebstähle und Fahrerflucht ging. Trotzdem lösten sie und Kim jedes Vergehen schneller als die Behörden.

„Willst du heute nur einen Muskel trainieren? Es fällt mit der Zeit ganz bestimmt auf.“ Kim kicherte.

Erschrocken hob sie den Kopf, dabei wurde ihr bewusst, dass sie bereits viel zu lange auf dem gleichen Gerät hockte. Peinlich berührt nickte sie ihrer Freundin zu, trug ihre Daten in der entsprechenden Zeile ihres Trainingsplans ein, ehe sie zum Rudergerät ging. So langsam sollte sie sich konzentrieren, damit sie sich nicht völlig blamierte. Verdammt, weshalb verbot es sich von selbst, zu dem Mann rüberzugehen, um sich vorzustellen? Dämliche Gesellschaftsregeln.

„Du bekommst sicher bald die Gelegenheit, mit ihm zu reden“, versuchte Kim sie zu trösten, der natürlich sofort klar war, was für Probleme die Freundin plagten.

Fahrig nickte Kate. „Es ist seltsam zu wissen, dass er zu mir gehört, obwohl ich ihn im Grunde gar nicht kenne. Ich weiß ja nicht mal, wie er heißt." Sie strich sich über die Augen, seufzte leise, anschließend ließ sie sich auf dem Rudergerät nieder.

Kim legte ihr kurz eine Hand auf die Schulter. „Du hast so lange unter der Unruhe gelitten, da kommt es auf einen Tag mehr oder weniger nicht an. Soll ich mal vortasten?"

Jetzt schüttelte Kate energisch den Kopf. Auf gar keinen Fall wollte sie, dass ihre Vertraute sich dem Chief Superintendent irgendwie näherte. Das konnte nur in die Hose gehen und war am Ende noch peinlicher für sie. Kim fehlte leider jedes Fingerspitzengefühl, wie sie mehrfach bewiesen hatte. Bei dem Gedanken musste selbst Kate kichern. Sie stellte sich vor, wie die Freundin in ihrer gewohnt forschen Art auf den Mann zuging, um ihn davon in Kenntnis zu setzen, dass er gefälligst etwas mit einer Unbekannten anzufangen hatte. Den entsetzten Gesichtsausdruck sah sie bereits vor sich. „Das ist lieb von dir, aber ich schaffe es. Vielleicht ergibt sich ja später an der Theke eine Gelegenheit für ein Gespräch." Sie lächelte ihr zu. „Ansonsten bringt das Schicksal uns zusammen, so ist es doch eh geplant."

Kim nickte ihr lachend zu. „Genau und am Ende reitest du in den Sonnenuntergang, mit ihm an deiner Seite."

Kate verdrehte die Augen, tippte sich an die Stirn, anschließend widmete sie sich ihrem Training. Sie würde vieles tun, um mit dem Mann in Kontakt zu kommen, nur wollte sie verhindern, wie ein liebeskranker Teenager zu wirken. Menschen erkannten ihre Partner in der Regel nur nach und nach.

Jeremy verkniff sich ein Auflachen, als er bemerkte, dass die blonde Schönheit ihn kaum aus den Augen ließ. In ihrem Blick lag keine Verachtung, nachdem er sich auf dem Laufband dermaßen zum Affen gemacht hatte, im Gegenteil, er erkannte lediglich Neugier. Sofort schob er die Überlegungen von sich. Weshalb sollte er annehmen, dass er sie irgendwie interessierte? Nur, weil sie immer mal wieder zu ihm herübersah? Spöttisch verzog er das Gesicht. Klar, sie beobachtete ihn, aber nur aus einem Grund: Er war neu in der Gegend, was auch sonst?

Eilig konzentrierte er sich auf seine Hanteln, obwohl es ihn reizte, herauszufinden, was die Frau wirklich wollte. Vielleicht war es ja tatsächlich an der Zeit für einen echten Neuanfang. Die Sache mit seiner Ex war jetzt bereits ein gutes Jahr her, er sollte es langsam verkraftet haben. Grimmig bestätigte er sich selbst seinen Entschluss, er würde sie ansprechen, sobald sich die Gelegenheit ergab. Zum Glück verschwand sie aus seinem Blickfeld, weil sich die Geräte auf ihrem Trainingsplan offensichtlich in einem anderen Raum befanden. Sofort entspannte er sich. Konzentriert stemmte er die Gewichte, wobei er sich auf das Training mit den Kurzhanteln beschränken musste. Hier fehlte ihm leider ein Partner, der aufpasste, dass er die Hantelstange wieder an ihren Platz hieven konnte. Selbstverständlich gab es die Möglichkeit, einen der Angestellten zu bitten, nur im Moment genoss Jeremy es, alleine zu sein.

Nach einer Weile legte er die Hanteln zurück, um sich an die Beinpresse zu begeben. Gerade als er im Begriff war, die erste Scheibe aufzulegen, kam die Frau, die ihn die ganze Zeit beschäftigt hatte, zu dem Gerät.

Sie lächelte ihn an, was sich anfühlte, als ob sie ihm einen Schwinger in den Magen verpasst hätte. „Brauchst du lange?“ Ihre Wangen färbten sich rot, gleichzeitig schüttelte sie verlegen den Kopf. „Tut mir leid, so unhöflich wollte ich nicht sein. Ich kann auch woanders trainieren.“ Kate wäre am liebsten im Boden versunken. Weshalb hatte sie ihn so rüde angesprochen? Es war doch offensichtlich, dass er gerade erst das Gewicht einstellte. Sie verhielt sich ja schlimmer, als Baby in Dirty Dancing. Sofort verkniff sie sich ein Auflachen, als ihr der berühmte Satz, Ich habe eine Wassermelone getragen, einfiel.

Natürlich sah der Mann sie fragend an, was die Farbe in ihren Wangen vertiefte. Konnte sie sich noch mehr daneben benehmen? Er musste ja denken, dass sie einen Dachschaden hatte.

„Nein, sag mir einfach, welche Gewichte du brauchst. Eine Pause schadet mir nicht.“ Jeremy lächelte sie an, dabei deutete er auf die verschiedenen Scheiben. Es freute ihn, dass sich die Gelegenheit bot, da er ja fest entschlossen war, seine Chancen zu nutzen. Ihr Lachen war ansteckend, obwohl sie sich ein wenig seltsam benahm.

„115 Kilo sollte für den Anfang reichen.“ Selbstbewusst erwiderte sie seinen Blick. Jetzt hatte sie sich wieder im Griff, zumal gerade die Beinpresse ihr so gar keine Probleme machte.

Zweifelnd hob Jeremy die Augenbrauen an. „Sicher? Das ist eine ganze Menge.“ Auf keinen Fall ließ er zu, dass sie sich übernahm, nur weil sie ihm imponieren wollte. „Vielleicht fängst du erst einmal mit 80 Kilo an?“, schlug er vor, nur um im gleichen Moment ein spöttisches Auflachen zu ernten.

„Du glaubst also auch, dass eine Frau zum schwachen Geschlecht gehört, oder?“

Herausfordernd funkelte sie ihn an. „Ich beweise dir gerne das Gegenteil, wenn du dich traust. Lust auf eine kleine Challenge?“

Zum Glück kam in dem Augenblick Kim zu ihnen.

„Hey, da bist du ja, ich hab dich schon gesucht.“ Kim stieß die Freundin mit der Schulter an. Sie hatte aufgrund ihres perfekten Hörvermögens jedes Wort verstanden, sodass sie wusste, in welcher Klemme ihre Chefin jetzt steckte. Auf keinen Fall konnte sie gegen einen Kerl wie ihn gewinnen. Ihre Katzengene ermöglichten ihr unter anderem eine außergewöhnliche Sicht, Schnelligkeit, ein sehr feines Gehör, einen enormen Geruchssinn und Wendigkeit, besondere Stärke war eher nicht dabei. Somit musste sie sich unweigerlich blamieren.

„Darf ich dir ...“ Kate stoppte, um den Mann fragend anzusehen.

Er lächelte ihnen zu. „Jeremy, und mit wem hab ich das Vergnügen?“ Für ihn lief es besser als erwartet, weshalb er ein zufriedenes Schmunzeln schnell unterdrückte.

„Ich bin Kate und das ist meine Freundin Kim.“ Sie verzichtete darauf, ihre Nachnamen zu nennen, was im Studio durchaus üblich war. „Kann ich denn jetzt mein Training hier fortsetzen oder möchtest du doch lieber zuerst.“ Als er mit einem leichten Lächeln das Gewicht für sie einstellte, stieß sie erleichtert die Luft aus. Offensichtlich hatte Kim sie gerade so gerettet.

„Wenn du nichts dagegen hast, sehe ich zu. Ich bin wirklich beeindruckt, dass eine so schlanke, grazile Frau in der Lage ist, so viel zu stemmen.“ Er zwinkerte ihr zu, dabei verkniff er sich einen ungläubigen Unterton.

Irgendwie dachte er, dass sie ihn aus irgendeinem Grund beeindrucken wollte, weshalb sie angegeben hatte.

„Tu dir keinen Zwang an. Ich habe nicht übertrieben.“ Kate warf ihm einen Blick zu, der deutlich sagte, dass sie ihn durchschaut hatte, bereute es aber im gleichen Moment. Anstatt ihm zu zeigen, dass er sie verärgert hatte, versank sie in seinen blauen Iriden.

Für einen Augenblick hatte sie das Gefühl, in einen herrlichen See einzutauchen, dessen Wasser sie vor allem abschirmte, was ihr schaden konnte. Die Welt um sie herum verblasste, die Geräusche verstummten, jetzt zählte nur, dass er da war. Wie in Trance trat sie einen Schritt auf ihn zu, weil sie ihre Arme um seinen Hals schlingen wollte. Sie musste ihn berühren!

Ein harter Stoß in ihre Seite brachte sie dazu, in die Wirklichkeit zurückzukehren. Es kam ihr vor, als ob sie aus einem Traum aufwachen würde. Dankbar nickte sie Kim zu, die sie vor einer unglaublichen Dummheit bewahrt hatte. Jeremy wusste ja nichts von der Gefährtensache, da kam es mehr als befremdlich rüber, wenn sie sich ihm einfach so entgegenwarf. Trotzdem bildete sie sich ein, dass er sich ähnlich gefühlt hatte. „Gut, dann werde ich wohl mal.“ Sie setzte sich eilig auf den Sitz, um mit ihrem Training anzufangen.

Jeremy betrachtete sie, gleichzeitig konnte er sich kaum erklären, was da gerade geschehen war. Der Blickkontakt hatte sich angefühlt, als ob sie seine Seele berühren würde. Oder war es umgekehrt gewesen? Seufzend riss er sich zusammen, er musste sich beherrschen, um sie nicht an sich zu ziehen, um sie bis zur Besinnungslosigkeit zu küssen. Was war nur in ihn gefahren? Veränderte Portumna ihn dermaßen, dass er sich einbildete, eine völlig Fremde wollte intim mit ihm werden, mitten in einem Sportstudio? Vorsichtig schüttelte er sich, verbot sich irgendwelche Gedanken, die in diese Richtung gingen, stattdessen beobachtete er Kate versonnen. Sie gefiel ihm immer besser, zumal er deutlich bemerkte, dass der innige Blickkontakt sie keineswegs kaltgelassen hatte.

Während die süße Sirene ihr Training absolvierte, betrachtete er sie genüsslich. Sie hatte eine sportliche Figur, war aber an den richtigen Stellen gerundet. Geschmeidig bewegte sie sich und ihre Augen besaßen etwas von einer Katze. Darüber hinaus war sie ziemlich groß für eine Frau, was ihm zusagte, da er an den zwei Metern kratzte. Sie schien auch nicht nachtragend zu sein, denn offensichtlich nahm sie ihm seine Zweifel nicht länger übel. Wie gerne hätte er ihr über die blonden Haare gestrichen oder sie auf irgendeine Weise berührt.

Erneut schob er seine Sehnsüchte von sich. Was war nur mit ihm los? Vor ein paar Stunden erst war er wegen seiner Ex-Freundin in eine andere Stadt gezogen und jetzt ließ er sich von seinen Trieben leiten, als ob er völlig ausgehungert wäre. Gut, Letzteres stimmte sogar, sein Liebesleben lag seit geraumer Zeit auf Eis.

„Überzeugt? Oder glaubst du immer noch, dass ich angeben wollte?“ Kate stand auf, rieb sich mit dem Handtuch über ihr Gesicht und die Handflächen, anschließend sah sie ihn überlegen an.

Jeremy legte eine Hand auf seine Brust, um sich spöttisch zu verbeugen. „Tut mir leid, dass ich dich unterschätzt habe. Gewöhnlich ist das Gewicht für eine Frau allerdings nicht.“ Er schenkte ihr ein charmantes Lächeln.

Kate lachte schon wieder. Es gefiel ihr, dass er einen Fehler eingestehen konnte.

„Entschuldigung angenommen, aber eine Wiedergutmachung ist fällig." Mit klopfendem Herzen wartete sie auf seine Reaktion.

„Und die wäre?" Interessiert, was sie wohl fordern würde, musterte er sie.

„Du zeigst, was du draufhast." Sie deutete mit dem Kinn auf das Gerät. „Oder hast du Angst, dass ein schwaches Weib wie ich dich in den Schatten stellt." Herausfordernd hielt sie seinem Blick stand.

Jeremy zuckte mit den Schultern. „Für mich ist es völlig in Ordnung, wenn du mehr Gewicht stemmen kannst als ich. Aber ich wollte sowieso hier trainieren." Kurz überlegte er, ob er sie in dem Glauben lassen sollte, dass sie die Bessere war, verwarf die Idee allerdings sofort wieder. Auf keinen Fall würde er ihre Bekanntschaft mit einer Lüge beginnen. Mit einem Lächeln legte er noch gute zwanzig Kilo zusätzlich auf, anschließend begann er mit seinem Training. Für ihn bedeutete das Gewicht keine Herausforderung, nur vermied er es lieber, als Angeber dazustehen. „Überzeugt?" Er schmunzelte, als er sie von unten herauf ansah.

Lachend winkte Kate ab. „Das habe ich mir schon gedacht. Bei deiner Größe und deinem Job ...", verlegen brach sie ab. Weshalb war sie jetzt mit Anlauf in das Fettnäpfchen gesprungen? „Ich sollte weitermachen." Eilig drehte sie sich um, damit sie ihm aus dem Weg gehen konnte, aber er war bereits aufgesprungen.

Vorsichtig hielt er sie am Arm fest. „Warte doch bitte. Es gibt keinen Grund, wegzulaufen. Mir ist bewusst, dass es sich herumspricht, wenn ein verhältnismäßig kleiner Ort wie Portumna einen neuen Chief Superintendenten bekommt."

Auf keinen Fall ließ er sie entkommen, weil er befürchtete, dass er sie nie wiedersah, sollte er die Chance nicht nutzen.

„Ich weiß es nur von Kim", gab Kate leise zu, während sie auf die Freundin deutete. „Sie ist diejenige, die Informationen viel schneller beschaffen kann." Verlegen sah sie auf ihren Arm. „Nimmst du mich fest?" Fast hätte sie ihrer Stimme einen neckenden Unterton gegeben, denn alles war besser, als sich weiter mit ihrem Fauxpas zu beschäftigen.

Widerwillig ließ Jeremy sie los. „Nein, es gibt leider keinen Grund. Neugier ist nicht strafbar. Sie bringt einen nur manchmal in dumme Situationen." Jetzt strich er ihr doch eine Strähne aus dem Gesicht. Verdammt, was geschah hier nur mit ihm? Oder einfacher gefragt, was war an dieser Frau, dass er sich so schlecht unter Kontrolle halten konnte. „Wie wäre es mit einer Wiedergutmachung von deiner Seite?"

Augenblicklich schnaubte Kate empört auf. „Ich habe überhaupt nichts getan. Weshalb bitte sollte ich dir entgegenkommen?"

Abwehrend hob er beide Hände. „Verzeih mir, ich habe mich unglücklich ausgedrückt. Was denkst du über einen Ausgleich? Du weißt wesentlich mehr über mich als ich über dich, zumindest sieht es so aus." Er lächelte sie versöhnlich an. Gerade als er fragen wollte, welchen Job sie innehatte, bemerkte er die Gänsehaut auf ihren Armen. Sofort wechselte er die Taktik. Ihm gefiel die Frau immer besser. „Was hältst du davon, wenn wir uns nach dem Training an der Theke treffen. Ich bin fremd in Portumna und möchte das gerne ändern." Er setzte einen Blick auf, dem die wenigsten widerstehen konnten, was er genau wusste. Kim lachte leise, was seine Aufmerksamkeit auf sie lenkte.

Wieso hatte er die Freundin vergessen? Ein blöder Fehler! „Du bist natürlich auch eingeladen, Kim."

Kate rieb sich über die Arme, es war tatsächlich unklug hier herumzustehen, anstatt zu trainieren, außerdem wollte sie ihn doch unbedingt besser kennenlernen. Nein, so stimmte das nicht, das Schicksal verband sie beide, da blieb es kaum aus, dass sie einen noch viel innigeren Kontakt bekamen. „Gerne, du zahlst." Mit den Worten ließ sie ihn stehen, um zu ihrem nächsten Trainingsgerät zu gehen.

Schmunzelnd blickte Jeremy ihr hinterher, ehe er sich auf Kim konzentrierte, die neben ihchrism stand. „Ist deine Freundin in festen Händen?" Er biss sich auf die Lippen, irgendwann in der letzten halben Stunde musste er seinen Verstand verloren haben. Wieso reagierte er dermaßen plump? Das war nicht seine Art. Zu seiner Erleichterung lachte Kim leise.

„Nein, im Gegensatz zu mir ist sie noch auf der Suche. Du gefällst ihr." Sie gab ihm einen leichten Klaps auf den Unterarm, ehe sie sich auch wieder an ihr Training machte.

Besser konnte es wohl kaum laufen, fast hätte Jeremy gejubelt, wenn nur sein Misstrauen endlich verschwinden würde. Das sollte er unbedingt in den Griff bekommen, sonst versiebte er diese Chance gründlich. Entschlossen nahm er sich vor, seine Vergangenheit hinter sich zu lassen, außerdem plante er, sich mit Kim anzufreunden. In seiner Situation brauchte er wirklich jeden Freund!

Kapitel 3 - Flirtversuche

„Was wollt ihr trinken?“ Jeremy sah die beiden Frauen fragend an, als sie nach dem Training an der Theke saßen. Normalerweise wäre er direkt zurück in sein Cottage gefahren, weil er lieber in seinem eigenen Badezimmer duschte, doch jetzt machte er gerne eine Ausnahme. Die Duschen des Fitnessstudios waren erfreulicherweise sehr sauber und gepflegt, sodass es ihn keine Überwindung kostete.

„Ich nehme ein Wasser ohne Kohlensäure, bitte“, antwortete Kate lächelnd, auf keinen Fall wollte sie ständig aufstoßen müssen. Ihr war extrem bewusst, dass ihr Seelenpartner neben ihr saß, was sie ehrlich gesagt etwas nervös werden ließ.

„Ich auch.“ Kim strahlte in die Runde, als hätte sie dafür gesorgt, dass die beiden sich fanden. Es war unübersehbar, dass Jeremy sich für die Freundin interessierte, was die Gestaltwandlerinnen kaum wunderte.

Jeremy bestellte für sich ebenso ein Mineralwasser, anschließend drehte er sich zu den Frauen um. „Ihr seid mir gegenüber ein wenig im Vorteil, deshalb schlage ich vor, dass ihr etwas über euch erzählt.“ Er fluchte innerlich, Small Talk war noch nie seine Stärke gewesen, allerdings brannte er darauf, mehr über die zwei zu erfahren.

Kate lachte auf. „Wird das ein Verhör, Herr Kommissar?“ Sie sah ihm herausfordernd ins Gesicht, gleichzeitig bekam er das Gefühl, dass sie ihn irgendwie testete.

„Nein, der Kommissar ist zu Hause geblieben, er hat frei." Er schmunzelte, auf eine solche Herausforderung ging er doch gerne ein. So wie es aussah, rannte er mit seinem Bestreben, sie besser kennenzulernen, offene Türen ein. „Ich bin lediglich neugierig. Außerdem ist es immer gut, die Leute in seiner Umgebung im Auge zu behalten." Jetzt zwinkerte er den Ladys zu. Auf keinen Fall wollte er Kim das Gefühl geben, überflüssig zu sein. „Ist es denn ein so großes Geheimnis, was ihr beide beruflich macht?"

Kim schüttelte sofort den Kopf. „Das wirst du ohnehin schnell mitbekommen. Wir werden uns gerade auf dem Gebiet öfter begegnen." Sie lächelte auf eine Weise, die ihm sagte, dass er darüber weniger begeistert sein dürfte.

Kurz überlegte er, ob sie Gerichtsmedizinerinnen waren? Das konnte er sich irgendwie nicht vorstellen, zumal er kaum glaubte, dass in dem beschaulichen Portumna viele Morde passierten. Vielleicht zivile Angestellte? Sekretärinnen der Garda? Auch das fand man eher in den größeren Städten. „Spannt mich doch nicht so auf die Folter. Was macht ihr beide beruflich?"

„Ich habe eine Detektei und Kim ist meine rechte Hand. Wir suchen Vermisste, klären Vergehen auf, die sonst als ungelöste Fälle enden, solche Sachen eben. Manchmal übernehmen wir die Bewachung von Shops oder Gebäuden." Kate musterte ihn interessiert. Wie würde er auf die Beschreibung ihres Jobs reagieren? Der letzte Chief Superintendent hatte sie eher als notwendiges Übel gesehen, eine Zusammenarbeit war für ihn undenkbar.

Jeremy schmunzelte. „Jetzt verstehe ich, weshalb ihr euch mit der Antwort zurückgehalten habt. Aber ich bin für jede Unterstützung dankbar, oft genug können wir die Fälle nur lösen, weil wir Hilfe von außen haben." Das deutliche Aufatmen der beiden Damen zeigte ihm, dass sie bei seinem Vorgänger keinen leichten Stand gehabt hatten.

„Wir sind wieder dran. Was für Hobbys hast du, wenn man mal vom Fitnesstraining absieht?" Kim machte ein kleines Spiel daraus, was sowohl Kate als auch Jeremy gefiel.

„Ich liebe meine Bogen, außerdem mag ich Bücher." Fast wäre er bei der Antwort rot geworden, oft genug war er deshalb gehänselt worden. Gerade in seiner Kindheit saß er oft mit einer Geschichte in der Hand abseits, während die anderen Fußball spielten. Eine Betätigung, die er bis heute nicht wirklich mochte. „Darüber hinaus bewege ich mich gerne in der Natur."

„Du willst sagen, du wanderst?" Kate musterte ihn, es begeisterte sie, dass sie auch in dem Punkt übereinstimmten. Bogenschießen hörte sich spannend an, da hatte sie noch keine Gelegenheit zu gehabt.

„Ja, so kann man es nennen. Allerdings laufe ich ebenso kurze Strecken, wenn meine Freizeit für eine ausgiebige Tour zu knapp ist."

Kim verzog gelangweilt das Gesicht, für sie als Vogel war es keine Option, zu Fuß durch die Gegend zu rennen. „Das Herumlaufen in der Natur klingt für mich furchtbar, aber wie Robin Hood mit Pfeil und Bogen hantieren ist bestimmt interessant."

Sofort wandte sich Jeremy zu ihr. „Wir können uns gerne mal zum Schießen treffen. Ich besitze mittlerweile vier gute Recurvebogen, da sollte was für dich dabei sein." Als die junge Frau begeistert nickte, drehte er sich zu ihrer Freundin. „Was ist mit dir? Magst du es auch mal ausprobieren?"

Kate unterdrückte eilig ein breites Schmunzeln, es freute sie, dass er sie dabeihaben wollte. „Ja, auf jeden Fall. Ich finde es faszinierend, außerdem ist es leiser als Pistolen oder Gewehre."

Fast hätte er sich bei der Antwort die Hände gerieben, das lief ja wie am Schnürchen. Kurz kam das Misstrauen zurück, aber die negativen Gedanken schob er schnell zur Seite. Beide Frauen wirkten auf ihn ehrlich und auf seinen Instinkt konnte er sich im Normalfall verlassen, es sei denn, er war verliebt. An Liebe auf den ersten Blick glaubte er nicht, sodass er sich beruhigt zurücklehnte. „Ist es für euch zu früh, um mich zu Hause zu besuchen?"

Jetzt blickten ihn die zwei stirnrunzelnd an, woraufhin er abwehrend die Hände hob. „Ich meine zum Schießen. Entschuldigt, dass ich mich so missverständlich ausgedrückt habe."

Schallendes Gelächter ertönte. „Das haben wir genauso verstanden", brachte Kate immer noch lachend hervor. „Aber dein Gesicht gerade war Gold wert."

Diese Biester hatten ihn doch tatsächlich aufs Glatteis geführt, allerdings lachte er mit ihnen. Es tat gut, normal behandelt zu werden, viele Menschen gingen auf Abstand, sobald sie wussten, dass er Polizist war.

„Wann hast du denn Zeit?" Kim kam sofort auf den Punkt, sie wollte, dass ihre Freundin auf jeden Fall die Möglichkeit bekam, ihrem Partner nahe zu sein.

Jetzt zuckte Jeremy verlegen mit den Schultern. „Das weiß ich noch gar nicht, da morgen mein erster Arbeitstag ist. Ich kenne meinen Dienstplan nicht", gab er zu.

„Kein Problem, ich gebe dir unsere Telefonnummer, dann kannst du dich jederzeit melden."

Kate zog ihr Smartphone aus der Hosentasche, gleichzeitig sah sie ihn auffordernd an. „Wenn ich dir eine SMS schicken soll, brauche ich schon deine Nummer."

Jeremy lachte auf. „Sicher, daran muss ich mich noch gewöhnen. Ich komme aus einer Familie, in der man Zettel und Stift genutzt hat." Er holte sein Handy aus der Tasche, anschließend diktierte er ihr seine Rufnummer, kurz darauf kam eine Nachricht. „Jetzt bin ich wieder dran, falls ich das Spiel richtig verstanden habe, oder?" Aufmerksam betrachtete er die beiden, sollte er erkennen, dass sie die Fragerunde nicht länger mitmachen wollten, würde er sofort abbrechen.

„Klar, was willst du wissen?" Kate trank einen Schluck ihres Wassers, ehe sie ihm direkt in die Augen sah. „Bei uns liegen keine Leichen im Keller." Mit dem Satz lehnte sie sich weit aus dem Fenster, wenn man bedachte, dass sie ein Wesen war, das es im Grunde kaum geben durfte.

„Sicher?" Jeremy fing ihren Blick ein, hielt sie einen Moment fest, bis Kim ihm die Antwort gab.

„Das müssen Sie schon alleine herausfinden, Chief." Sie schenkte ihm ein provozierendes Lachen. „Oder bist du in deinem Job eher der Schreibtischhengst?"

Sofort schüttelte er den Kopf. „Nein, ich ziehe es vor, selbst vor Ort zu sein." Er spürte deutlich, dass die beiden etwas zu verbergen hatten, nur wollte er sie hier nicht zum Reden bringen. Darüber hinaus konnte er sich kaum vorstellen, dass sie tatsächlich ein Verbrechen vertuschten. Vielleicht beschäftigten sie sich ja mit einem Tabuthema, wie BDSM, was ihm sehr entgegenkommen würde. Schnell schob er die aufkeimenden erotischen Ideen zur Seite, es gab überhaupt keinen Anhaltspunkt für eine solche Vermutung. Selbst wenn es so sein sollte, waren sie noch lange nicht an dem Punkt, offen über ihre Neigungen zu sprechen, zumindest nahm er das an. „Welche Hobbys habt ihr?“ Es war besser, das Gespräch wieder auf neutrale Themen zurückzuführen.

„Schlafen, Partys und Fallschirmspringen.“ Kims Antwort kam wie aus der Pistole geschossen, während Kate den Anschein machte, als ob sie überlegen müsste.

„Ich lese auch gerne, wenn mir der Job die Zeit lässt. Außerdem mag ich Geocaching und ich liebe es, zu tanzen.“ Sie musterte Jeremy nachdenklich, ob er wohl ein guter Tanzpartner war? Einen passenden Partner in dem Bereich zu finden, war oft genug ein ziemlich schwieriges Unterfangen.

Wie erwartet schüttelte er den Kopf. „Beim Geocachen bin ich raus, das hab ich noch nie probiert, aber ich bewege mich ganz passabel über eine Tanzfläche.“

Erstaunt zog Kate eine Augenbraue hoch. „Echt? Das ist jetzt ein Scherz, oder?“

„Was meinst du, dass ich keine Ahnung vom Geocaching habe? Oder, dass ich ein guter Tänzer bin?“ Jeremy lächelte sie offen an.

„Dass du tanzen kannst, glaube ich erst, wenn wir es ausprobiert haben. Es gibt hier in der Nähe ein nettes Lokal mit genügend Platz.“ So dreist wollte sie ihn nicht zu einem Date auffordern, nur lockte die Gelegenheit. Es war bereits lange her, seit sie das Tanzbein geschwungen hatte.

„Ich stehe dir gerne zur Verfügung, sobald ich weiß, wann ich frei habe.“ Er deutete auf sein Handy, das vor ihm auf der Theke lag. „Ich melde mich, versprochen.“

So langsam wurde es Zeit, sich auf den Heimweg zu machen, daher bezahlte Jeremy und begleitete die Frauen zum Parkplatz. „Es war schön euch kennenzulernen.“ Er nickte ihnen freundlich zu.

Kim schmunzelte, umarmte ihn und ging dann ohne ein weiteres Wort zu ihrem Auto, sodass er noch einen Moment mit Kate alleine hatte.

„Sie ist ein wenig forsch“, stellte Kate lachend fest, als sie die fassungslose Miene des Polizisten sah.

„Das ist völlig in Ordnung, sie hat mich damit nur überrumpelt. Die meisten Frauen sind da etwas zurückhaltender.“ Jeremy musste ein breites Lächeln unterdrücken. „Sie macht es einem Neuankömmling leicht. Sind alle Leute in Portumna so?“

Jetzt lachte sie laut auf. „Nein, im Gegenteil. Ich befürchte, dass du auf der Dienststelle zu kämpfen hast. Dort sind sie eher konservativ.“ Ein Seufzen begleitete den letzten Satz.

Das hatte er sich bereits gedacht, daher würde er, ohne den Boss heraushängen zu lassen, von Anfang an klarstellen, dass ihm niemand die Butter vom Brot nehmen konnte. „Das erwarte ich sogar, aber ich werde damit klarkommen. Wo steht dein Auto? Ich begleite dich.“

Erfreut deutete sie in die grobe Richtung, anschließend liefen sie das kurze Stückchen zu ihrem Nissan Patrol.

Am liebsten hätte Kate ihn jetzt zu sich eingeladen, nur kam ihr das verfrüht vor, auf keinen Fall wollte sie wie ein Flittchen rüberkommen. Sie lächelte ihn an, stellte sich auf die Zehenspitzen, ehe sie ihm einen Kuss auf die Wange drückte. „Vielen Dank für den amüsanten Abend.“ Eilig schloss sie ihr Auto auf, setzte sich auf den Fahrersitz und startete den Motor.

Jeremy stand wie erstarrt da, damit hatte er absolut nicht gerechnet. Seine Finger berührten die Stelle, während er dem Wagen nachblickte.

Mit einem Lied auf den Lippen lief er zu seinem Audi, um nach Hause zu fahren. Der Neustart begann ja vielversprechend.

~~°~~

„Willkommen in Portumna, Steven wird Ihnen alles zeigen. Meine Tage sind gezählt und ich bin froh, dass ich mich zurückziehen kann." Der alte Chief Davies zwinkerte ihm zu. „Hier in unserer Gegend jagen Sie eher rebellierende Teenager anstatt echter Gangster, trotzdem freue ich mich darauf, meinen Ruhestand zu genießen. Natürlich bin ich jederzeit für Sie erreichbar, falls Sie Hilfe brauchen. So jung, wie Sie sind, fehlt es Ihnen bestimmt an Erfahrung."

Jeremy lächelte gezwungen, denn der Mann war ihm unsagbar unsympathisch. Er kam extrem arrogant rüber, darüber hinaus ärgerte er sich über die Aussage, dass er zu wenig in seinem Job erlebt oder geleistet hätte. Er war sechs Jahre in Athlone tätig gewesen, davor hatte er in Dublin gearbeitet. Alles in allem hatte er wahrscheinlich mehr Verbrechen aufgeklärt, als in dem Ort hier überhaupt vorgekommen waren. „Danke, ich bin überzeugt davon, dass die Jungs und ich gut klarkommen."

Jetzt runzelte Davies die Stirn. „Einen Rat gebe ich Ihnen mit auf den Weg, gehen Sie direkt auf Distanz, es bringt Sie in dumme Situationen, wenn Sie mit Ihren Kollegen auf Freundschaft machen." Er sah seinen Nachfolger überlegen an. „Außerdem sollten Sie ein Auge auf die beiden Damen von der hiesigen Detektei haben. Die Biester mischen sich zu gerne ein, dabei bin ich mir absolut sicher, dass sie mit illegalen Mitteln arbeiten."

Die Aussage ärgerte Jeremy enorm, sodass er den Mann auffordernd musterte. „Das ist eine heftige Anschuldigung. Was werfen Sie den Frauen denn vor?“ Seine Stimme hatte einen scharfen Unterton.

„Ich glaube ja, dass diese dummen Gänse die Teenies anstiften, Unsinn zu machen, damit Sie die Vorfälle aufklären können.“ Wütend stieß Davies die Luft aus. „Anders ist es kaum zu erklären, dass sie jeden verdammten Fall schneller auflösen konnten, als meine Leute. Seit sie in unseren Ort gezogen sind, gibt es auch viel mehr Vergehen.“

„Haben Sie Beweise? Indizien, die Ihren Verdacht untermauern? Irgendwas?“ Jeremy musste an sich halten, um ihn nicht einfach hinauszuwerfen. Andererseits kannte er Kim und Kate nur oberflächlich, vielleicht waren sie perfekte Schauspielerinnen. Auf keinen Fall durfte er sich von seiner Faszination für Kate dazu hinreißen lassen, sich blind auf eine Seite zu stellen.

Davies schüttelte resignierend den Kopf. „Nein, das ist es ja, ansonsten hätte ich die Betrügerinnen mittlerweile aus dem Verkehr gezogen. Passen Sie gut auf, dass sie Ihnen nicht dazwischenfunken.“

Jeremy versprach sein Möglichstes zu tun, anschließend verabschiedeten sich die beiden Männer und er ging zu den restlichen Kollegen, die ihn neugierig musterten. „Wie Sie wahrscheinlich wissen, bin ich Jeremy Doyle, der neue Chief Superintent. Ich werde keine langen Reden halten, also bringen Sie mich bitte auf den neusten Stand. Was liegt an?“ Er lächelte jeden freundlich an. Auf keinen Fall wollte er dem Rat von Davies folgen, genauso wenig gefiel ihm der Gedanke, dass man ihn unterschätzte. Daher war es in seinen Augen das Beste, einfach mit dem Dienst zu beginnen.

„Willkommen in Portumna, aktuell ist es ruhig. Gestern haben wir einen Betrunkenen aufgesammelt, der gleich aus der Ausnüchterungszelle entlassen wird." Ein junger Kollege sah ihn neugierig an. „Mein Name ist Steven O´Brien. Ich soll Ihnen alles zeigen."

Sie reichten sich die Hände, anschließend stellten sich auch die anderen zwei Beamten vor, ehe sie an ihre Arbeit gingen. Den Rest der Mannschaft würde er beim Schichtwechsel kennenlernen.

Der Polizist zeigte Jeremy die Dienststelle, berichtete von den letzten Einsätzen und wartete auf den ersten Befehl.

„Danke, ich denke, es ist Zeit auf Streife zu gehen. Oder gibt es noch etwas, was Sie mir mitteilen wollen?" Er lächelte ihn freundlich an.

„Nein, wie gesagt, es ist ziemlich ruhig." Steven nickte. Das war mal ein anderer Vorgesetzter, einer, der den Eindruck machte, dass man tatsächlich mit ihm arbeiten konnte. Davies war da eher der Boss, der am liebsten Leute herumscheuchte. „Ich werde Darren und Tom losschicken." Mit den Worten drehte er sich um.

„Warten Sie bitte, ich denke, es ist besser, wenn ich selbst die Tour fahre. So lerne ich die Umgebung kennen." Jeremy bemerkte den erstaunten Gesichtsausdruck seines Kollegen. „Der letzte Chief hat das Büro wohl nicht so oft verlassen, oder?"

Langsam schüttelte Steven den Kopf. „Er hatte ja auch genug mit dem Papierkram zu tun."

Es war eine schwache Verteidigung, trotzdem rechnete Jeremy sie ihm hoch an, weil sie zeigte, dass der junge Polizist es vermied, hinter dem Rücken seines Vorgesetzten zu reden. „Das stimmt sicherlich, dennoch ziehe ich es vor, aktiv zu arbeiten." Er deutete mit dem Kinn auf die Tür, woraufhin sie zu den Streifenwagen gingen.

„Wir haben Sie im Dienstplan nicht wirklich berücksichtigt", gab Steven zu, als sie gerade auf die Straße abbogen. „Der alte Chief hat normale Bürozeiten gehabt."

„Ich sehe es mir an, sobald wir zurück sind." Jeremy betrachtete seinen Kollegen von der Seite aus. „Bei mir gilt gleiches Recht für alle. Daher werde ich mich weder vor der Nachtschicht noch vor einem Feiertagsdienst drücken. Erzählen Sie mir von den Vergehen, mit denen man hier rechnen sollte."

Während sie gemächlich durch die Gegend fuhren, berichtete Steven von Diebstählen, Ausreißern, Rasern und Nachbarschaftsstreitigkeiten. „Gerade bei unseren Bauern müssen Sie aufpassen, Chief, die gehen auch gerne mal mit der Mistgabel auf einen los. Sie meinen es nicht so, aber wenn das Temperament mit ihnen durchgeht, vergessen sie, wo ihre Grenzen sind." Er schmunzelte, zumal er die meisten seit seiner Geburt kannte.

„Das kam in Dublin oder Athlone eher weniger vor", gab Jeremy lächelnd zu. „Danke für den Tipp. Was ist mit der Detektei? Ist es für die Frauen überhaupt möglich, von ihrem Job zu leben? So wie es aussieht, gibt es hier nur begrenzt für sie zu tun?"

„Kim und Kate sind in Ordnung. Sie helfen, wo sie können, aber der letzte Chief hat es nur ungern gesehen, besonders, weil sie jeden Fall schneller gelöst haben, als wir es konnten." Steven schaltete. „Keine Ahnung, wie viele Aufträge sie an Land ziehen, allerdings kommen sie offensichtlich gut klar. Glauben Sie den Anschuldigungen von Davies bitte nicht.

Er ist verbittert ..." Steven brach verlegen ab. „Das hätte ich lieber für mich behalten sollen."

„Nein, genau das erwarte ich von meinen Leuten, dass sie mir die Wahrheit sagen, obwohl sie unangenehm ist. Darüber hinaus ist mir das auch schon aufgefallen." Jeremy lehnte sich bequem zurück, die Aussage beruhigte ihn. Der Gedanke, dass gerade Kate andere zu Straftaten anstiften würde, hatte ihm schwer im Magen gelegen.

Sie drehten eine Runde durch den Ort, fuhren an der alten Abtei vorbei und inspizierten die Umgebung, wobei Jeremy sich vornahm, die Sehenswürdigkeiten unbedingt mal zu besuchen. Die Gegend gefiel ihm, außerdem kam er von seinem Cottage aus leicht an den Lough Dergh, wo er joggen konnte. Er liebte es am Wasser zu sein und auch der Shannon war ganz in der Nähe. Mit jedem Detail, das ihm gezeigt wurde, bekam er immer mehr das Gefühl, dass seine Entscheidung goldrichtig gewesen war.

~~°~~

„Träumst du von deiner Zukunft an der Seite des Chief-Superintendents?" Kim lachte, gleichzeitig stellte sie eine Tasse Kakao vor ihre Chefin.

„Danke, du bist ein Schatz." Kate blickte sie verlegen an. „In der Tat habe ich geträumt. Allerdings befürchte ich, dass ich gestern vielleicht zu weit gegangen bin." Sie seufzte leise.

„Das glaube ich nicht. Du hast ihn geneckt, was völlig in Ordnung war. Er hat den Abend genossen, das konnte man sehen." Kim versuchte, ihre Freundin zu beruhigen, bis ihr einfiel, dass sie den Abschluss ja verpasst hatte.

„Oder ist etwas vorgefallen, nachdem ich weggefahren bin?" Jetzt wurde sie hellhörig.

„Ja, nein, keine Ahnung. Wir haben uns verabschiedet und ich hab ihn auf die Wange geküsst." Kate schüttelte über sich selbst den Kopf. Sie kannte ihn nur sehr oberflächlich und ging so vertraulich mit ihm um! Was dachte er nach ihrem Auftritt wohl von ihr? Wollte er sie immer noch wiedersehen? Sie checkte ihr Smartphone, aber es war keine WhatsApp eingegangen.

Kim legte ihr eine Hand auf den Arm. „Er hat heute den ersten Tag in seiner Dienststelle, da wird er kaum Zeit erübrigen können, um Nachrichten zu schreiben. Er hat es bestimmt nicht falsch aufgenommen, ganz im Gegenteil." Sie lachte leise. „Hey, er ist dein Seelengefährte, du kannst quasi keinen Fehler machen, auf keinen Fall, indem du ihm zeigst, dass du ihn magst."

Das würde sie ja auch gerne glauben, nur plagten sie jetzt die Zweifel. Jeremy passte fast schon zu perfekt zu ihr. Sie kam sich vor wie in einem Märchen, was ihr eine Heidenangst einjagte.

„Schick ihm doch einfach eine Nachricht, dann siehst du ja, ob er antwortet." Kim nickte ihr aufmunternd zu.

Kate schüttelte energisch den Kopf. „Auf gar keinen Fall, ich will verhindern, dass er denkt, ich renne ihm nach, als ob ich untervögelt wäre. Er kommt sich am Ende noch vor, als ob ich ihn stalken würde." Sie griff wahllos nach einem Stapel Papiere. „Ich kümmere mich lieber um den Bürokram, der erledigt werden muss." Ohne weiter auf ihre Mitarbeiterin zu achten, vertiefte sie sich in die Buchhaltung, die zu ihrem Leidwesen auf sie wartete.

Kim verkniff sich ein Lachen, für sie war die Sache klar, die beiden waren verliebt und gehörten zusammen. „Gut, ich schaue mich mal um, ob ich was Interessantes für uns finde." Damit ging sie zu ihrem Platz, wo sie im Internet nach Fällen suchte, die sie übernehmen könnten. Sie achtete besonders auf Berichte, bei denen es nicht mit rechten Dingen zuging. Obwohl sie in der Regel für die Normalen arbeiteten, gab es auch immer mal wieder paranormale Wesen, die ihre Dienste brauchten.

Eine Weile hörte man nur das Klappern der Tastaturen, bis Kate stoppte, um Kim nachdenklich zu betrachten. „Glaubst du wirklich, dass er mich will? Ich meine, er hat ja keine Ahnung von der Gefährtensache, darüber hinaus sieht er verdammt gut aus." Verlegen brach sie ab, als ihre Freundin sie prüfend ansah.

„Du bist unsicher", stellte sie erstaunt fest. „Das hätte ich nie gedacht. Sonst strahlst du immer so viel Selbstsicherheit aus."

Ungeduldig winkte Kate ab. „Ja, da geht es auch nicht um mein Liebesleben. Er ist ein Mensch", bemerkte sie überflüssigerweise.

„Ja und? Stört dich das etwa?" Jetzt hörte man deutlich den Unmut heraus.

„Nein, natürlich nicht. Mittlerweile ist das ja kein Problem mehr. Logan hat mir erzählt, dass unsere Ärzte ein Verfahren entwickelt haben, um Gefährten ohne Lebensgefahr zu wandeln."

Das war in der Tat eine große Erleichterung, zumal ihr Cousin seine Liebste bei der Wandlung fast verloren hätte. Damals blieb ihm keine andere Wahl, weil Joleen von einem

Dämon verletzt worden war, sodass ihr Leben am seidenen Faden hing.

„Du denkst an Logan und Joleen, oder?“ Kim lächelte ihr aufmunternd zu. Sie wusste, was passiert war, ebenso kannte sie die kleine Familie, zu der mittlerweile auch Zwillinge gehörten. „Sie sind doch das beste Beispiel, dass Gefährten immer einen Weg finden.“

Zweifelnd hob Kate eine Augenbraue. „Wahrscheinlich hast du recht, allerdings würde ich gerne darauf verzichten, so zu leiden wie die beiden. Keiner der Wächter hatte es leicht, wenn ich so darüber nachdenke.“

„Rede dir keinen Müll ein. Ihr werdet euch kennenlernen, Jeremy erkennt, dass du seine Traumfrau bist, falls er das nicht schon hat, außerdem bekommt ihr viele süße Babys.“ Kim klatschte vor Vergnügen in die Hände. „Ich werde Patentante, das ist ja wohl mal selbstverständlich.“

Jetzt kicherte Kate mit ihr. „Darf ich den Mann vielleicht erst einmal alleine treffen, bevor du unsere gesamte Zukunft festlegst? Eventuell hat er ja andere Pläne, die keine Kinder beinhalten.“

Kim machte eine wegwerfende Handbewegung. „Er wird gar nicht gefragt.“ Sie lachte, anschließend widmete sie sich wieder ihrer Recherche. Für sie lag die Sache klar auf der Hand, kein Grund, irgendein Drama daraus zu machen.

Kate versuchte, genauso positiv zu denken, was ihr nur teilweise gelang. Es gab so viele Dinge, die passieren konnten, abgesehen davon musste sie ihm gestehen, dass sie ein magisches Wesen war. So eine Beichte warf einen Normalen in der Regel ziemlich aus der Bahn. In ihre Gedanken hinein meldete ihr Smartphone eine eingehende Nachricht, was ihr Herz sofort schneller schlagen ließ.

Kapitel 4 - Erstes Treffen

„Schau schon nach, bestimmt ist es dein Herzensmann.“ Kim verdrehte ein wenig die Augen, als sie feststellte, dass ihre Chefin sich mit Gewalt zurückhielt.

„Ich sollte ihn warten lassen“, bemerkte Kate, allerdings hörte man deutlich, dass sie selbst kaum davon überzeugt war.

Kim zeigte ihr einen Vogel. „Du spinnst ja. Zuerst willst du unbedingt ein Lebenszeichen von ihm und dann siehst du dir seine Nachricht nicht mal an? Wer hat denn gesagt, dass du ihn an der langen Leine führen sollst? Er hat doch versprochen, uns zum Bogenschießen einzuladen.“

Seufzend stimmte Kate zu, sie hasste es, sich dermaßen unsicher zu fühlen, nur schaffte sie es aktuell nicht, ihre Selbstzweifel in den Griff zu bekommen. Bei ihren früheren Liebschaften wusste sie von vorneherein, dass es oberflächlich bleiben würde, jetzt sah die Sache anders aus. Selbstverständlich war ihr klar, dass sie es nur schwer endgültig verbocken konnte, trotzdem wollte sie keine Fehler machen. Die Geschichten, die die Wächter ihr erzählt hatten, machten sie vorsichtig. Vom Seelengefährten verlassen zu werden und sei es nur für kurze Zeit, war enorm schmerzhaft. Sogar eine räumliche Trennung war in der Anfangszeit sehr hart, immerhin redeten sie von einer wirklich einzigartigen Liebe.

Endlich nahm sie ihr Handy, um nachzusehen, ob eine Nachricht von Jeremy eingegangen war. Vielleicht bekamen sie ja einen neuen Auftrag. Ihr Herz schlug augenblicklich schneller, als sie erkannte, dass es tatsächlich der smarte Chief war, der ihr eine WhatsApp geschickt hatte.

„Guten Morgen, Kate,

ich habe ja versprochen, dass ich mich melde. Ich hoffe, du hast gut geschlafen. Ich würde dich und auch Kim gerne wiedersehen. Viele Grüße Jeremy."

Als sie las, dass er Kim wieder einbezog, kamen die Zweifel zurück. War sie doch zu forsch gewesen? Natürlich freute sie sich, dass er ihre Freundin nicht ausschloss, nur wäre ihr ein Treffen alleine mit ihm lieber.

„Was schreibt er?" Kim hatte an ihrer Miene sofort gesehen, dass es sich nur um den Polizisten handeln konnte.

„Er möchte uns wiedersehen. Anscheinend sucht er tatsächlich nur nach Freundschaften." Kate schaffte es, die Enttäuschung aus ihrer Stimme herauszuhalten.

„Klar, deshalb hat er mich ja auch gefragt, ob du in festen Händen bist. Rede dir doch nicht so einen Müll ein. Er ist vorsichtig. Ein Mann wird leicht als Schürzenjäger angesehen, wenn er zu schnell vorgeht." Kim hob ihr Handy an. „Mir hat er keine Nachricht geschickt."

Sie überlegte kurz, ehe sie eine Antwort schrieb.

„Hey, Jeremy, ich hoffe, dein erster Tag in der neuen Position läuft gut. Gerne treffen wir uns mit dir. Es steht ja noch ein Date zum Bogenschießen an. Kate."

Sie hielt sich extra etwas kühler, damit sie nicht rüberkam wie ein liebeskranker Teenager. „Jetzt ist es an ihm, ob er uns sehen will", murmelte sie, bevor sie sich wieder der Buchhaltung zuwandte.

Die erhoffte Nachricht kam innerhalb von wenigen Minuten.

„Wie wäre es heute Abend? Das Wetter ist schön und ich habe um fünf Uhr Feierabend. Da bleibt genug Zeit, um zu schießen."

Bei der Antwort schlich sich ein Lächeln auf ihr Gesicht, offensichtlich konnte er es auch kaum erwarten, dass sie sich wiedersahen. Jedenfalls hatte sie nicht mit einer solchen Chance gerechnet. „Hast du nachher schon was vor?" Offen blickte sie Kim an.

„Ja, Teddy und ich sind verabredet, wieso?"

Kate verdrehte die Augen. „Das weißt du ganz genau. Er hat uns vorgeschlagen, später zu ihm zu kommen, um das Bogenschießen auszuprobieren. Nur, wenn du nicht kannst, müssen wir es wohl verschieben." Die Enttäuschung war ihr deutlich anzusehen.

„Schreib ihm, dass du alleine erscheinst, da ich bereits etwas vorhabe", schlug Kim leichthin vor.

Augenblicklich tippte Kate sich an die Stirn. „Auf keinen Fall, er denkt bestimmt, dass ich total hinter ihm her bin, weil ich bei einem solchen Treffen keine Rücksicht auf meine Freundin nehme." Sie schrieb schon eine Antwort, als Kim sie stoppte.

„Warte doch mal, absagen kannst du immer noch. Sag ihm, dass ich gerne mitkomme, aber später eine Verabredung habe. So ist es an ihm zu entscheiden."

Kate stimmte sofort erleichtert zu. Sollte er den Termin jetzt verschieben, wusste sie, dass sein Interesse nur mäßig geweckt war, wobei sie natürlich hoffte, dass er sie trotzdem sehen wollte.

„Mist, Kim hat nur bis um acht Uhr Zeit. Vielleicht nehmen wir besser einen anderen Tag?"

Als sie die Nachricht abgeschickt hatte, wartete sie mit klopfendem Herzen.

„Weshalb? Wenn ihr um kurz nach fünf bei mir seid, haben wir fast drei Stunden, ehe sie wegmuss. Ich freue mich."

Noch ehe sie reagieren konnte, kam die Antwort mit seiner Adresse. Jetzt schlich sich ein breites Schmunzeln auf ihr Gesicht. Der Abend versprach jedenfalls, sehr interessant zu werden.

Die Zeit bis zum Feierabend zog sich unendlich hin und Kate ertappte sich ständig dabei, wie sie, statt auf die Buchungen zu schauen, aus dem Fenster starrte. Kim unterließ jede Neckerei, da sie instinktiv spürte, dass ihre Freundin mit ihren Zweifeln kämpfte.

„Lass uns nach Hause fahren, ich möchte mich frisch machen, ehe ich Jeremy treffe", entschied Kate endlich. Es war zwar erst kurz nach vier, allerdings hielt sie es keine Sekunde länger im Büro aus. Sie brauchte dringend Bewegung oder eine Ablenkung und sei es, dass sie vor ihrem Kleiderschrank stand, um zu überlegen, was sie beim Bogenschießen anziehen sollte.

Kim stimmte ihr gut gelaunt zu, zumal sie auch keinen neuen Auftrag gefunden hatte. Aktuell schien die Welt vollkommen in Ordnung zu sein. Wie schnell sich das ändern konnte, hatten sie in der Vergangenheit oft genug erlebt, sodass sie diese Zeiten in der Regel genossen.

~~°~~

Jeremy atmete durch, als er die Bogen betrachtete, die er gerade gespannt hatte. Irgendwie fühlte er sich nervös, obwohl es absolut keinen Grund dafür gab. Kate gefiel ihm, das gab er offen zu, allerdings würde er es verkraften, sollte sie ihm einen Korb geben. Noch entwickelten sich ja keine tiefen Gefühle. Bei dem Gedanken stoppte er, weil es sich so anfühlte, als ob er sich selbst belog. Schnell schüttelte er den Kopf, er kannte sie ja nicht mal, abgesehen von dem durchaus interessanten Frage-Antwort-Spiel.

Die Klingel riss ihn aus seinen Überlegungen und ein Lächeln huschte über sein Gesicht. Er beeilte sich die Haustür zu öffnen, um die beiden Freundinnen hereinzulassen. „Schön, dass ihr es einrichten konntet." Freundlich deutete er auf den Flur, damit sie hereinkamen.

„So ein Angebot bekommt man nicht alle Tage, da sollte man zugreifen." Kim strahlte ihn an, als sie an ihm vorbeiging. „Leider will ich später noch weg, aber bis dahin können wir die Zeit nutzen."

Dem stimmte Jeremy abwesend zu, da er bereits in den Anblick von Kate versunken war und Kim erneut fast vergessen hätte. „Möchtet ihr was trinken? Oder sollen wir sofort loslegen?"

„Lass uns erst schießen, sonst quatschen wir uns nur fest, bis Kim los muss." Kate schenkte ihm ein Lächeln, das ihn beinahe umgehauen hätte.

Eilig fing er sich wieder, führte die Frauen durch die Küche in den hinteren Garten, wo alles bereitlag. „Habt ihr schon mal einen Bogen in der Hand gehabt", erkundigte er sich, gleichzeitig nahm er sich seinen Lieblingsbogen, einen schwarzen Recurve.

„Nein, noch nie. Aber ich bin wahnsinnig gespannt." Kim sah sich um, während ihre Freundin nur Augen für ihn hatte.

„Gut, dann nehmt euch einen Armschutz, ohne könnte es ziemlich schmerzhaft werden.“ Jeremy hatte auch davon genügend bereitgelegt, zumal er auf jeden Fall verhindern wollte, dass jemand sich verletzte.

Aufmerksam beobachtete er, wie die Frauen den Schutz anlegten, erklärte, wie herum sie ihn über den Arm schieben mussten, anschließend zog er bei Kate die Befestigungsschnüre etwas enger. „Wenn er rutscht, ist es einfach nur nervig“, bemerkte er mit einem Zwinkern. Er gab ihnen je einen Bogen in die Hand, wobei er den Langbogen liegen ließ, der kam erst zum Schluss dran, falls eine der beiden Gefallen an dem Sport fand.

Kate hatte nur Augen für Jeremy, sodass sie kaum mitbekam, was er da gerade erklärte. Fast wäre sie zusammengezuckt, als er ihr den Armschutz richtig anzog. Verlegen lächelnd senkte sie den Blick, so langsam sollte sie sich wirklich konzentrieren, zumal das Bogenschießen sie tatsächlich interessierte.

„Gut, zuerst solltet ihr euch mit dem Bogen ein wenig vertraut machen. Schaut ihn euch an und spannt ihn ein paar Mal, lasst aber die Sehne bitte nicht flitschen. Ohne Pfeil geht die gesamte Kraft auf die Wurfarme, was sie beschädigt.“ Er zeigte, was er meinte, anschließend deutete er auf den Tisch, den er vorhin aufgestellt hatte.

Kate nahm wahllos einen der Recurvebogen, stellte verlegen fest, dass sie das Teil falsch herum in der Hand hielt, sodass sie Sekunden lang darauf starrte, bis Jeremy zu ihr kam.

„Einfach umdrehen.“

Er stand so dicht hinter ihr, dass sie seine Körperwärme spüren konnte, als er ihr Handgelenk so drehte, dass es passte.

„Sorry, normalerweise bin ich nicht so ungeschickt." Verdammt sie sollte sich jetzt wirklich konzentrieren, sonst bekam er den Eindruck, dass sie völlig verblödet war. Eilig betrachtete sie das Sportgerät in ihrer Hand, hob es an, ehe sie versuchsweise an der Sehne zog, bis er ihr zunickte.

„Gut, gehen wir zum Schießen über." Jeremy deutete auf einen Ständer, der in einigem Abstand zu einem Ziel im Boden steckte. „Die Pfeile mit den rot-schwarzen Federn müssten für euch passend sein. Nehmt euch bitte einen, setzt die Spitze ungefähr in die Mitte eurer Brust, anschließend streckt ihr einen Arm aus. Der Schaft muss in der Position über eure Fingerspitzen hinausragen, sonst könnt ihr euch verletzen." Er machte es vor, klemmte den Pfeil zwischen seinen Armen ein und man sah deutlich, dass er zu kurz war. „Ich würde die Sehne zu weit ziehen, sodass er am Bogen hängen bleiben kann."

Das leuchtete ein, woraufhin Kate austestete, ob es bei ihr passte. Zufrieden nickte sie, ehe sie auffordernd auf den Mann blickte, der sie so beeindruckt hatte. „Was jetzt?"

Lachend kam Jeremy zu ihr, zeigte ihr, wie sie einnocken musste, drehte sie an den Schultern in die richtige Richtung, bevor er ihr aufmunternd zunickte.

Gespannt packte sie die Sehne, zog sie, so weit es ging, bis Jeremy sie stoppte.

„Es ist völlig unnötig, dass du dich so sehr anstrengst. Es reicht, wenn du so ausziehst, bis dein Daumen an deinem Kinn liegt." Er machte es vor, sodass sie wusste, was er meinte.

Den ersten Schuss setzte sie neben das Ziel, trotzdem strahlten ihre Augen. Es war ein tolles Gefühl und jetzt wollte sie es tatsächlich lernen. Der nächste Pfeil blieb immerhin im oberen Rand stecken, woraufhin sie leise jubelte.

„Na ja, eine Glanzleistung war das wohl kaum“, bemerkte Kim mit einem neckenden Unterton. „Das kannst du doch bestimmt besser.“

„Warte ab, bis du dran bist, so einfach, wie es aussieht, ist es bei Weitem nicht“, konterte Kate, bevor sie den dritten Pfeil einlegte. Auch der Schuss ging daneben, was ihren Ehrgeiz nur anheizte.

Danach kam Kim an die Reihe, die zumindest zweimal die Scheibe traf, aber nur ganz knapp. „So, großer Meister, jetzt zeig mal, was du drauf hast.“ Auffordernd deutete sie auf die Strohscheibe.

Jeremy ließ sich nicht lange bitten, lächelte den Frauen noch einmal zu und setzte drei Pfeile direkt in die Mitte. „Das ist mit etwas Übung keine Kunst. Die Ecken finde ich schwieriger zu treffen.“ Er winkte Kate zu sich, stellte sich erneut hinter sie, um ihre Haltung zu verbessern. „Du bist zu verspannt. Es geht hier darum Spaß zu haben“, flüsterte er ihr ins Ohr.

Allein seine dunkle Stimme jagte eine Gänsehaut über ihren Rücken, trotzdem gab sie ihm recht. Sie wollte ihm unbedingt beweisen, dass sie es konnte, dabei vergaß sie den Spaßfaktor völlig. Jetzt senkte sie den Bogen, lockerte die Schultermuskeln, indem sie den Kopf kreisen ließ, gleichzeitig schloss sie die Augen. Um einiges ruhiger nahm sie die nächste Runde in Angriff.

„Siehst du, es klappt viel besser, wenn du entspannt bist“, bemerkte Jeremy, als sie dreimal das Ziel traf.

Kim klatschte jubelnd in die Hände, und als sie an der Freundin vorbeiging, zwinkerte sie ihr zu. „Es macht Spaß, oder?“

Kate stimmte ihr sofort zu.

„Ja, das ist definitiv ein Sport, der mich begeistert.“ Sie drehte sich zu dem Polizisten um. „So wie es aussieht, hast du uns an der Backe, ich wüsste jedenfalls nicht, wo ich in der Gegend Bogenschießen kann.“ Sie lachte ihn vergnügt an.

„Ich stehe euch gerne zur Verfügung. So bekomme ich auch öfter den Hintern hoch, wobei ich glaube, dass es hier bestimmt Vereine gibt, die es anbieten.“ Er legte locker einen Arm um Kate, als sie erneut ihre drei Pfeile abgeschossen hatte und Kim an der Reihe war. „Es ist schön, dass es dir so gut gefällt. Mir scheint, wir haben einiges gemeinsam.“

Sein Blick fesselte sie, sorgte dafür, dass die Welt um sie herum unwichtig wurde. Für einen Moment gab es nur sie beide, daher erwartete sie fast, dass er sie küssen würde, doch er tippte ihr nur spielerisch auf die Nasespitze. Offensichtlich war er noch nicht so weit oder er nahm Rücksicht auf Kim, die sich gerade zu ihnen herumdrehte.

„So toll es ist, ich sollte langsam los. Hab völlig vergessen, dass ich mich umziehen muss. Mit High Heels wollte ich auf keinen Fall das Bogenschießen ausprobieren.“ Sie legte den Bogen auf den Tisch zurück, umarmte Jeremy freundschaftlich, anschließend lächelte sie in die Runde.

„Moment, ich komme mit.“ Auch Kate platzierte ihren Recurvebogen vorsichtig auf der Ablage, aber ihre Freundin stoppte sie sofort.

„Weshalb? Ich finde den Weg nach Hause, immerhin wohne ich schon einige Jahre hier.“ Sie lachte leise. „Glaub mir, bei der Verabredung möchte ich dich nicht dabeihaben.“

„Warte kurz auf mich. Ich bringe Kim zur Tür.“ Mit den Worten unterbrach Jeremy die Diskussion.

Kate fühlte sich unsicher, zumal sie kaum damit gerechnet hatte, so schnell mit ihm alleine zu sein.

Irgendwie hatte sie gedacht, dass sie gemeinsam mit der Freundin gehen würde. Andererseits war die Vorstellung, weiterhin Zeit mit ihm zu verbringen, extrem reizvoll. Zögerlich nickte sie. „Aber nur, wenn es für dich okay ist. Ich will mich nicht aufdrängen."

Jetzt lachte der Polizist auf. „Ich bitte dich, zu bleiben." Ohne auf ihre Antwort zu warten, ging er mit Kim ins Haus, nur um kurz darauf zurückzukommen.

„Ist es für dich wirklich in Ordnung? Auf keinen Fall möchte ich dich von etwas Wichtigem abhalten." Sie sah ihn abwartend an. Verdammt, weshalb fühlte sie sich dermaßen unsicher?

„Glaub mir, dass ich in der Lage bin, dich einfach rauszuwerfen, sollte ich keine Zeit haben."

Jeremy betrachtete sie mit einem Blick, der ihre Knie weich werden ließ. Wie gerne würde sie jetzt ihre Arme um seinen Hals legen, ihn küssen, bevor sie weiter das Bogenschießen übten. Mit aller Macht unterdrückte sie ein Seufzen, stattdessen deutete sie auf die Strohscheibe. „Sollen wir weitermachen?"

Kurz blitzte es in seinen Augen auf, ihm fielen auf Anhieb etliche Dinge ein, die er lieber mit ihr machen würde. Wo kamen denn diese Gedanken plötzlich her? Sonst war er kein Schürzenjäger, aber Kate hatte etwas an sich, das sein Kopfkino anspringen ließ. „Sicher, dann leg mal los." Er zwinkerte ihr zu, anschließend machte er eine Kopfbewegung Richtung Zielscheibe.

Mit leichtem Bedauern stellte sie sich in Position, atmete durch und spannte den Bogen, den sie wieder zur Hand genommen hatte. Gerade als sie die Sehne loslassen wollte, spürte sie, dass er sich seitlich hinter sie gestellt hatte.

„Du bist zu verkrampft. Du musst mir nichts beweisen“, raunte er ihr ins Ohr, gleichzeitig hob er ihren Ellenbogen etwas an.

Seine Nähe beruhigte sie, zeitgleich fühlte sie sich nervös, ein seltsames Gefühl, trotzdem gefiel es ihr. Kurz konzentrierte sie sich auf das Ziel, doch dann vertraute sie ihrer Intuition. Der Bogen vibrierte, summte regelrecht, als sie den Pfeil abgeschossen hatte, der völlig gerade mitten ins Schwarze traf. „Wow, damit hätte ich nicht gerechnet“, murmelte sie, ehe ein breites Lächeln auf ihrem Gesicht erschien.

„Deshalb heißt es ja intuitives Bogenschießen.“ Jeremy lachte mit ihr, trat allerdings einen Schritt von ihr weg, was sie bedauerte. Auch er schoss ein paar Mal, achtete darauf, ihr weitere Tipps zu geben, bis die Dämmerung einsetzte.

„Schade, das hat wirklich Spaß gemacht.“ Kate blickte zum Himmel, so als ob sie dadurch das Licht herbeizaubern könnte.

„Du kannst jederzeit herkommen. Ich stehe dir gerne zur Verfügung.“

Sein Blick sagte ihr, dass es ihm um mehr ging, als um das Bogenschießen, was ihr Herz höher schlagen ließ. Durfte sie tatsächlich hoffen, dass er jetzt schon einsah, dass sie zusammengehörten? Menschen brauchten in der Regel wesentlich länger. „Sag das nicht so laut, ich nehme dich nämlich beim Wort.“ Sie milderte ihre Drohung mit einem Lachen ab, doch Jeremy blieb ernst.

„Das wiederhole ich gerne für dich. Nur sollten wir besser aufräumen, ehe wir völlig im Dunkeln stehen.“ Er lief auf das Ziel zu, drehte sich aber noch einmal kurz um. „Oder musst du los?“

Sofort schüttelte sie den Kopf. „Nein, das wäre mehr als unfair. Selbstverständlich helfe ich.“ Sie sammelte die Pfeile ein, zog den Ständer aus dem Boden und sah Jeremy unsicher an. „Wohin soll ich das bringen?“

„Komm einfach mit.“ Er ging mit der Zielscheibe in den Händen voran, zeigte ihr, wo die Sachen in der Garage ihren Platz hatten, bevor sie die Bogen holten.

„Man sollte einen Bogen immer entspannen, um die Wurfarme und auch die Sehne zu entlasten“, erklärte er ihr, als er das Spannseil an seinem Lieblingsbogen anlegte.

Interessiert sah Kate ihm zu, während er ihr demonstrierte, wie man mit dem Seil umging. Zu gerne hätte sie den Abschied herausgezögert, aber schnell war alles weggeräumt und es gab keinen Grund für sie, länger zu bleiben. „Vielen Dank für den unterhaltsamen Abend, ich denke, es ist besser, wenn ich mich auf den Heimweg mache.“ Unentschlossen schob sie die Hände in die Hosentaschen. Sie konnte ihn ja schlecht bitten, sie noch auf einen Drink einzuladen.Kapitel 5 - Zarte Bande

Jeremy blickte sie enttäuscht an. „Wirklich? Ich hatte gehofft, dass wir noch was zusammen trinken. Ich verspreche auch, mich zu benehmen.“ Wieder lachte er leise, gleichzeitig spürte sie die Anspannung, während er auf ihre Antwort wartete.

„Ich weiß nicht, es ist später geworden, als ich dachte.“ Selbst an ihrer Stimme hörte man, dass sie lediglich unsicher war.

„Ist es denn so schlimm, Zeit mit mir zu verbringen?“ Jetzt sah er sie ernst an.

Sofort schüttelte sie den Kopf. „Nein! Wie kommst du darauf?“ Entsetzt musterte sie ihn. Hatte sie ihm wirklich den Eindruck vermittelt, dass sie ihn abscheulich fand?

„Weshalb willst du dann unbedingt weg? Ich dachte, dass wir uns gut verstehen.“ Traurig hob er die Hand, als sie ihm erneut widersprechen wollte. „Tut mir leid, vergiss es. Ich bin unmöglich, wir kennen uns erst kurz und ich versuche, dich hierzuhalten.“ Er verstand sich selbst kaum noch. Sein Misstrauen hatte er völlig vergessen. Vielleicht lag es auch daran, dass er den Abend mit ihr so sehr genossen hatte. Das Gefühl, nicht länger alleine zu sein, tat ihm unendlich gut.

Bittend legte Kate ihre Fingerspitzen auf seinen Arm. „Ich entschuldige mich, wenn ich dir den Eindruck vermittelt habe, dass ich schnellstmöglich weg will.“ Sie atmete tief durch. „Ich möchte nur nicht aufdringlich sein. Auf keinen Fall lasse ich zu, dass du denkst, ich klammere.“ Jetzt war es heraus und sie traute sich kaum mehr, ihm in die Augen zu sehen. Verdammt, wann war sie so unsicher geworden? Besonders bei diesem Mann brauchte sie sich keine Sorgen zu machen, er war ihre Dualseele. Gerade deshalb fürchtete sie sich dermaßen vor Fehlern.

Jeremy lachte erleichtert auf. „Ich verspreche dir, dass ich dir offen sage, wenn mir irgendwas nicht passt. Okay?“

Kate lächelte. „Deal, das Gleiche gilt für mich. Ehrlichkeit, die bekommst du auch von mir.“ Bei den Worten musste sie schlucken, denn in einem Punkt durfte sie ihm keinen reinen Wein einschenken, zumindest noch nicht.

Er schlug ein, als sie ihm die Hand hinstreckte, anschließend brachte er sie ins Haus. Galant führte er sie ins Wohnzimmer, wo sie sich auf die Couch setzte.

Jetzt spürte sie ihre Schultern und ihren Rücken, das Bogenschießen war doch kräftezehrender, als sie gedacht hatte. Vorsichtig dehnte sie die Muskeln, dabei unterdrückte sie einen Schmerzenslaut. Das würde einen deftigen Muskelkater geben, so viel war sicher.

Besorgt musterte Jeremy sie. „Alles in Ordnung?“ Er stand im Eingang zum Zimmer, weil er Getränke besorgen wollte.

„Ja, klar, ich bin nur erstaunt, wie anstrengend es war. Während wir geschossen haben, ist mir nichts aufgefallen. Im Gegenteil, ich hätte noch ewig weitermachen können.“ Sie zuckte verlegen mit den Schultern. „Aber jetzt merke ich, dass ich mich auf einen ordentlichen Muskelkater einrichten sollte.“ Leise lachend winkte sie ab.

„Dagegen lässt sich etwas tun. Zuerst sagst du mir bitte, was du gerne trinken möchtest.“ Abwartend lehnte er an der Zarge.

„Ein Tee wäre klasse.“ Zu allem Überfluss war es ziemlich frisch geworden, darüber hinaus hatte sie nur eine dünne Jacke dabei. „Ich habe die Temperaturen unterschätzt.“

Sofort eilte Jeremy in die Küche, um Wasser aufzustellen, anschließend kam er zurück, schichtete Holz im Kamin auf, womit er ein Feuer anzündete. Fürsorglich wickelte er sie in ein Plaid ein. „Du hättest sagen sollen, dass dir kalt ist“, tadelte er sie leise.

„Das habe ich ja eben erst bemerkt. Vorher hat mich das Schießen total abgelenkt.“ Dankbar zog Kate die Decke um ihren Oberkörper zurecht. Sie fand es extrem süß, wie besorgt er um sie war, trotzdem hätte sie sich lieber fröhlich und unbeschwert gezeigt, als zitternd mit einer gehörigen Portion Unsicherheit.

Kurz darauf stand eine dampfende Tasse Tee vor ihr auf dem Tisch, Jeremy saß neben ihr, einen Arm um ihre Schultern gelegt, sodass sie sich an ihn lehnen konnte.

Es fühlte sich fantastisch an, so beschützt zu werden. Genüsslich schloss sie die Augen, sog den Moment in sich auf.

Er lächelte still vergnügt vor sich hin. Irgendwie hatte er damit gerechnet, dass es ihn Überwindung kosten würde, wieder eine Frau an sich heranzulassen, doch in der Situation kam es ihm einfach nur richtig vor. Kate an sich zu ziehen, ihr Geborgenheit und Wärme zu schenken, sorgte dafür, dass sein Misstrauen sich in Luft auflöste. Was machte diese Sirene nur mit ihm?

„Das ist mir jetzt echt peinlich, normalerweise bin ich keine solche Frostbeule, außerdem vergesse ich auch nicht, mich passend anzuziehen", bemerkte sie plötzlich, dabei sah sie ihn entschuldigend an.

„Es bringt uns dichter zusammen und das gefällt mir." Jeremy lächelte ihr zu. „Du bist einzigartig. Eine Frau wie dich habe ich noch nie getroffen."

„Wie meinst du das? Ich bin ziemlich durchschnittlich." Innerlich hielt Kate den Atem an, hatte sie sich irgendwie verraten? Hektisch ließ sie die letzten Stunden Revue passieren, ob sie vielleicht unbewusst eine ihrer tierischen Eigenschaften genutzt hatte, nur fiel ihr kein Fehler auf.

„Normalerweise bin ich eher distanziert, misstrauisch." Er zuckte leicht mit den Schultern. „Einmal zu oft auf die Nase gefallen. Nur in deiner Nähe verschwindet meine Skepsis sofort. Wie machst du das?"

Erleichtert lachte Kate auf, gleichzeitig sah sie ihn mit einem unschuldigen Blick an. „Keine Ahnung, was du damit sagen willst. Ich bin einfach nur ich."

Genau das war es, was Jeremy so anzog: Eine Frau, die sich nicht verstellte, um ihm vorzuspielen, dass sie fehlerlos ist. Keine, die eine Maske aufsetzte, sondern zugab, dass sie sich dumm verhalten hatte. Vielleicht war ihre Begegnung doch ein Wink des Schicksals. „Was denkst du über das Bogenschießen?“ Er griff die erstbeste Frage auf, die ihm in den Sinn kam, um das Thema auf unverfänglichen Boden zurückzuführen. Im Moment würde er keinesfalls über seine Beziehung zu Kate nachdenken und schon gar nicht darüber sprechen. Zuerst wollte er sich sicher sein, soweit man in dem Punkt von Sicherheit reden konnte.

„Es ist einfach nur toll. Als ob man loslässt.“ Kate suchte nach passenderen Worten.

„Aber das tust du ja, sonst fliegt der Pfeil keinen Meter weit, sondern bleibt an der Sehne hängen“, neckte er sie.

Sie stieß ihm den Ellenbogen in die Seite. „Du weißt genau, was ich meine. Im übertragenen Sinne lässt man alles los, was einen belastet. Ich kann es kaum erklären. Allerdings bin ich dir wahnsinnig dankbar für diese Erfahrung.“ Sie lehnte sich dichter an ihn. „Auf das Angebot, weiterhin mit dir zu schießen, komme ich auf jeden Fall zurück.“

„Gerne, du hast ja gesehen, dass ich die komplette Ausrüstung da habe, um den Sport ausüben zu können.“ Sanft streichelte er über ihre Schulter. „Soll ich was gegen den aufkommenden Muskelkater tun?“

Fast schon schläfrig musterte sie ihn. „Was schwebt dir da vor? Wenn es etwas mit Bewegung zu tun hat, verzichte ich dankend. Mein Bedarf für heute ist gedeckt.“

Als sie ihn jetzt mit halbgesenkten Lidern ansah, hatte sie definitiv Ähnlichkeit mit einer Katze. Sofort schüttelte er über sich selbst den Kopf. Er griff nie zu solchen Vergleichen, zumal ihn eine heftige Katzenhaarallergie plagte. Diese Analogie bildete er sich gewiss nur ein. „Ich rede von einer Massage.“

„Dich schickt der Himmel. Gib es zu, du bist ein Engel, der mir zeigen soll, wie es im Paradies aussieht, oder?“ Kate hätte fast geschnurrt bei dem Gedanken, was sie sich schnell verkniff. So ein Geräusch würde sie kaum vernünftig erklären können.

„Ich muss dich enttäuschen, ich bin ein ganz normaler Mann. Aber ich bin in der Lage, dich zu massieren.“ Er schmunzelte und stand auf, um Massageöl zu holen.

„Steh bitte kurz auf, damit ich das Handtuch auf die Couch legen kann.“ Er deutete auf das Tuch, nachdem er das Öl auf den Tisch gestellt hatte.

Kate gehorchte sofort, anschließend wickelte sie sich aus der Decke, die sie ordentlich auffaltete, ehe sie sie auf einen Sessel legte. Schüchtern zog sie den Pulli aus, ließ das T-Shirt folgen, bis sie nur noch einen BH sowie ein Unterhemd trug. In einem Massagesalon würde sie auch diese Kleidungsstücke ausziehen, nur jetzt wusste sie nicht, was sie tun sollte.

„Leg dich einfach hin, den Rest erledige ich.“ Jeremy erkannte genau, was in ihr vorging. Obwohl ihn die Vorstellung reizte, mit ihrer Scham zu spielen, verzichtete er darauf. Für solche Experimente war es definitiv zu früh.

Kate gehorchte, wobei ihr unklar war, wie er an die verspannten Stellen herankommen wollte, wenn sie noch ihr Unterhemd trug. Eine derartige Frage kam ihr allerdings keinesfalls über die Lippen.

Mit einem Lächeln schob Jeremy die Träger des Hemdchens über ihre Schultern, hob ihren Oberkörper leicht an, um es so weit herunterschieben zu können, dass es ihn nicht länger störte. Ihren BH öffnete er lediglich, sodass sich die störenden Träger ebenfalls zur Seite schieben ließen. Sanft verrieb er etwas von dem Öl auf ihrem Rücken, strich mit den Fingerkuppen über die zarte Haut, wobei er die Verspannungen ertastete. Ihr wohliges Aufstöhnen entlockte ihm ein zufriedenes Schmunzeln, weil er es liebte, sie zu verwöhnen. Der Druck, den er auf die Muskeln ausübte, dosierte er genau, damit es niemals wirklich schmerzhaft wurde.

Kate lag mit geschlossenen Augen auf dem Sofa, genoss die Massage, genauso wie die Nähe zu ihrem Gefährten. Immer wieder kamen ihr Bilder in den Kopf, die ihr zeigten, wie Jeremy sie verführte, seine öligen Finger über ihre Brüste streichen ließ. Schnell schob sie die erotischen Gedanken zur Seite, auf keinen Fall wollte sie sich wie eine rollige Katze gebärden. Wie peinlich würde es werden, sollte er mitbekommen, dass sie allein von der unschuldigen Berührung heiß wurde. Angestrengt dachte sie an einige Begebenheiten, die sie ablenkten, trotzdem schweiften ihre Fantasien ständig zu den erregenden Situationen zurück.

„Versuch, dich zu entspannen, Kate. Ich gehe dir nicht an die Wäsche, versprochen."

Seine Stimme verstärkte die Sehnsucht und für einen Augenblick ließ sie sich fallen. „Schade", rutschte es ihr heraus, ehe sie sich auf die Lippe beißen konnte. Verdammt, hoffentlich hatte er das nicht gehört. „Es tut so gut", schob sie schnell hinterher.

Jeremy widmete sich weiterhin ihrem verspannten Rücken, dabei beschloss er, so zu tun, als ob er ihre Bemerkung überhört hätte. Es war schön zu wissen, dass er offene Türen einrannte, obwohl er sich kaum im Klaren darüber war, was diese Frau genau mit ihm anstellte. „So, ich glaube, jetzt sollte es wesentlich besser sein." Er gab ihr einen kleinen Klaps, anschließend verließ er das Zimmer, einerseits damit sie sich herrichten konnte, andererseits um sich die Finger zu waschen.

Kate streckte sich genüsslich, ehe sie sich mit dem Handtuch die Ölreste vom Rücken rubbelte. Eilig zog sie sich wieder an, bevor Jeremy zurückkam. So weit, sich ihm halbnackt zu präsentieren, war sie noch nicht, Gefährte hin oder her, obwohl sich bei ihr der Gedanke einschlich, dass sie es irgendwie genießen würde, wenn er sie zwang. Sofort schob sie die Vorstellung in die hinterste Ecke ihres Gehirns. Ja, sie träumte heimlich von einem dominanten Partner, war sich aber unsicher, ob sie das auch in der Wirklichkeit ausprobieren wollte.

„Woher kannst du das?", erkundigte sie sich, als sie wieder neben ihm saß, bevor sie an ihrem lauwarmen Tee nippte.

Jetzt war es an ihm, verlegen zu werden. „Meine Ex hatte oft Probleme, die zu extremen Verspannungskopfschmerzen geführt haben. Also habe ich einen Kurs belegt, um ihr helfen zu können." Er tat es mit einem Achselzucken ab, bemerkte jedoch, dass Kate ihn erstaunt ansah. „Ist es so unwahrscheinlich, dass ein Mann etwas lernt, um seiner Partnerin das Leben leichter zu machen?"

Kurz dachte sie über seine Frage nach. Die Antwort lag klar auf der Hand, allerdings wollte sie nicht alle über einen Kamm scheren. „Für mich hat das noch niemand gemacht", antwortete sie beeindruckt.

„Dann hast du den Richtigen offensichtlich nicht gefunden." Damit war für ihn das Thema beendet, zumal es ihn zu sehr an Ellen erinnerte.

„Ich gebe zu, du beeindruckst mich immer mehr. Erst das Bogenschießen, jetzt die Massage, außerdem hast du behauptet, tanzen zu können." Keck schenkte sie ihm einen Blick, der deutlich sagte, dass sie an dem Punkt zweifelte.

„Dass du liest, sieht man, es sei denn, es lebt eine weitere Person in diesem Cottage.“

Sofort schüttelte Jeremy lächelnd den Kopf. „Nein, das ist mein alleiniges Reich, somit gestehe ich, dass auch die Liebesromane mir gehören.“ Er senkte die Stimme zu einem verschwörerischen Flüstern. „Ich habe sie sogar gelesen.“

„Spinner.“ Kate stieß ihn mit der Schulter an, gleichzeitig überlegte sie, wie sie geschickt zum vorigen Thema zurückspringen konnte. Sie war wirklich gespannt, ob er mit ihr tanzen gehen würde. Gerade, als sie beschloss, ihn einfach aufzufordern, mit ihr wegzugehen, übernahm er das Gespräch.

„Ich gebe nicht an, das habe ich nicht nötig. Entweder ist das, was ich kann beziehungsweise zu bieten habe, ausreichend oder die betreffende Person soll mir den Buckel runterrutschen.“ Ernst hielt er ihrem Blick stand. Mittlerweile war er tatsächlich so weit, dass er auf die Meinung fremder Menschen verzichten konnte. Es war sein Leben, das er meistern musste. „Aber du hast da etwas von einem Tanzlokal gesagt. Ich bin gerne bereit, dir am Wochenende zu zeigen, was für ein Tänzer ich bin. Es sei denn, du hast keine Zeit oder keine Lust.“ Fast hätte er die Luft angehalten, besonders weil er hoffte, dass sie ihm die Chance für ein zweites Treffen gab.

Begeistert stimmte Kate zu, bis ihr einfiel, dass viele Männer es liebten, zu jagen, daher zügelte sie ihre Euphorie und gab sich kühl. „Klar, wieso auch nicht. Es ist ewig her, seit ich das letzte Mal getanzt habe. Wie sieht es um acht am Samstagabend bei dir aus?“

Irritiert von ihrem Stimmungsumschwung musterte Jeremy sie, dabei fiel ihm auf, dass sie ihm etwas vorspielte, was genau dahintersteckte, konnte er nur ahnen. „Ich bin keineswegs beleidigt, wenn du lieber nicht mit mir ausgehen willst." Jetzt bemerkte er deutlich, dass sie zusammenzuckte, das war es also schon mal nicht.

„Nein, ich freue mich, mit dir zu tanzen. Aber so langsam muss ich heim." Sie sah bezeichnend auf ihre Armbanduhr, die Mitternacht anzeigte. „Ich habe leider keinen Urlaub."

Die Entscheidung bedauerte er, zumal er sich bereits ausgemalt hatte, dass sie sein Angebot, zumindest sein Gästezimmer zu benutzen, annehmen würde. Natürlich war ihm klar, dass das nur ein Wunschtraum war. „Ich bringe dich hin." Er stand auf, um ihre Jacken zu holen.

„Quatsch, du hast morgen auch einen anstrengenden Tag auf der Wache. Ich schaffe das Stückchen sehr gut alleine. In den letzten Jahren hab ich den Weg jedenfalls immer gefunden." Sie erhob sich, umarmte ihn schnell, weil sie ihn doch noch einmal berühren wollte, anschließend ging sie in den Flur und zog ihre Jeansjacke an. Der Gedanke, jetzt in die kalte Nacht hinaus zu müssen, ließ sie zittern, zumal es am Kamin so unendlich gemütlich gewesen war. Trotzdem kam es keineswegs infrage, bei ihm zu übernachten. Innerlich rief sie sich zurecht, Jeremy hatte es ihr nicht mal angeboten!

„Du glaubst, dass ich dich alleine rausschicke, oder? Es ist empfindlich kühl geworden, außerdem ist es stockdunkel." Er hatte seine Windjacke bereits übergezogen und hielt auch eine Taschenlampe in der Hand, da sein Cottage etwas abgelegen lag, wo es keine Straßenlampen gab.

Kate schluckte ihre Antwort gerade eben herunter.

Natürlich machte ihr die Dunkelheit nichts aus, im Gegenteil, sie sah perfekt. „Kann ich dich irgendwie davon abhalten?"

Sachte schüttelte Jeremy den Kopf. „Nein, entweder du schläfst hier bei mir oder ich begleite dich, eine andere Option steht keinesfalls zur Debatte." Abwartend stand er vor ihr. Jetzt hatte er doch die Einladung ausgesprochen, die ihm extrem verfrüht vorkam.

„Gut, dann lass uns gehen." Kate öffnete die Tür, nur um gleich darauf zurückzuzucken, weil ihr ein eisiger Wind entgegenschlug. Verdammt, das Wetter kam ihr noch kälter vor, nachdem sie vor dem Kamin gesessen hatte. Allerdings war es ja auch erst Ende März. Mutig zog sie den Kopf ein und trat vor die Tür. Sofort war Jeremy an ihrer Seite, legte beschützend einen Arm um ihre Schultern, gleichzeitig schaltete er die Taschenlampe ein.

„Weshalb bist du nicht mit dem Auto gekommen?", erkundigte er sich, als sie sich auf den Weg machten. „Ist es weit? Dann fahren wir besser."

Kate lachte leise. „Du scheinst mich für ziemlich unterbelichtet zu halten, oder? Es sind nur zwei Straßen, da war es für mich unökonomisch, Sprit zu verbrauchen." Sie deutete auf die Seitenstraße, in die sie einbiegen mussten.

„Im Gegenteil, ich denke, dass du sehr intelligent bist, nur manchmal erscheinst du ein wenig ..." Er überlegte, wie er es am besten ausdrücken konnte, während Kate die Luft anhielt. „Abgelenkt ist wohl das richtige Wort." Kurz drückte er sie an sich.

Nachdenklich lief sie neben ihm her, genoss seine Nähe, gleichzeitig dachte sie darüber nach, was er damit sagen wollte. Klar, sie hatte sich beim Bogenschießen nicht gerade mit Ruhm bekleckert. Die Sache, dass sie den Bogen falsch herum gehalten hatte, zeigte sie kaum als Intelligenzbestie. Trotzdem wusste sie seine Aussage nicht wirklich einzuschätzen. Endlich fand sie den Mut, ihn zu fragen. „Was genau meinst du, wenn du sagst, dass ich abgelenkt bin.“ Sie blieb trotz des kalten Windes stehen, sodass sie in der Lage war, ihn anzusehen.

„Tut mir leid, falls ich damit einen Nerv getroffen habe. Für mich ist es absolut kein Nachteil, ehrlich.“ Betroffen sah er ihr in die Augen. „Du scheinst manchmal unkonzentriert.“

Bei der Erklärung fiel ihr auf, dass sie von ihm zum Träumen verführt wurde, und zwar ständig, aber das konnte sie ihm im Moment wohl kaum sagen. Ihre Wangen färbten sich rot, was in der Dunkelheit hoffentlich nicht auffiel, zumal er die Taschenlampe zu Boden gerichtet hatte. „Ach das meinst du. Ja, ich verliere mich gerne in Tagträumen“, gab sie leise zu. Das war keine Lüge, sie verschwieg nur, dass diese Schwärmereien sich immer um ihn drehten. „Ich dachte schon, du hältst mich für eine Spinnerin, die sich nicht konzentrieren kann.“

„Nein, ich mag es, wenn Menschen noch träumen können.“ Er strich ihr sanft eine Strähne aus dem Gesicht.

Langsam schlenderten sie weiter, leider waren sie viel zu schnell am Ziel.

„Haben wir am Samstag ein Date?“, erkundigte Jeremy sich, als Kate bereits den Schlüssel ins Schloss gesteckt hatte.

Sofort drehte sie sich um, bedachte ihn mit einem strahlenden Lächeln, ehe sie heftig nickte. „Auf jeden Fall, ich muss doch herausfinden, ob du tatsächlich tanzen kannst. Holst du mich um halb acht ab?“ Ihr Herz klopfte ihr bis zum Hals, so hatte sie sich früher bei einer Verabredung nie gefühlt. Außerdem kannte sie die Angst, zurückgewiesen zu werden, bis dato nicht.

„Darauf darfst du dich verlassen, aber willst du mich wirklich bis Samstag warten lassen? Ich möchte dich gerne besser kennenlernen.“ Er schluckte, gleichzeitig sah er sie mit einem bittenden Blick an.

„Wir müssen beide arbeiten, allerdings bin ich am Mittwochabend wieder im Studio. Vielleicht finde ich ja noch einen Kerl, dem ich beweisen kann, dass ich Kraft in den Beinen habe.“ Sie zwinkerte ihm neckend zu.

„Dann bin ich auf jeden Fall auch dort, um genau das zu verhindern. Glaub mir, ich beschütze dich vor solchen Typen.“ Seine Hand glitt in ihren Nacken, zog sie ein Stückchen heran, bevor er fast zaghaft mit der Zungenspitze über ihre Unterlippe leckte. Als sie atemlos den Mund öffnete, kam er der Einladung gerne entgegen. Genüsslich kostete er von ihrem Geschmack, der dafür sorgte, dass er die Augen schloss.

Kate drückte sich fester an ihn, umspielte seine Zunge mit ihrer, ließ sich in diesen Kuss fallen, der in ihr eine Sehnsucht weckte, die sie so nicht kannte. In ihrem Kopf zerplatzten die Gedanken wie Luftballons und ein Glücksgefühl durchströmte sie, woraufhin sie leise stöhnte. Wärme breitete sich in ihr aus, Liebe flutete ihr Herz, während sie sich ihm hingab. Es fühlte sich an, als ob sie nach langem Suchen endlich ihren Hafen gefunden hätte.

Viel zu schnell ließ Jeremy von ihr ab, nur um sie erstaunt anzusehen. „Wow, das war unbeschreiblich“, murmelte er, gleichzeitig versuchte er, seine eigenen Gefühle zu verstehen. Noch nie hatte es sich so fantastisch angefühlt eine Frau zu küssen, dabei kannte er Kate ja nur oberflächlich. Er legte eine Hand an ihre Wange, weil es ihn danach drängte, sie erneut zu berühren.

Sofort schmiegte sie sich an ihn, lächelte ihm zu, bis sie mit einem leisen Seufzen einen Schritt zurücktrat. „Es ist kalt, außerdem musst du morgen zum Dienst. Wir sehen uns Mittwoch im Studio. Ich bin so gegen sechs abends dort." Energisch drehte sie sich um und verschwand in ihrem Cottage, was sie enorm viel Kraft kostete.

Jeremy starrte einen Augenblick die geschlossene Tür an, ehe er sich auf den Heimweg machte. Sein Herz schlug Purzelbäume, zumindest fühlte es sich so an, wobei er sich immer noch nicht erklären konnte, was das gerade gewesen war. Andererseits musste er sich wirklich eine Begründung suchen? Lächelnd schüttelte er den Kopf, gleichzeitig nahm er sich vor, die Chance zu nutzen und den Rest auf sich zukommen zu lassen. Eins war ihm klar: Bei Kate handelte es sich um eine ganz besondere Frau.

Spontan entschloss er sich, eine kleine Runde spazieren zu gehen, auf keinen Fall besaß er die Ruhe, sich jetzt ins Bett zu legen. Gut gelaunt schob er die Taschenlampe in die Jackentasche, als er auf eine Seitenstraße abbog, die sehr gut von Straßenlaternen ausgeleuchtet war. Fast hätte er ein Lied vor sich hingepfiffen, doch mitten in der Nacht wollte er keine Aufmerksamkeit auf sich ziehen.

Er bog in eine Straße ein und blieb unvermittelt stehen, das konnte nicht wahr sein! Vor sich erkannte er eine junge Frau, auf deren Rücken Flügel wie bei einem Engel saßen, groß, weiß, irgendwie strahlend. Starr stand er da, bemüht kein Geräusch zu machen, was keine Kunst darstellte, er fühlte sich wie paralysiert. Gingen seine Wahnvorstellungen schon wieder los? Erst der Kerl mit dem Huf, jetzt Engelsflügel bei einem Mädchen? Vielleicht war es klug, einen Psychiater aufzusuchen? Vorsichtig rieb er sich über die Augen, doch als er erneut hinsah, bemerkte er dort nur einen Teenager, der die Haustür aufschloss. Fast hätte er aufgelacht, nur im Augenblick wollte er noch weniger die Aufmerksamkeit auf sich ziehen. Gerade als ihm einfiel, dass er die Minderjährige fragen sollte, was sie um die Zeit draußen anstellte, verschwand sie im Eingang.

Jeremy zuckte mit den Schultern, er war außer Dienst, darüber hinaus handelte es sich bei dem Mädchen offensichtlich nicht um eine Ausreißerin. Jetzt beeilte er sich, nach Hause zu kommen, wahrscheinlich bekam ihm der kalte Wind nicht.

Kapitel 6 - Zusammenarbeit

Kate lag in ihrem Bett, wo sie mit offenen Augen von Jeremy träumte. Weshalb sie ihn auf Abstand hielt, wusste sie genau, nur ging es ihr gegen den Strich. Immer wieder hatte sie gehört, dass man es langsam angehen sollte, dass die Frau den Mann warten lassen müsse. Für sie fühlte es sich so unendlich falsch an, aber da sie bereits ein paar Mal auf die Nase gefallen war, befolgte sie den merkwürdigen Ratschlag. „Er ist mein Seelengefährte, da kann doch nichts schiefgehen, oder?" Sie flüsterte ihre Frage in die Nacht, als ob sie eine Antwort erwartete. Normalerweise war sie eine taffe junge Detektivin, selbst für die Maßstäbe einer Gestaltwandlerin, nur in dem einen Punkt hatte die Unsicherheit sie völlig im Griff. War das bei allen ihrer Art so? Ihr Cousin Logan fiel ihr ein, den würde sie am kommenden Tag gleich anrufen. Vielleicht gab ihr auch seine Kollegin Caitlin einen Tipp, immerhin gehörte sie zu den Wächtern und war in der Lage, sich in einen Falken zu verwandeln. Beruhigt, weil sie auf diese Art Hilfe bekam, schloss sie die Lider, nur um von einem Mann mit blauen Augen zu träumen.

Der nächste Morgen weckte sie mit Regen, was in Irland niemanden wunderte, außerdem konnte sich das Wetter sehr schnell ändern, sodass Kate sich nicht die Laune verderben ließ. Ein Blick auf die Uhr sagte ihr, dass sie Zeit für ein Frühstück hatte, bevor sie Logan anrief. Den Anruf wollte sie lieber von zu Hause aus machen. Obwohl Kim so ziemlich alles von ihr wusste, war es ihr peinlich, dass sie ausgerechnet bei ihrem Seelengefährten dermaßen zweifelte.

In der Küche bereitete sie ihr Müsli zu, stellte Wasser für einen Tee auf, setzte sich an den Küchentisch, anschließend erlaubte sie sich davon zu träumen, dass Jeremy bei ihr wäre. War er am Ende ein Morgenmuffel oder tobten sie schon morgens durch die Gegend? Sie lachte bei der Vorstellung, dass sie gemeinsam Rührei zubereiteten, während er sie neckte. Sehnsucht erfasste ihr Herz, was die gesamten Ratschläge ihrer menschlichen Freundinnen noch dümmer erscheinen ließ.

Nachdem sie ihren Tee getrunken und das Müsli aufgegessen hatte, schnappte sie sich ihr Handy, um ihren Cousin anzurufen. „Hey, Logan, hast du einen Moment Zeit für mich?"

„Natürlich, was ist passiert?" Sofort erklang ein alarmierter Unterton in seiner Stimme. Als Wächter rechnete er immer damit, dass eine Katastrophe geschehen war, zumal Kate ihn nur sehr selten anrief.

Lachend wehrte sie ab. „Nichts Schlimmes, ich brauche nur einen Rat. Ich habe meinen Seelengefährten gefunden, deshalb fühle ich mich plötzlich so unsicher. Ständig habe ich das Gefühl, ich mache einen dummen Fehler, womit ich ihn verliere. Der Rat, ihn auf Abstand zu bringen, sodass er die Chance hat, mich zu erobern, fühlt sich falsch an, trotzdem halte ich mich daran." Sie sprudelte mit ihren Sorgen heraus, ohne darüber nachzudenken, bis Logan leise lachte.

„Tja, da bist du keineswegs alleine. Ich glaube, jeder von uns hat diese Zweifel gehabt. Aber ich kann dich beruhigen, es ist unmöglich, den Gefährten komplett zu verscheuchen. Denk an Joleen und mich. Sie hat tatsächlich geglaubt ...", weiter kam er nicht.

„Du hast recht, ich kenne eure Geschichte, deshalb hab ich ja solche Angst. Ich möchte nicht leiden", gab sie kleinlaut zu. „Gibt es auch nur eine einzige späte Begegnung, bei der es reibungslos zugegangen ist?"

Jetzt überlegte Logan ernsthaft. „Mir fällt da nur Miriam und Rian ein."

Bei der Antwort hätte Kate beinahe bitter aufgelacht. „Wenn man von der Kleinigkeit absieht, dass er ihr Leben riskieren musste, um sie nach Ballygannon zu bringen, stimmt das wohl." Sie seufzte. „Was rätst du mir?"

Sie hörte das Lächeln in seiner Stimme sehr deutlich, als er ihr einen Rat gab, der ihr überhaupt nicht passte. „Hör auf dein Herz, lass alle Ratschläge außen vor, folge deinen Gefühlen. Etwas anderes wird nur dazu führen, dass ihr beide leidet."

„Scheiße", entfuhr es ihr. „Du versprichst mir, dass ich keinen Fehler machen kann?"

Jemand nahm Logan das Handy aus der Hand und kurz darauf erklang Joleens Stimme. „Hey, Liebes, ich hab mir aus den Antworten meines Ehemannes zusammengereimt, dass du deinen Gefährten gefunden hast, richtig?"

Kate murmelte zustimmend. „Schön, dich zu hören, Joleen. Ja, das ist korrekt, allerdings habe ich keine Ahnung, wie ich mich verhalten soll. Sagst du mir, wie ich verhindern kann, etwas falsch zu machen?"

„Gar nicht, denn das ist unmöglich, uns allen unterlaufen Fehler. Aber ich versichere dir, egal, was du tust, du wirst ihn nicht verscheuchen können. Caitlin hat es erfolglos bei Brian versucht, ich wollte Logan loswerden, wie du weißt, und selbst der Himmel hat es nur für kurze Zeit geschafft, Lea von Gerry fernzuhalten." Sie lachte leise. „Solltest du wirklich eine Entscheidung treffen, die euch leiden lässt, stehen wir dir gerne zur Seite."

Erleichtert atmete Kate auf, genau das hatte sie gehofft zu hören. „Danke, das bedeutet mir sehr viel. Erklärst du mir bitte, weshalb ich plötzlich so unsicher bin? Ich bezweifele sogar, dass ich für Jeremy gut genug bin." Diesen Punkt konnte sie sich so gar nicht erklären.

„Das ist einfach, wir reden von der einzigen, wahrhaften Liebe. Mit dem Gefühl muss man erst einmal umgehen können, es jagt so ziemlich jedem Angst ein. Außerdem sind wir trotz unserer magischen Eigenschaften immer noch Menschen, wir fürchten uns davor, dass man uns das Herz bricht." Joleen lächelte, zumal sie ähnliche Bedenken gehabt hatte.

„Ich danke dir. Jetzt mache ich mich besser auf den Weg ins Büro, sonst schickt Kim eine Suchmeldung heraus." Erleichtert verabschiedete Kate sich, anschließend fuhr sie zur Arbeit. Sie war fest entschlossen, die ganzen gutgemeinten Ratschläge in den Wind zu schießen, um das zu tun, was ihr Gefühl ihr sagte. Ein Gedanke kam ihr, der ausgezeichnet in ihre Planung passte, weil sie glaubte, dass ihre Unsicherheit vor allem daher rührte, dass sie ihren Gefährten zu wenig kannte. Sie würde ihm als Katze einen Besuch abstatten. Auf diese Weise lernte man Menschen sehr gut kennen.

~~°~~

Jeremy saß an dem Papierkram, der sich auf seinem Schreibtisch stapelte. Eine lästige Aufgabe, die er allerdings kaum vernachlässigen konnte. Immer wieder stahl sich ein Lächeln auf seine Lippen, als er an den vergangenen Abend dachte. Hatte Kim tatsächlich eine Verabredung gehabt oder wollte sie ihnen nur etwas Privatsphäre gönnen? Ihm war es am Ende egal, sein Leben entwickelte sich in die richtige Richtung. Irgendwo klingelte ein Telefon und kurz darauf kam Steven zu ihm.

„Jemand hat in die Tankstelle eingebrochen. Chris, der Besitzer hat gerade angerufen." Der junge Polizist deutete auf zwei Beamte hinter sich. „Ich kann Darren und Tom losschicken."

„Auf gar keinen Fall, wir beide fahren." Damit sprang Jeremy auf, glücklich dem langweiligen Schreibkram entkommen zu können.

„Der alte Chief wollte immer, dass wir bei einem Einsatz die Sirene anstellen", bemerkte Steven, als sie im Auto saßen.

Jeremy sah deutlich, dass sein Kollege dagegen war genau wie er selbst. „Ist jemand in Lebensgefahr? Oder könnten wir den Ladendieb fassen, indem wir das Sondersignal einsetzen?", erkundigte er sich ironisch.

Steven schüttelte schmunzelnd den Kopf.

„Nicht? Dann lassen wir es aus." Jeremy nickte seinem Partner lächelnd zu. „Sieht so aus, als ob es schwierig war, mit Davies ordentlich zusammenzuarbeiten." Er murmelte den Verdacht nur, sodass er darauf auch keine Antwort erhielt.

Vor der Tankstelle hatte sich schon eine kleine Menschenmenge gebildet, die sie zuerst zerstreuten.

„Bitte, Freunde, geht nach Hause, hier gibt es nichts zu sehen. Chris wird euch heute Abend im Pub bestimmt alles erzählen", rief Steven, während er die Schaulustigen zur Seite schob.

Jeremy ließ seinem Partner den Vortritt, da dieser die Leute in Portumna kannte, trotzdem runzelte er die Stirn, als er Kate und Kim erkannte, die neben einem offensichtlich aufgebrachten stämmigen Kerl standen.

„Das ist Chris Gordon, der Besitzer der Tankstelle." Steven deutete auf den Mann, dabei schien es für ihn normal, dass die zwei Frauen sich an einem Tatort befanden.

Jeremy nickte, anschließend ging er zu dem Grüppchen. „Guten Morgen, Sie haben uns einen Einbruch gemeldet? Ich bin Chief Superintendent Jeremy Doyle und meinen Kollegen kennen Sie bestimmt."

Der Geschäftsinhaber brummte leise. „Klar, der ist doch bekannt wie ein bunter Hund. Außerdem hat er schon als Kind bei mir Bonbons gekauft. Schauen Sie sich um, was die Schweine gemacht haben. Es steht nichts mehr an seinem Platz." Verzweifelt raufte er sich die Haare, während er mit einer Handbewegung in den Raum zeigte.

„Steven, ich glaube, du übernimmst, ich werde mich kurz mit den Damen unterhalten." Er flüsterte den Befehl seinem Kollegen zu, sodass dieser sofort begriff und den Tankstellenbesitzer ein Stückchen zur Seite zog.

Jeremy trat auf die Frauen zu. „Was, zum Teufel, tut ihr denn hier?" Er musterte sie ernst. „Ihr habt doch nicht etwa den Polizeifunk angezapft, oder?" Bei dem Gedanken drehte sich ihm der Magen um, auf keinen Fall wollte er Kate für irgendein Vergehen zur Rechenschaft ziehen. Allerdings traute er ihr so einen Unfug durchaus zu. Aber als sie ihn jetzt anlächelte, vergaß er augenblicklich jeden Tadel, sondern hatte nur noch Augen für sie.

„Guten Morgen, Chief, ich freue mich, dich zu sehen.“ Sie beugte sich vor, um ihm einen Kuss auf die Wange zu geben. „Du unterstellst uns eine Straftat, mein Lieber.“ Ihr Schmunzeln wurde breiter.

„Was soll ich denn sonst annehmen? Ihr seid vor der Garda am Tatort. Willst du mir tatsächlich sagen, dass ihr tanken wolltet?“ Spöttisch hob er eine Augenbraue an, gleichzeitig unterdrückte er den Drang, sie an sich zu ziehen. Hier sollte er professionell auftreten, das war ihm schmerzlich bewusst.

„Vielleicht, dass Chris uns angerufen und um Hilfe gebeten hat?“, schlug Kim jetzt mit einem Necken vor. „Er hat nie viel von Davies gehalten.“

Das erklärte einiges, darüber hinaus nahm es eine große Last von Jeremys Schultern. Er hätte die Frauen ungern wegen eines solchen Vergehens festgenommen. „Weshalb hat er uns denn trotzdem kommen lassen?“ Den Punkt verstand er nicht, offensichtlich vertraute er den Detektivinnen mehr als den öffentlichen Behörden.

„Wegen der Versicherung natürlich“, mischte sich Chris in dem Augenblick ein, während er Jeremy misstrauisch musterte. „Ehrlich gesagt hat der alte Chief keinen Fall gelöst, außerdem war er arrogant und herablassend.“

Steven zuckte leicht mit den Schultern, als sein neuer Chef ihn ansah, trotzdem erkannte jeder, dass der Tankstellenbesitzer die Wahrheit ausgesprochen hatte.

„Wenn das so ist, freue ich mich, dass ihr uns unterstützt. Lasst uns anfangen.“ Freundlich nickte er den erstaunten Frauen zu, ehe er Chris bat, eine Liste aufzustellen von allen, die Zutritt zum Laden hatten.

„Was soll das bringen? Das Schloss ist geknackt worden“, murrte der Mann.

„Das habe ich gesehen, trotzdem könnte es eine Finte sein. In diesem kleinen Städtchen kennt jeder jeden, wie mir scheint, da müsste es den Nachbarn doch auffallen, wenn sich mitten in der Nacht ein Fremder an der Tür zu schaffen macht. Darüber hinaus gibt es eine Alarmanlage, wie ich sehe." Jeremy blieb ruhig, zumal es seine Art war, den Geschädigten abzulenken.

Immer noch murrend lief Chris auf eine Tür zu, die wohl zu seiner Wohnung führte.

„Du lässt uns tatsächlich unseren Job erledigen? Kein Abwarten, bis ihr fertig seid?" Erstaunt musterte Kim ihn, damit hatte sie so gar nicht gerechnet.

„Weshalb nicht? Ich habe weniger Arbeit, keinen Stress mit dem Besitzer, der mir ohnehin misstraut, darüber hinaus kann ich meine Zeit mit zwei bezaubernden Damen verbringen." Jeremy lachte leise. „Allerdings muss ich darauf bestehen, dass wir eure Ergebnisse vollständig und zeitnah bekommen."

Kate verzog schmunzelnd das Gesicht, ehe sie salutierte. „Sir, ja, Sir."

Jetzt zog er sie doch an sich. „Freches Weib", flüsterte er ihr zu, ließ sie jedoch sofort wieder los. „Siehst du, wir sehen uns früher als geplant. So wie es aussieht, ermitteln wir sogar zusammen, wenn das kein Wink des Himmels ist."

Gut gelaunt machten sie sich an die Arbeit. Zuerst forderten die Polizisten die Spurensicherung an, was Kate gerne verhindert hätte, da sie mit ihren tierischen Genen viel mehr wahrnehmen konnte. Leider durfte sie das niemandem sagen.

Gemeinsam gingen sie zu den Leuten, die immer noch vor dem Gebäude standen, um sie zu befragen, ob ihnen etwas aufgefallen war. Steven fragte Chris nach der Überwachungskamera, die natürlich genauso vorhanden war wie die Alarmanlage, was Jeremy nachdenklich stimmte. „Ich kann Ihnen die Aufzeichnungen zum Revier schicken. Allerdings glaube ich kaum, dass ich so viel Glück habe. Der Dieb war ein Profi, wie sonst hätte er den Alarm ausschalten können?“, knurrte er, außerdem hielt er den Polizisten die verlangte Liste hin.

„Das sind einige Leute, weshalb ist niemand zur Arbeit erschienen?“ Die Tatsache, dass keine Mitarbeiter vor Ort waren, erstaunte Jeremy.

„Ich habe allen sofort freigegeben, als ich kapiert hab, was los ist. Was hätten sie denn auch hier zu tun? Aufräumen kommt wohl erst infrage, wenn ihr Typen fertig seid.“ Stolz hob er den Kopf. „Ich schaue mir regelmäßig Major Criminals an, da lernt man so etwas.“

Jetzt musste Jeremy sich ernsthaft das Lachen verkneifen. Sicherlich gab es relativ authentische Fernsehserien, aber keine konnte man wirklich ernst nehmen oder gar mit dem Job der Garda verwechseln. „Das ist gut, sehr gut“, lobte er trotzdem, ehe er sah, dass er Abstand gewann. Er war kaum mehr in der Lage, seine Heiterkeit zu unterdrücken, deshalb schloss er sich den anderen an, um die Nachbarn zu befragen.

Auch Kim und Kate machten sich auf den Weg, um mit Hilfe ihrer tierischen Sinne eine Spur zu bekommen. Bei den vergangenen Fällen hatte es perfekt funktioniert.

~~°~~

Die Befragung bei den Nachbarn hatte kaum etwas ergeben, nur eine ältere Dame meinte, eine Bewegung kurz nach Mitternacht gesehen zu haben. Allerdings war sie ziemlich betagt, sodass sie lediglich einen Schatten bemerkt hatte, was durchaus eine streunende Katze gewesen sein könnte. Jeremy seufzte, als er sich auf seinen Platz fallen ließ. Irgendwer musste die Alarmanlage ausgeschaltet haben, sonst wäre sie sofort angesprungen. Es sei denn, ein Mitarbeiter hatte vergessen, sie anzuschalten. „Darren? Laden Sie bitte die Angestellten der Tankstelle vor. Ich muss wissen, wer die letzte Schicht hatte. Finden Sie auch heraus, ob jemand ein Motiv hatte, Schulden, Streit, irgendwas in der Art." Er sah seinen Kollegen auffordernd an, zumal sie sich gegenübersaßen. In der relativ kleinen Wache hatte er kein separates Büro für sich beansprucht, er war lieber in direktem Kontakt zu seinen Mitarbeitern.

Der Polizist machte sich sofort an die Arbeit und Jeremy las sich noch einmal die Aussage der älteren Dame durch. Augenblicklich musste er an seine eigenen Beobachtungen denken, doch eilig verbannte er die verstörenden Bilder aus seinem Hirn. Die letzte Zeit war ziemlich anstrengend gewesen, sodass er es auf den Stress schob.

Steven schickte ihm eine Aufstellung der Leute, die in direktem Kontakt zu dem Tankstellenbesitzer standen, darunter gab es auch eine Ex-Frau. Das war die erste interessante Spur, zumal hinter dem Namen vermerkt war, dass sie erbittert um Geld gestritten hatten. Sie war vor Gericht gezogen, um einen größeren Teil des Kuchens zu bekommen, scheiterte allerdings. Das lag lediglich ein halbes Jahr zurück, somit gab es hier zumindest ein Motiv. Jeremy erhob sich, drehte sich zu dem anderen Schreibtisch. „Lassen Sie uns mal zu Mrs Gordon fahren, Steven." Er lächelte, als der junge Polizist sofort aufsprang.

„Meinen Sie wirklich, dass sie intelligent genug ist, um die Alarmanlage auszuschalten und anschließend das Schloss zu knacken?“ In Toms Augen erkannte man deutlich die Zweifel. „Sie ist nicht gerade eine Intelligenzbestie“, fügte er mit einem schiefen Lächeln hinzu.

„Trotzdem ist es die erste Person, die ein Motiv hat. Darüber hinaus könnte es möglich sein, dass sie die Kombination bezwiehungsweise den Schlüssel, mit dem sie den Alarm ausschalten kann, noch besitzt.“ Jeremy überlegte kurz. „Rufen Sie doch bitte in der Tankstelle an und fragen nach, wann der Code für die Anlage das letzte Mal geändert wurde. Sollte man nur mit einem Schlüssel dafür sorgen können, dass die Sicherung ausgestellt wird, will ich wissen, ob die Dame einen besitzt.“ Damit nickte er den Kollegen zu, ehe er sich mit Steven auf den Weg machte.

Sie fuhren ans andere Ende von Portumna, wo sie vor einem schicken Einfamilienhaus parkten.

„Schlecht hat sie es jedenfalls nicht getroffen“, murmelte Jeremy, während er den gepflegten Garten betrachtete.

„Sie hat ihren Mann regelrecht ausgenommen, außerdem war sie schon in ihrer Ehe ziemlich flatterhaft. Darüber hinaus musste sie immer das Beste vom Besten haben.“ Steven stieß abwertend die Luft aus, ehe er entschuldigend mit den Schultern zuckte. „Wir kennen uns hier in der kleinen Stadt. Chris hat sich oft genug die Sorgen von der Seele geredet, wenn wir uns im Pub trafen“, schob er als Erklärung hinterher.

Verstehend nickte Jeremy. „War es denn wirklich so? Viele Leute neigen dazu, ihren eigenen Standpunkt einseitig zu sehen.“ In seiner Stimme klang lediglich Neugier mit, zumal er seinen Kollegen nicht als Klatschbase einschätzte.

„Meiner Meinung nach war sie gierig. Sie hatte sich ein glamouröses Leben an der Seite eines reichen Mannes gewünscht. Chris ist hingegen sehr bodenständig geblieben. Er liebt es, im Pub ein Pint zu trinken, mit seinen Kumpels Fußball zu schauen und zieht ein Steak jedem Mehrgangmenü vor.“ Steven schmunzelte, denn der Tankwart war eine ehrliche, aber einfache Seele von Mensch.

Jeremy klingelte und wäre kurz darauf am liebsten zurückgewichen, weil ihm eine Parfümwolke entgegenschlug, die ihm den Atem nahm. Seine Augen fingen an zu tränen, als die Dame, die in einem eleganten Hosenanzug steckte, einen Schritt auf ihn zutrat. „Was wünschen Sie?“, gurrte sie, dabei zog sie ihn mit ihren Blicken aus.

„Entschuldigen Sie, Mrs Gordon, wir müssen Ihnen ein paar Fragen stellen. Dürfen wir vielleicht hereinkommen?“ Steven hatte sich vorgewagt, da sein Kollege jetzt noch mit einem Hustenanfall kämpfte. Aber auch er atmete nur leicht durch den Mund.

Missbilligend blickte die Dame ihn an. „Weshalb redest du so seltsam distanziert, Steven? Ich kenne dich, seit du geboren wurdest. Allerdings werde ich kaum meine Zeit mit dir verschwenden. Wie du siehst, bin ich auf dem Sprung zu einer wichtigen Verabredung.“ Sie deutete mit ihren manikürten Fingernägeln auf ihre Aufmachung.

„In dem Fall bitten wir Sie aufs Revier zu kommen, Mrs Gordon. Mein Name ist Jeremy Doyle, ich bin ...“, weiter kam er nicht, da die Frau sich ihm wieder zuwandte.

„Der neue Chief, ich weiß. Nennen Sie mich doch einfach Rita.“ Sie schenkte ihm einen Blick, bei dem er kurz befürchtete, dass sie einen Schlaganfall erlitt, bis ihm klar wurde, dass er sexy sein sollte. „Es tut mir wirklich sehr leid, aber ich habe in einer halben Stunde einen Termin bei meiner Bank." Ihre Enttäuschung bezog sich wohl eher darauf, dass sie dem attraktiven Polizisten erst später zur Verfügung stehen konnte, zumal sie Steven erneut eisig musterte.

„Es dauert nicht lange, versprochen. Wir sind in ein paar Minuten wieder weg oder möchten Sie uns gerne auf der Wache besuchen?" Jeremy lächelte sie charmant an. Manchmal kam man weiter, wenn man auf das Spielchen einging.

Unwillig trat sie einen Schritt zurück, um die Herren hereinzubitten. „Darf ich eine Kleinigkeit zu trinken anbieten?" Sie klang genervt, obwohl beide Polizisten ablehnten, als sie in der etwas schmuddeligen Küche am Tisch saßen. „Es tut mir leid, aber meine Putzfrau ist heute nicht erschienen. Ich weiß auch nicht, was diese Person sich einbildet. Es ist so schwer, gutes Personal zu finden." Sie seufzte, um ihre Schwierigkeiten mit den Angestellten zu untermalen.

„Kommen wir gleich zum Punkt. Wo waren Sie gestern Abend zwischen zehn und zwei Uhr?" Jeremy ließ die charmante Maske fallen, weil ihm das Getue der Frau unendlich auf die Nerven ging. Darüber hinaus reizte ihn der Geruch ihres Parfüms immer noch zum Husten.

Erstaunt richtete sie ihre Aufmerksamkeit auf ihn. „Glauben Sie etwa, dass ich bei meinem Ex-Mann eingebrochen bin? Das ist doch lächerlich. Wie sollte ich denn so ein stabiles Schloss aufgebrochen bekommen?" Sie machte eine wegwerfende Handbewegung, gleichzeitig lachte sie affektiert.

Misstrauisch betrachtete Jeremy sie. „Woher wissen Sie, wie der Dieb in den Laden gekommen ist? Weshalb haben Sie überhaupt Kenntnis von dem Einbruch?"

Wieder stieß sie etwas aus, das sich wie das Wiehern eines Pferdes anhörte und ihm in den Ohren schmerzte. „Sie sind so witzig, Chief. Oder darf ich Sie Jeremy nennen?“ Sie legte ihm vertraulich eine Hand auf den Ärmel.

„Mir ist es lieber, wir bleiben weiterhin bei der höflichen Form, immerhin sind Sie jemand, der sich nicht nur mit der Alarmanlage gut auskennt.“ Er sah bezeichnend auf ihre Finger, die sanft über seinen Unterarm strichen. „Sind Sie so gut und beantworten unsere Fragen?“

Rita verdrehte die Augen. „Wenn es sein muss, sicher. Ich war zu hause, um genau zu sein, in meinem Bett. Es lief Criminal Minds, was ich früher auch immer mit Chris angesehen habe. Außerdem weiß ich, was passiert ist, weil meine Nachbarin vorhin tanken wollte. Das hier ist ein kleiner Ort, da bleibt ein Einbruch nicht lange unentdeckt. War es das? Wie gesagt, ich war auf dem Sprung zu einem wichtigen Termin.“ Ihre Stimme klang eisig, allerdings schwang ebenfalls ein unsicherer Unterton mit.

„Besitzt du noch irgendwelche Schlüssel?“ Steven mischte sich mit einem ironischen Lächeln in das Gespräch ein.

„Gott, nein, die habe ich Chris doch bereits vor Monaten zurückgegeben. Was sollte ich auch damit? Glaubst du ernsthaft, dass ich mich gerne in der stinkenden, dreckigen Tankstelle aufhalte?“ Sie stieß empört die Luft aus. „Ich bin geschieden, weil ich den Schmutz und den Geruch nicht länger ausgehalten habe. Jetzt bitte ich euch, zu gehen.“ Sie stand auf, rauschte zur Tür, um sie den Polizisten aufzuhalten.

„Danke für Ihre Zeit, Mrs Gordon. Falls Ihnen noch etwas einfällt, rufen Sie mich an.“ Jeremy erhob sich, reichte ihr seine Visitenkarte, bevor er mit seinem Kollegen das Haus verließ. Draußen atmete er zuerst einmal durch.

„Ich glaube, Tom hat recht, sie ist zu einfältig, um einen solchen Einbruch zu begehen." Steven setzte sich auf den Fahrersitz und startete das Auto.

Jeremy fühlte sich unsicher, was genau er annehmen sollte. „Sie ist ein wenig zu aufgedreht, außerdem nehme ich ihr die Rolle der unschuldigen Dame nicht so ganz ab. Sie ist nervös gewesen", bemerkte er. „Woher wusste sie das mit dem Schloss? Die Nachbarin hat wohl kaum die Tür nach Einbruchsspuren abgesucht."

Das kurze Stück fuhren sie schweigend, weil jeder seinen Vermutungen nachhing. Handelte es sich tatsächlich um die Rache einer Ex-Frau?

~~°~~

Kate lief in immer weiteren Kreisen um die Tankstelle herum, in der Hoffnung einen Hinweis aufzuschnappen, der ihr weiterhalf. Als sie im Shop gestanden hatte, war ihr ein extremes Parfüm in die Nase gestiegen. Etwas, was nur wenige Frauen auftrugen, wenn sie nicht unangenehm auffallen wollten. Allerdings war da noch mehr, ein ganz leichter Geruch nach Gras, wobei es natürlich möglich war, dass der von einem späten Kunden stammte.

Sie ging in die Richtung, in der Rita Gordon lebte. An ihrem Haus angekommen schlug ihr eine penetrante Duftwolke entgegen, die sogar alle anderen Duftnoten übertünchte. Fast hätte sie sich widerwillig geschüttelt, gleichzeitig freute sie sich, dass sie sich gegen ihre Form als Katze entschieden hatte. In ihrer menschlichen Gestalt konnte sie die tierischen Sinne abstellen, was ihr jetzt zugutekam, besonders da sie das Auto der Garda bemerkte, das vor der Tür stand. Das Ergebnis der

Vernehmung würde Jeremy ihr zumindest durch die Blume mitteilen, damit rechnete sie fest. Es reichte ja leider nicht aus, den Täter zu ermitteln, sondern auch die entsprechenden Beweise zu bekommen. Kate lief weiter, als ob sie genau wüsste, wohin sie wollte, dabei versuchte sie lediglich, nicht aufzufallen.

Es war schon seltsam, dass die Spur sie ausgerechnet zu Rita geführt hatte. Die Frau gab sich extrem dämlich, arrogant und überheblich, daher nahm sie an, dass sie sich kaum die Finger schmutzig machen würde. Sie ging lieber mit Anwälten auf ihre Gegner los. Andererseits war sie dumm genug zu denken, dass sie mit einem Einbruch durchkommen könnte.

Kate zog ihr Smartphone aus der Tasche, um Kim zu informieren, als sie außer Hörweite war.

„Rita? Glaubst du wirklich, dass es dermaßen leicht ist?" Kim hörte sich skeptisch an, sodass ihre Chefin leise lachte.

„Die einfachste Antwort ist meistens auch die richtige, wie du weißt. Die Alarmanlage ist der Knackpunkt. Ich bezweifele, dass jemand hier in der Lage ist, eine solche Anlage auszuschalten, ohne den entsprechenden Code oder Schlüssel zu besitzen."

Darin stimmte Kim ihr zu, trotzdem fühlte es sich für sie falsch an. „Wir sehen uns später im Büro."

Die Frauen verabschiedeten sich, ehe Kate ihren Weg fortsetzte, wobei sie ständig an Jeremy denken musste. Sie ärgerte sich, dass sie ihn auf Abstand gehalten hatte. Wie gerne würde sie sich heute Abend mit ihm treffen und wenn es nur war, um sich über den Einbruch auszutauschen. Leise lachte sie auf, denn dabei handelte es sich um eine Ausrede, sie wollte ihn ansehen, mit ihm kuscheln und wieder von ihm geküsst werden. Ein Gedanke formte sich in ihrem

Kopf, bei dem sie lächelte. Zumindest konnte sie sich eine Streicheleinheit abholen, nur jetzt sollte sie sich auf den Fall konzentrieren, sonst übersah sie am Ende etwas Wichtiges.

Erneut schnupperte sie, sah sich aufmerksam in der Gegend um, ehe sie zum Tatort zurückging. Irgendetwas störte sie, nur wusste sie nicht genau, was das war.

An der Tankstelle angekommen, nahm sie den Geruch nach Ritas aufdringlichem Parfüm deutlich wahr, aber reichte das aus, um sie zu verdächtigen? Sie klingelte am privaten Eingang, wo kurz darauf Chris erschien, der immer noch ziemlich mitgenommen aussah.

„Die Garda hat viel mehr Chaos angerichtet. Jetzt muss ich hier aufräumen, außerdem soll ich der Versicherung eine Liste mit den Dingen schicken, die geklaut wurden." Er seufzte, während er sich durch die Haare strich.

Sie saßen in seiner Küche vor einer guten Tasse Tee und Kate blickte ihn mitfühlend an. „Es tut mir leid, dass dir das passiert ist. Ich werde alles geben, damit wir den Schuldigen finden." Einen Augenblick überlegte sie, wie sie es schaffte, ihn auf das Thema zu lenken, das ihr am Herzen lag, dann sprang sie über ihren Schatten. „War Rita gestern hier?" Es war verwunderlich, dass sie das Parfüm nach etlichen Stunden riechen konnte, dennoch lag es im Bereich des Möglichen, dass der Geruch noch vom Vorabend stammte. Das Zeug roch widerlich aufdringlich, übertünchte sogar die Ausdünstungen der Tankstelle. Innerlich schüttelte Kate sich.

„Ja, woher weißt du das? Sie kam gegen zehn und wollte wieder mal Geld von mir. Die Scheidung ist längst durch, trotzdem ist sie der Meinung, dass ich ihr etwas schulde." Der Tankwart seufzte. Diese Frau machte ihm das Leben zur Hölle, dabei hatte er sie tatsächlich mal geliebt.

Bei der Antwort stieß Kate enttäuscht die Luft aus. Das erklärte die Spur, die das Parfüm hinterlassen hatte, und sie musste quasi von vorne anfangen. „Besitzt sie noch einen Schlüssel? Oder kennt sie den Code zu deiner Alarmanlage?"

Nachdenklich schüttelte Chris den Kopf. „Man braucht einen Spezialschlüssel", antwortete er ungeduldig, ehe er kurz überlegte. „Nicht, dass ich wüsste, aber bei ihr kann man sich nie sicher sein. Andererseits passt es kaum zu ihr, dass sie nachts in meinen Laden einbricht. Sie hat immer gemeint, dass sie zur gehobenen Gesellschaft gehört." Er stieß spöttisch die Luft aus.

Genauso hatte Kate sie auch eingeschätzt, somit durfte sie davon ausgehen, dass Rita die Tat zumindest nicht selbst durchgeführt hatte. Sie bedankte sich, anschließend umarmte sie den Tankwart zum Abschied.

Eilig machte sie sich auf den Weg ins Büro, so wie es aussah, mussten sie doch auf die Ergebnisse der Befragung warten. Oder Kim hatte etwas herausgefunden, denn sie war in der Lage, sich mit den Vögeln zu verständigen.

Kapitel 7 - Auf der Jagd

„Hey, wir können ziemlich sicher sein, dass Rita es zumindest nicht selbst getan hat“, begrüßte Kate ihre Freundin, als sie das Büro betrat. „Hast du etwas erreicht?“

Kim nickte mit einem breiten Lächeln. „Ja, ich habe eine Beschreibung des Täters.“ Ein triumphierendes Blitzen erschien in ihren Augen, das allerdings sofort wieder verblasste. „Okay, er war vermummt, sodass wir lediglich ausschließen dürfen, dass es sich um eine Frau handelt. Schlank, etwa einsfünfundachtzig groß, keinen erkennbaren Bauch.“

„Damit können wir arbeiten. Ich rufe Jeremy an, um eine Liste der Mitarbeiter zu bekommen. Wir werden die meisten bestimmt kennen, außerdem kann man viele Leute googeln.“ Kate hörte sich erfreuter an, als es die neuen Erkenntnisse rechtfertigten.

„Ja, ja, die Liebe“, neckte Kim sie lachend.

Kate verdrehte nur die Augen, während sie bereits Jeremys Nummer wählte, wobei sie ungeduldig mit den Fingerspitzen auf der Tischplatte herumtrommelte.

„Hey, Kleine, hast du was für mich?“ Jeremy freute sich, ihre Stimme zu hören, trotzdem bemühte er sich, ein wenig Distanz zu wahren, immerhin hörten seine Kollegen zu. Sie befanden sich mitten in der Befragung, da Darren und Tom die Leute teilweise sofort abgeholt hatten. Natürlich nicht, ohne vorher anzurufen.

Kate lachte leise. „Nein, tut mir leid. Eine Spur führte zu Rita, der Ex-Frau von Chris, aber sie war gestern Abend bei ihm, außerdem hat sie keinen Schlüssel für die Alarmanlage. Zumindest laut ihm." Sie stoppte, weil sie kurz davor war, ihm von der Personenbeschreibung zu erzählen, die sie von den Vögeln bekommen hatten, nur wie sollte sie das Wissen begründen? „Ich brauche die Liste der Mitarbeiter, damit wir uns auch die Leute mal ansehen können. Kannst du sie für mich abfotografieren?"

Jeremy stutzte, er bekam das dumme Gefühl, dass Kate mehr wusste, als sie gerade preisgab. „Du erinnerst dich an unseren Deal, oder? Wir teilen die Informationen. Zumindest die, die ich herausgeben darf."

Natürlich erinnerte sie sich daran, was sie versprochen hatte, nur gab es absolut keinen Weg, ihm zu erklären, wie sie an ihre Erkenntnisse gekommen war. Zumal sie ja nicht mal eine heiße Spur besaßen. Bei dem Gedanken lächelte sie, das war ihr Ausweg. „Wir tappen im Dunkeln. Allerdings bin ich unsicher, ob Rita tatsächlich so unschuldig ist. Ein Einbruch passt kaum zu ihr, aber jemanden anzustiften schon." Sie atmete kurz durch. „Es ist lediglich ein Bauchgefühl."

So ganz glaubte er ihr immer noch nicht, trotzdem beließ er es dabei. Vielleicht erzählte sie bei ihrem nächsten Treffen mehr. „Ich schicke sie dir gleich rüber. Die ersten drei Personen kannst du abhaken, sie besitzen stichfeste Alibis. Das weißt du nicht von mir. Normalerweise darf ich dir darüber kein Sterbenswörtchen sagen."

Offensichtlich war er in einen anderen Raum gegangen, denn jetzt klang seine Stimme dumpfer.

„Versteht sich von selbst. Ich halte dicht. Danke, ich melde mich, sobald ich etwas Konkretes habe." Damit verabschiedete Kate sich, wobei sie das Herzklopfen stur ignorierte.

„Wir sollten die Leute auf eigene Faust ausfragen, weil ich sicher bin, dass Jeremy und seine Jungs keine Lügen riechen können", bemerkte Kim.

Beiden war klar, dass sie bei einer Befragung nicht dabei sein durften. Das stellte ein dummes Hindernis dar, allerdings gab es kein Hintertürchen, es sei denn, Kate würde ihm reinen Wein einschenken. Eventuell bog er in dem Fall das Gesetz.

Bei dem Gedanken schüttelte es sie, das war definitiv zu früh, sie wollte ihn keineswegs verscheuchen.

Gemeinsam gingen sie die Liste durch, die der Polizist tatsächlich sofort geschickt hatte, strichen zuerst alle Frauen, ehe sie sich daran machten, die Männer genauer zu betrachten. Viele kannten sie in der Tat, wodurch ihre Arbeit leichter wurde. Es blieben am Ende nur vier Verdächtige übrig, zwei bei denen die Beschreibung passte, doch zu den anderen beiden hatten sie kein Bild im Kopf.

„Ich verwandele mich und fliege zu deren Wohnungen, vielleicht kann ich sie ausmachen." Kim wartete das zustimmende Nicken ihrer Chefin gar nicht ab, sondern eilte bereits in einen speziellen Raum, der so aufgebaut war, dass das blaue Flackern keinesfalls nach außen drang. Während der Verwandlung wurde der Gestaltwandler in ein bläuliches Licht getaucht, das unter Umständen von einem Normalen gesehen werden konnte. Deshalb gab es das Dunkelzimmer, das wie eine Abstellkammer ohne Fenster aussah. Darüber hinaus hatten sie eine Katzenklappe einbauen lassen.

Kate blickte ihr ein wenig skeptisch hinterher, nur weil sie zu einer Wohnung flog, wusste sie noch lange nicht, wer von den Leuten dort die betreffende Person war. Trotzdem ließ sie die Freundin gewähren, vielleicht war das Glück ihr hold. Sie selbst las erneut in ihren Aufzeichnungen, in der Hoffnung, dass sie etwas übersehen hatte.

~~°~~

Kate streifte unruhig durch ihre Wohnung, am Nachmittag hatte sie es für einen guten Plan gehalten, sich zu verwandeln, um Jeremy einen Besuch abzustatten, jetzt zweifelte sie ihn an. Wer sagte ihr denn, dass sie ihn überhaupt zu Gesicht bekam? Vielleicht war er noch in der Wache? Oder saß gemütlich vor dem Kamin? Daran hatte sie gar nicht gedacht.

Leise fluchte sie, während sie die nächste Runde durch ihre Räume drehte. Natürlich könnte sie ihn einfach anrufen, dann wüsste sie mehr, aber war das nicht fürchterlich aufdringlich? Er musste ja denken, dass sie ihn stalkte.

Wenigstens hatte Kim einen der beiden Unbekannten identifizieren können. Der Mann wohnte alleine. Als die Gestaltwandlerin bei ihm ankam, war er gerade dabei die Haustür aufzuschließen. Einen weiteren Verdächtigen, den sie von der Liste streichen durften, da er klein und schmächtig war. Es blieben nur noch drei Mitarbeiter übrig, den zweien, die sie kannte, traute sie alles zu. Sie zeichneten sich durch Unhöflichkeit, Aggressivität und Bösartigkeit aus. Warum Chris sie beschäftigte, war ihr ein Rätsel, doch genau das wollte sie ihn am nächsten Tag fragen.

Matt stürzte sich in jede Schlägerei, zettelte auch oft genug eine an oder provozierte mit seinem unverschämten Verhalten. Andererseits begeisterte er sich für Autos und Motoren, was für den Tankwart einen Vorteil darstellte, da er Kleinigkeiten schnell reparieren konnte. Die Kunden bevorzugten deshalb seine Tankstelle. Von Michael durfte man das Gleiche behaupten, nur dass man munkelte, er habe eine Affäre mit Rita. Missmutig gestand Kate sich ein, dass der Kerl wirklich gut aussah. Es müsste verboten werden, dass eine solche Sahneschnitte einen dermaßen miesen Charakter besaß.

Erneut schweiften ihre Gedanken zu Jeremy, verglichen mit ihm, war sogar Michael hässlich. Sie lachte auf, weil sie zugab, dass sie parteiisch war. Endlich rang sie sich dazu durch, ihn anzurufen. Die Sehnsucht machte sie wahnsinnig, sodass sie wenigstens seine Stimme hören wollte. Vielleicht konnte sie ihm ja doch einen Besuch abstatten.

Jeremy blickte müde auf sein Smartphone, als es unerwartet klingelte. Seine Stimmung hob sich augenblicklich. „Hey, Kleine, hast du was für mich?"

Bei der Begrüßung hätte Kate am liebsten sofort wieder aufgelegt. Gab es sonst keinen Grund für ihn, sich zu melden? Außerdem musste sie jetzt schnell eine Begründung herbeizaubern, weshalb sie anrief. Eilig entschied sie sich für die Wahrheit. „Ich wollte dich nur hören. Aber, wenn ich störe, lege ich besser auf."

„Nein, bitte, es tut mir leid. Ich bin auf der Wache, der letzte potenzielle Täter ist gerade gegangen." Er rieb sich müde über die Augen. Noch waren sie nicht weitergekommen, was er auch kaum erwartet hatte.

Kate jubelte innerlich, weil sie ihn jetzt auf dem Nachhauseweg abfangen konnte, ohne ihn wegen eines Treffens fragen zu müssen. „Habt ihr denn eine Spur?“ Sie ließ ihre Stimme möglichst unbeteiligt klingen, aber Jeremy durchschaute sie sofort.

„Soll ich annehmen, dass du nur deshalb angerufen hast?“ Er lachte, es tat verdammt gut, sie etwas zu necken, trotzdem würde er sie viel lieber gleich sehen. Diese Frau erdete ihn, sorgte dafür, dass er zur Ruhe kam, außerdem sehnte er sich danach, sie in den Arm zu nehmen. Energisch schob er die Gedanken zur Seite, er kannte sie zu wenig, um von echten Gefühlen zu sprechen, zumindest hielt er sich an der Ausrede fest.

„Ganz ehrlich, das ist nicht der Grund. Ich wollte deine Stimme hören. Es war dumm von mir, dich auf Abstand zu halten.“ Sie schluckte. „Doch jetzt verabschiede ich mich besser. Du willst bestimmt endlich Feierabend machen.“

„Ja, ich fahre gleich nach Hause. Aber wir ...“, weiter kam er nicht, weil Kate mit einem kurzen Tschüss aufgelegt hatte. Verdutzt blickte er sein Smartphone an, das Verhalten verwirrte ihn komplett. Auf der einen Seite gab sie zu, dass sie ihn gerne sehen wollte, andererseits ließ sie ihm keine Möglichkeit, sie einzuladen. Oder hatte er sie falsch verstanden? Ging es ihr doch nur um den Fall? Seufzend räumte er seine Sachen zusammen, verabschiedete sich von den Kollegen der Nachtschicht und fuhr endlich nach Hause.

Kate beeilte sich, sich zu verwandeln, weil sie plante, Jeremy vor seinem Cottage abzupassen. Ihr Herz schlug ihr bis in den Hals, bei der Vorstellung, wie er sie streichelte, sie vielleicht sogar mit in seine Wohnung nahm. Wer konnte schon einer kleinen schwarzen Katze mit einer weißen Brust widerstehen?

Oft genug hatte sie ihren speziellen Charme spielen lassen, da die wenigsten Menschen es schafften, einfach an ihr vorbeizugehen.

Eilig streifte sie ihre Kleidung ab, ging auf die Knie, bevor sie die Verwandlung einleitete. Der Raum wurde augenblicklich in ein bläuliches Licht getaucht, weshalb sie die Rollos vorher heruntergelassen hatte. Innerhalb kurzer Zeit schoben sich Krallen aus ihren Fingern, ihre Hände und Füße verformten sich zu Pfoten, ihr gesamter Leib schrumpfte. Fell bildete sich auf ihrer Haut, während ihr Gesicht sich in das einer Katze verwandelte.

Schon bei ihrem Einzug in das hübsche Cottage hatte sie eine Katzenklappe einbauen lassen, sodass sie jederzeit kommen und gehen konnte, egal, welche Gestalt sie wählte. Jetzt schlängelte sie sich elegant durch die Öffnung, um zu Jeremys Haus zu rennen. Natürlich würde sie zu früh dort sein, aber besser als ihn zu verpassen.

Vor seiner Haustür suchte sie sich ein Plätzchen, von dem aus sie in der Lage war, die Straße zu beobachten, anschließend fing sie an, sich zu putzen. Es dauerte nur wenige Minuten, bis ein Auto angefahren kam, parkte und Jeremy ausstieg. Sofort lief sie auf ihn zu, maunzte leise, allerdings wich er eilig einen Schritt zurück, anstatt sich zu ihr herunterzubücken. Das durfte doch nicht wahr sein, er mochte keine Katzen?

Erneut ging sie auf ihn zu, betrachtete ihn mit einem Blick, der normalerweise jedes Herz schmelzen ließ, gleichzeitig stieß sie ein Miauen aus, das immer bei den Menschen wirkte. Nur er schob sie dieses Mal tatsächlich mit dem Fuß zur Seite.

„Hau ab“, zischte er ihr zu, machte einen großen Bogen, bevor er zur Haustür rannte.

Wie vor den Kopf geschlagen, blickte Kate ihm nach. Was zur Hölle war das denn gewesen? Das Schicksal hatte ihr ausgerechnet einen Tierhasser geschickt? Anders konnte sie sein Verhalten kaum deuten. Jetzt beeilte sie sich nach Hause zu kommen, wo sie sich zurückverwandelte, um in Tränen auszubrechen. Niemals würde sie mit einem Mann glücklich werden, der keine Katzen mochte. Wie sollte sie ihm unter diesen Umständen jemals von ihrer zweiten Natur erzählen?

Es dauerte eine ganze Weile, bis sie sich beruhigte. Kurz dachte sie daran, ihren Cousin anzurufen, um ihn um einen Rat zu bitten, aber zuerst musste sie mit Jeremy sprechen. Vielleicht gab es ja eine Erklärung für sein Verhalten? Bei einem Hund hätte sie auf einen Biss getippt, doch bei einer Katze? Ratlos warf sie sich aufs Bett, wo sie sich unruhig hin- und herwälzte, bis sie endlich einschlief.

~~°~~

Der nächste Tag zog sich für Kate unendlich in die Länge, weil sie darauf brannte, mit Jeremy zu reden. Ihr wollte es nicht in den Kopf, dass er Katzen ablehnte. Weshalb war ausgerechnet er ihr Seelengefährte?

Sie hatte sich energisch jeden Gedanken an diese unleidige Sache verboten, während sie an dem Fall weiterarbeitete. Allerdings kamen sie keinen Schritt weiter, da sie die Verdächtigen entweder nicht angetroffen hatten oder sie sich schlichtweg weigerten, mit ihnen zu sprechen. Es war zum Mäusemelken.

Frustriert warf Kate einen Zettel auf ihren Schreibtisch. „So ein Mist, dass wir bei den Befragungen ausgeschlossen werden. Wir würden sofort riechen, wenn einer der Typen lügt." Am liebsten hätte sie sich die Haare gerauft. Bei diesem Fall lief einiges schief, dabei wäre es ihre Chance zu beweisen, dass sie durchaus ihren Teil beitrugen.

„Bleib ruhig, die Garda ist auch kaum weiter gekommen. Im Gegenteil, wir haben nur noch drei Verdächtige übrig, sie sind mittlerweile bei sieben." Kim lächelte ihrer Freundin zu. „Du erwartest ein Wunder, Süße, nur glaubst du wirklich, dass du es nötig hast, deinen Angebeteten auf die Weise zu beeindrucken?"

Nachdenklich schüttelte Kate den Kopf. „Natürlich nicht, doch es wäre ein schöner Anfang, oder?" Sie ärgerte sich eben, dass sie keine Chance hatte, dem Chief ein sehr gutes Ergebnis zu liefern.

Endlich war der Arbeitstag vorbei und sie beeilte sich, um nach Hause zu kommen. Das bevorstehende Gespräch lag ihr im Magen, nur musste sie unbedingt wissen, was hinter seinem Verhalten steckte. Innerlich betete sie, dass es einen harmlosen Grund gab, außerdem überlegte sie angestrengt, wie sie das Thema anschneiden sollte. Es war unmöglich ihm zu sagen, dass sie ihn beobachtet hatte, wie er eine Katze getreten hatte. Was so ja nicht wirklich stimmte.

Kim lehnte dankend ab, als Kate sie fragte, ob sie auch trainieren wollte. Mit einem Zwinkern hatte sie ihr viel Spaß gewünscht. Bei der Erinnerung daran lachte sie zynisch auf, es sah kaum nach einem romantischen Treffen aus.

Im Sportstudio wurde sie bereits von ihm erwartet, wobei sie sich zwingen musste, um ihn halbwegs freundlich zu begrüßen. In ihr brodelte es, gleichzeitig machte die Angst ihr zu schaffen.

„Was ist los, Kleines? Du wirkst, als ob du mich lieber los wärst. Hab ich einen Fehler gemacht?“, erkundigte Jeremy sich bedrückt, als sie nach fast einer Stunde Training gerade mal zwei Sätze gewechselt hatten. Er spürte deutlich, dass sie auf Abstand ging, nur hatte er keine Ahnung, weshalb.

Sie zwang sich zu einem Lächeln, als ihr eine geniale Idee kam. Sanft legte sie eine Hand auf seinen Arm. „Es tut mir leid, aber ich habe vorhin einen Beitrag auf Facebook gesehen, da wurde ein hilfloser, winziger Kater enorm gequält. Die Bilder verfolgen mich immer noch.“ Sie seufzte leise. „Ich verstehe solche Menschen nicht, wie kann man einem unschuldigen Tier wehtun? Ich finde Katzen süß, du nicht auch?“ Mit einem beifallheischenden Blick musterte sie ihn, während sie angespannt auf seine Antwort wartete.

„Ja, absolut, solange sie mir vom Hals bleiben.“

Seine Erwiderung ließ ihr Herz gefrieren, es bestätigte genau das, was sie befürchtet hatte. War ja klar, dass er nicht öffentlich zugab, ein Tierhasser zu sein, zumal sie sich gegenteilig geäußert hatte. Entsetzt sah sie ihn an.

Jeremy erkannte sofort, dass sie völlig falsche Rückschlüsse zog, woraufhin er abwehrend beide Hände hob. „Das hat sich jetzt bösartig angehört. Ich habe eine heftige Katzenhaarallergie.“ Er beobachtete sie, gleichzeitig hoffte er, dass sie ihm glaubte.

Kate atmete auf, bis ihr bewusst wurde, was genau das bedeutete. Sie konnte ihm in ihrer zweiten Gestalt niemals nahe sein. Wie grausam war das Schicksal zu ihr? Für einen Gestaltwandler war es eine Folter, sich nicht mehr zu verwandeln, außerdem lagen überall in ihrer Wohnung Katzenhaare, selbst wenn sie noch so gründlich saubermachte.

Ihre Schultern sackten nach unten, gleichzeitig musste sie die Tränen unterdrücken.

Jeremy zog sie sanft an sich. „So schlimm ist es auch wieder nicht. Ich halte mich einfach von den Samtpfoten fern." Er verstand ihre Reaktion völlig falsch. „Hast du eine Katze?"

Kate nickte vorsichtig. „Ja, die ich von ganzem Herzen liebe." Fast hätte sie verneint, aber das war ja nur die halbe Wahrheit. So konnte sie ihn aus ihrer Wohnung heraushalten, trotzdem stand sie vor einem riesigen Problem. „Ich gebe sie auf gar keinen Fall weg. Tut mir leid."

„Das würde ich nie von dir verlangen, Kleines." Sanft küsste er sie auf die Stirn. „Es gibt Medikamente, die die Allergie zumindest unterdrücken. Außerdem besteht die Möglichkeit, eine Desensibilisierung durchzuführen. Bisher habe ich mich nicht darum gekümmert, weil für mich keine Notwendigkeit bestand."

Erstaunt hob sie den Blick. „Das würdest du für mich tun?"

Jetzt lachte Jeremy. „Na klar, es ist ja auch zu meinem Vorteil. Gestern Abend zum Beispiel kam eine wirklich niedliche Katze auf mich zu. Du glaubst nicht, wie gerne ich sie gestreichelt hätte, stattdessen musste ich sie mit dem Fuß zur Seite schieben."

Fast hätte Kate sich durch ein Nicken verraten, doch im letzten Moment verkniff sie sich diese Zustimmung. Gleich am nächsten Tag wollte sie bei den Wächtern anrufen, vielleicht konnte Gerry, der Arzt der Ersten Einheit, ihr einen Rat geben. Beruhigt schmiegte sie sich an ihn, genoss seine Nähe und schob alle Bedenken von sich. Sie würden einen Weg finden, ganz bestimmt.

„Lass uns für heute Schluss machen und lieber noch etwas trinken“, schlug er mit einem Lächeln vor. Ihm gefiel es, dass sie ein so weiches Herz hatte, was Tiere anging.

Kate stimmte zu, sodass sie nach dem Duschen dicht an ihn geschmiegt an der Theke saß.

„Du solltest solche Beiträge nicht ansehen, vor allem, da sie dir so sehr an die Nieren gehen“, bemerkte Jeremy, der es durchaus genoss, dass sie sich so anhänglich gab. Sanft drückte er sie an sich, strich ihr über den Oberarm, während er von ihrem Anblick kaum genug bekommen konnte.

„Da gebe ich dir recht, allerdings ist es schwierig, wenn man einfach so durchscrollt. Oft reicht ja ein einzelnes Bild.“ Sie seufzte leise, denn jetzt gerade brach sie ihr Versprechen. Ehrlichkeit war ihr wirklich wichtig, nur durfte sie ihm die Wahrheit nicht sagen.

„Was hältst du davon, mit zu mir zu fahren? Da ist es gemütlicher“, schlug er vor, da er bemerkte, dass ihr immer noch etwas auf dem Herzen lag, nur schob er das auf ihr Mitleid. Natürlich kannte er auch solche Beiträge, die ihm genauso im Magen lagen.

Kurz dachte sie nach, ehe sie ihrem Gefühl folgte. „Gerne, allerdings musst du morgen früh raus.“

Er lachte, gleichzeitig schüttelte er den Kopf. „Ich weiß, aber ich bin schon groß. Komm, los jetzt.“ Auffordernd hielt er ihr seine Hand hin, nachdem er bezahlt hatte, und begleitete sie zu ihrem Auto.

Kate überlegte, ob sie damit eventuell einen Fehler machte, doch die Zweifel schob sie schnell zur Seite. Es fühlte sich richtig an und das war es, worauf es ankam.

Sie kamen fast zeitgleich an, sodass sie auch gemeinsam ins Haus gingen, wo Jeremy sie fragend ansah. „Möchtest du vielleicht einen Whiskey oder lieber ein Glas Wein?“

Kate schüttelte automatisch den Kopf. „Ich trinke keinen Alkohol, sobald ich mit dem Wagen unterwegs bin.“ Sie lächelte ihn verliebt an. „Ein Wasser reicht.“

Nachdenklich runzelte er die Stirn. „Du kannst dein Auto hier stehen lassen und ich bringe dich später zu Fuß heim. Es gibt auch die Möglichkeit, bei mir zu übernachten. Ich besitze sogar ein Gästezimmer.“ Er hoffte, dass sie das Angebot annahm, nur bezweifelte er es.

Einen Augenblick überlegte sie, was war schon dabei, wenn sie tatsächlich bei ihm schlief? Sie kroch ja wohl kaum in sein Bett. „In dem Fall nehme ich gerne ein Glas Whiskey, aber nur einen, der nicht zu torfig ist.“ Natürlich machte ihr Alkohol nichts aus, ihre Gene verhinderten, dass sie betrunken wurde, trotzdem ging sie mit gutem Beispiel voran. Darüber hinaus musste ihr Umfeld über kurz oder lang bemerken, dass sie keinen Rausch bekam.

Jeremy verschwand sofort, um mit mehreren Whiskeyflaschen zurückzukommen, die er ihr hinhielt. „Glendalough oder lieber Kilbeggan?“

Da brauchte sie kaum nachzudenken, sie zog den milderen Whiskey aus dem Tal der zwei Seen alle Male vor. „Das ist sogar meine Lieblingssorte“, bemerkte sie, als sie auf die entsprechende Flasche deutete.

Mit einem zufriedenen Lächeln schenkte er ein, anschließend setzte er sich neben sie, um sie fest an sich zu ziehen. Es fühlte sich verdammt gut an, sie bei sich zu haben. Vielleicht musste er seine Ansichten zu der mystischen Liebe auf den ersten

Blick doch revidieren. Eilig schob er die Überlegungen von sich, stieß mit ihr an, ehe er an seinem Glas nippte.

Kate nahm auch einen kleinen Schluck, bevor sie die Augen schloss, während sie seine Gegenwart genoss. Sie hatte immer geglaubt, dass ihre Familie übertrieb, wenn sie von der außergewöhnlichen Beziehung mit einem Seelengefährten sprach, jetzt wusste sie, dass es stimmte. Sobald sie in seiner Nähe war, fühlte es sich an, als ob es keine Probleme mehr gab. Sicherheit, Geborgenheit und Liebe legten sich um sie wie ein schützender Schild. Wohlig seufzte sie auf, als er sachte mit der Hand unter ihren Pulli fuhr, um ihr über den Rücken zu streicheln. In der Situation musste sie ernsthaft aufpassen, damit sie sich nicht durch irgendwelche Geräusche verriet. Zu gerne hätte sie geschnurrt, was im Moment absolut unmöglich war.

Langsam tastete Jeremy sich vor, strich über ihre weiche Haut, genoss es, sie berühren zu dürfen, aber mehr noch, dass er sie ganz für sich hatte. Er würde sie nie wieder gehen lassen. Ups, wo kamen denn die Gedanken her? Eilig konzentrierte er sich erneut darauf, sie zu kraulen. Auf keinen Fall wollte er irgendetwas überstürzen, außerdem wusste er ja, wie schnell so eine Beziehung vorbei sein konnte.

Er zog seine Hand unter ihrem Pulli hervor, nahm ihr das Glas ab, um es auf den Tisch zu stellen, anschließend fesselte er sie mit seinem Blick. In ihren Augen las er, dass sie sich genauso nach ihm sehnte wie umgekehrt, wobei es hier weniger um Sex als um Nähe ging. Zärtlich strich er mit den Fingerspitzen über ihre Stirn, lächelte, als sich die kleinen Fältchen glätteten und sie sichtbar entspannte. Seine Finger glitten in ihren Nacken, wo er sie wie ein störrisches Kätzchen packte, bevor er sie leidenschaftlich küsste. Genüsslich schob er seine Zunge in ihren Mund, berauschte sich an ihrem Geschmack, gleichzeitig erregte ihn ihr leises Stöhnen. Ihm gefiel es, dass sie ihm mit Feuereifer entgegenkam. Mit der Zungenspitze neckte er sie, sorgte dafür, dass sie erneut einen Laut ausstieß, der ihm unter die Haut ging.

Kate ließ sich in den Kuss fallen, gab die Kontrolle so weit ab, wie sie es wagte. Verdammt, er schmeckte unwahrscheinlich gut, besser als jeder andere Mann, den sie geküsst hatte. Außerdem bewirkte er, dass sie sich danach sehnte, weiterzugehen. Mit einem leisen Seufzer legte sie die Arme um seine Taille, schloss die Augen, um auch den letzten Rest ihrer Umwelt auszublenden. Immer wieder stupste sie ihn mit ihrer Zunge an, erkundete seinen Mund, während in ihrem Kopf ein wahres Feuerwerk der Gefühle explodierte. Nur mit Gewalt konnte sie ein Schnurren zurückhalten, was sie daran erinnerte, sich besser nicht zu sehr fallen zu lassen.

Schwer atmend ließen sie voneinander ab, doch Jeremy hielt sie im Nacken gepackt, damit sie ihren Blick weiterhin auf ihn richtete. „Ich will dich“, flüsterte er rau.

Kate lachte leise. „Das habe ich bemerkt.“ Ohne darüber nachzudenken, legte sie eine Hand auf seinen Schritt, wo sie eine beachtliche Beule ertastete.

Ernst sah er sie an. „Davon rede ich nicht. Sex ist auf jeden Fall ein Bestandteil, aber ich möchte mehr.“ Er konzentrierte sich einen Moment darauf, sie anzusehen, da er sich vorkam, als ob er auf einem rasenden Karussell säße. Es ging alles viel zu schnell, trotzdem fühlte es sich richtig an. „Lass es uns versuchen, bitte. Ich brauche dich an meiner Seite.“ Eindringlich musterte er sie, bevor er ihr eine Strähne aus dem Gesicht schob.

Glücklich nickte Kate. „Wenn du es wirklich willst, bin ich bereit, mich auf eine echte Beziehung einzulassen.“ Sie schluckte, weil ihr bewusst wurde, dass es fair wäre, ihn jetzt in ihr Geheimnis einzuweihen. Natürlich gab es für solche Situationen spezielle Regeln, unter anderem musste er einen Eid schwören, dass er die magische Welt niemals verriet. „Du solltest etwas wissen ...“, begann sie unsicher.

Sofort verschloss er ihr mit einem Finger die Lippen. „Ich weiß, dass du mich faszinierst, dass du ständig in meinen Gedanken bist und das reicht mir. Den Rest finde ich bestimmt im Laufe unserer Beziehung heraus. Wobei ich ebenso besondere Vorlieben habe, aber das hat Zeit.“ Erneut küsste er sie, legte seine Gefühle, die er selbst nicht wirklich verstand, in diese Zärtlichkeit.

Kate nahm den Aufschub gerne an, zumal sie vorab mit Logan reden wollte, um zu besprechen, wie sie vorgehen sollte. Eins war ihr klar, sie musste ihm schnellstmöglich reinen Wein einschenken, allerdings hütete sie sich davor, es zu übereilen. Die meisten Normalen reagierten erst einmal ziemlich schockiert.

Glücklich kuschelte sie sich an ihn, als er den Kuss beendete. Das Leben war perfekt und die Zukunft konnte doch nur super werden. Mit einem Schmunzeln strich sie erneut über die Beule in seiner Hose. „Du bist ganz schön heiß“, bemerkte sie leise.

„Das ist nur deine Schuld, aber keine Sorge, ich beherrsche mich. Wir sollten nichts überstürzen.“ Ernst klang in seiner Stimme mit. „Ich möchte verhindern, dass du denkst, ich will dich nur ins Bett bekommen. Noch mal, Sex gehört dazu, ist allerdings nur eine wunderschöne Nebensache. Mir geht es um dich, um uns.“ Er wollte ihr beweisen, dass sie ihm wichtig war, deshalb nahm er sich fest vor, nicht mit ihr zu schlafen. Außerdem klingelte für beide in der Früh der Wecker und für ihre erste gemeinsame Nacht plante er, sich Zeit zu nehmen. Darüber hinaus musste er ihr irgendwie beichten, dass er dominant-sadistisch veranlagt war. Für sie würde er zwar versuchen, seine Neigungen abzulegen, nur ob ihm das gelingen konnte, wusste er nicht.

Kate überlegt einen Moment, ob sie ihn jetzt verführen sollte, entschied sich aber dagegen. Zuerst wollte sie mit ihrem Cousin klären, was zu tun war. „Schade", murmelte sie, auch um ihn ein wenig zu reizen.

„Warten versüßt es nur, glaub mir." Er lächelte sie auf eine Art an, die ihr eine Gänsehaut über den Rücken jagte. „Am Wochenende haben wir ausreichend Zeit, dafür werde ich sorgen."

Sie kuschelten eine Weile, bis er sie ins Schlafzimmer trug, wo er ihr ein T-Shirt reichte, das sie als Nachthemd anziehen konnte.

In der Nacht verfluchte Jeremy sich mehr als einmal, die Sehnsucht plagte ihn, sodass er kaum zum Schlafen kam. Zu allem Überfluss schmiegte sich Kate auch noch dicht an ihn, wobei das T-Shirt hochrutschte, was bedeutete, dass sie ziemlich nackt neben ihm lag. Er war kurz davor, sie zu wecken, um mit ihr heißen Sex zu haben, denn das war auf jeden Fall besser, als diese exquisite Folter, doch dann beherrschte er sich wieder. Am Wochenende würde er sich holen, was ihm jetzt verwehrt blieb.

Kate hingegen hatte wundervoll geschlafen, weil sie sich beschützt gefühlt hatte. Sie streckte sich am nächsten Morgen genüsslich, ehe sie ihren Freund musterte. „Du meine Güte, geht es dir gut? Du siehst aus, als wärst du unter einen Bus gekommen.“ Zart strich sie ihm über die Wange, während sie ihn besorgt ansah.

Gequält lächelte er. „So fühle ich mich auch. Es war eine dumme Idee, warten zu wollen“, gab er zerknirscht zu. „Nimm dir für das Wochenende nichts vor, du wirst keine Zeit haben.“ Seine Stimme klang dominant, sodass sie sich ein Schmunzeln verkniff.

Sollte er tatsächlich ihre geheimsten Sehnsüchte befriedigen können? Wobei sie nicht mal wusste, ob sie wirklich masochistisch oder devot veranlagt war. Sie träumte lediglich seit Jahren davon, dass sie es einmal ausprobieren würde. „Du magst es offensichtlich, mir Befehle zu erteilen. Gestern bei Chris warst du genauso bestimmend.“ Sie rieb sich an ihm. „Das macht mich heiß.“ Bevor er nach ihr greifen konnte, sprang sie aus dem Bett, streckte sich erneut, anschließend schlüpfte sie in ihre Sachen. „Es wird Zeit, dass ich nach Hause komme.“

„Willst du nicht wenigstens frühstücken?“ Missmutig stand auch Jeremy auf, so ungemütlich hatte er sich den Morgen kaum vorgestellt.

Kate drückte ihm einen Kuss auf die Wange. „Ich muss mich für den Tag fertig machen und es fehlt mir so ziemlich alles. Außerdem mag ich es nicht sonderlich, die Klamotten vom Vortag zu tragen. Wir sehen uns Samstagabend.“

Sofort hielt er sie am Arm fest. „Auf gar keinen Fall warte ich so lange auf dich. Du kommst heute Abend her.“ In seinen Augen blitzte es auf, weil ihm das Spiel unendlich viel Spaß machte. Hier konnte er auf ungefährliche Weise antesten, wie sie auf Dominanz reagierte.

Einen Augenblick tat sie so, als ob sie überlegen müsse. „Meinst du, dass du tatsächlich in der Lage bist, mir einfach so zu befehlen? Ist das nicht eher so eine BDSM-Sache?“ Jetzt schlug ihr das Herz bis in den Hals. Sie wusste von Joleen, dass ihr Cousin ein Dom war, was beiden außergewöhnliche Erlebnisse bescherte.

Jeremy zog sie eng an sich. „Wenn es so wäre, würde es dich stören?“ Angespannt wartete er auf ihre Antwort.

„Nein, aber ich muss wirklich los. Ich komme später zu dir, wie gewünscht, Sir.“ Sie schlüpfte geschmeidig aus seiner Umarmung, lief zur Tür, wo sie ihm noch einmal zuwinkte, ehe sie endgültig verschwand.

Fasziniert blickte er ihr hinterher, durfte er glauben, dass seine perfekte Partnerin einfach so in sein Leben trat? Ellen wollte von BDSM nie etwas wissen, für sie war es perverser Schweinkram. Ein Blick auf die Uhr sagte ihm, dass er sich jetzt besser für seinen Arbeitstag fertig machen sollte.

Kapitel 8 - Geheimhaltung

Kate bekam das Schmunzeln kaum noch aus dem Gesicht, obwohl sie bei ihren Ermittlungen auch am Vormittag keinen Schritt weiterkam. Für sie war die Welt rosarot, bis ihr die Sache mit der Katzenhaarallergie einfiel. „Verdammt, irgendein Haken ist immer da", murmelte sie, als sie im Büro die Hinweise ordnete.

„Was ist los?" Kim hatte sie natürlich gehört und war sofort hellwach.

Missmutig zuckte sie mit den Schultern. „Jeremy hat eine Allergie, rate mal wogegen."

Ungläubig schüttelte Kim mit dem Kopf. „Du willst mir doch nicht sagen, dass er auf Katzen allergisch reagiert, oder?" Sie musste sich ein Lachen verkneifen, bis ihr die Bedeutung der Aussage aufging. „Aber das heißt, dass ihr niemals zusammenziehen könnt. In deiner Wohnung liegen tausende deiner Haare herum."

„Außerdem habe ich ihm gesagt, dass ich eine Katze besitze. Damit erklärt sich zwar die Katzenklappe, nur wird er irgendwann bestimmt misstrauisch, wenn er sie nie sieht." Sie seufzte leise. „Andererseits muss ich ihm sowieso reinen Wein einschenken. Auf keinen Fall werde ich ihn ständig belügen. Mir fällt es jetzt schon schwer, mein Schnurren zu unterdrücken. Es ist anstrengend, sich andauernd unter Kontrolle zu halten."

Das verstand ihre Freundin sofort, trotzdem legte sie die Stirn in Falten. „Wie willst du das anstellen? Immerhin gibt es Gesetze, nach denen er einen Eid schwören muss. Du wirst ihn wohl kaum zwingen können, eine Weile bei den Wächtern zu bleiben, oder?"

„Deshalb rufe ich jetzt Logan an. Einen Schritt nach dem anderen." Kate nahm ihr Telefon, um die Nummer ihres Cousins aufzurufen.

„Grüß lieb von mir, ich gehe mal nach unseren Verdächtigen schauen. Eventuell redet ja heute jemand mit mir." Kim klopfte ihr im Vorbeigehen auf die Schulter und war im nächsten Moment verschwunden.

„Hey, Cousin, ich brauche schon wieder deinen Rat." Sie hielt sich nicht wirklich mit einer Begrüßung auf, zumal Logan bereits an der Telefonnummer gesehen hatte, wer da anrief.

„Gibt es Probleme mit deinem Gefährten?"

Seine dunkle Stimme beruhigte sie auf seltsame Weise, was auch daran lag, dass er immer da war, wenn sie ihn brauchte. Er war im Grunde ihr dritter Bruder, nur konnte sie mit ihm offener reden. „Ja, er hat eine Katzenhaarallergie." Sie platzte mit dem Thema heraus, das sie am meisten beschäftigte.

„Das ist jetzt ungewöhnlich, sollte allerdings kein großes Problem darstellen, solange du dich nicht verwandelst." Logan schmunzelte, für ihn stand fest, dass das Schicksal gerade bei der Auswahl der Seelenpartner keine Fehler machte.

„Kannst du bitte ernst bleiben? Ich möchte irgendwann mal keine Geheimnisse mehr vor meinem Partner haben." Sie schluckte. „Wie gehe ich eigentlich genau vor, falls ich ihm von meiner zweiten Natur erzähle? Ich will verhindern, dass du mit deinen Leuten kurz darauf vor meiner Tür stehst, um ihn ins Krankenhaus zu bringen."

Die magische Welt hatte direkt neben dem Hauptquartier der Wächter ein Hospital errichtet, in dem die Ärzte in der Lage waren, Gedanken zu entfernen. Oft genug kamen die Normalen in die Schusslinie, wenn ein paranormales Wesen ein Gesetz übertrat, da war diese Operation überlebenswichtig. Nur so konnten sie sich schützen. Manchmal ging es allerdings schief, sodass von dem Menschen nur noch eine Hülle übrig blieb. Dafür gab es ein Pflegeheim.

„Nicht so schnell mit den jungen Pferden. Du scheinst es ja ziemlich eilig zu haben." Logan hörte sich amüsiert an, was auch daran lag, dass er sich gut an die Anfangszeit mit seiner Gefährtin erinnerte. Wobei sie einen wirklich holperigen Start hatten. „Als Erstes solltest du wissen, dass wir nicht sofort ausrücken. Wir vertrauen darauf, dass du weißt, was du tust. Darüber hinaus würden die meisten Normalen ihn als Spinner abtun, sobald er von Gestaltwandlern redet. Ich schlage vor, du gibst ihm zuerst einmal die Zeit, dich besser kennenzulernen."

Aufatmend sackte Kate in sich zusammen, es hatte ihr enorm im Magen gelegen, dass sie ihrem Liebsten erzählen musste, was genau sie war. „Was geschieht, falls er sich daraufhin von mir trennt?" Sie sprach ihre schlimmste Befürchtung nur sehr leise aus.

„Ich glaube kaum, dass das passiert. Sollte ich mich irren, werden wir ihn zu unseren Ärzten bringen müssen." Es lag Logan nicht, ihr etwas vorzulügen, egal, wie erschreckend die Wahrheit war. „Lern ihn kennen, verbring deine Freizeit mit ihm und es wird alles gut. Ich schicke dir gleich die Nummer von Gerry, er kann dir sicher was zu der Allergie sagen." Für den Wächter sah die Sache ziemlich einfach aus, allerdings hatte er die meisten Schwierigkeiten bereits überstanden und war glücklich mit seiner Gefährtin. Darüber hinaus hatte er Zwillinge, die ihn mit Stolz erfüllten.

Kate sah die Zukunft mittlerweile nicht mehr so rosig. Natürlich gab es Mittel, um gegen eine Katzenhaarallergie vorzugehen, nur dauerte das seine Zeit. Außerdem fürchtete sie sich vor dem Moment, in dem sie Jeremy die Wahrheit sagen musste. Gestern Abend war es ihr leicht erschienen, die Gefühle gaukelten ihr vor, dass nichts sie trennen konnte. Jetzt, nachdem der Verstand sich wieder eingeschaltet hatte, kamen jede Menge Zweifel, wie er tatsächlich reagieren würde. Sie verabschiedete sich von Logan, wartete, bis sie die Nummer von Gerry bekam, anschließend rief sie ihn beherzt an.

„Hey, Kleine, was kann ich für dich tun? Geht es dir gut?“ Der Arzt, der in der Lage war, sich in einen Luchs zu verwandeln, hörte sich besorgt an. Das war kaum verwunderlich, da sie sich sonst so gut wie nie bei ihm meldete.

Kate überkam ein schlechtes Gewissen, sie kannten sich bereits seit vielen Jahren, nur war er ihr erst jetzt wieder eingefallen. „Ja, ich brauche lediglich eine Antwort oder einen Rat. Tut mir leid, dass ich mich nicht gemeldet habe.“ Sie klang ehrlich zerknirscht.

Gerry lachte auf. „Das nennt man Leben, Kate. Ich hätte dich ja auch anrufen können. Aber, was liegt dir denn auf der Seele?“

Erleichtert, dass der Arzt es so locker nahm, erzählte sie ihm von ihrem Gefährten. „Was soll ich bloß tun? Er wird dahinterkommen, dass ich ihn angelogen habe. Außerdem darf ich ihn niemals zu mir nach Hause einladen. Jedenfalls ohne besondere Vorsichtsmaßnahmen.“

„Mach dir da keine Gedanken, du bist ein Gestaltwandler, kein Tier in dem Sinne. Die Allergie wird vom Speichel, der Tränenflüssigkeit und den Hautschuppen ausgelöst, die bei dir magisch sind."

Kate atmete erleichtert auf. „Keine Atemnot? Er ist völlig sicher bei mir?"

„Ja, absolut. Es gibt keine Probleme. Du kannst dich ihm sogar in deiner Gestalt als Katze nähern. Er wird darauf nur verwundert reagieren." Gerry lachte leise, als er sich die Szene vorstellte. „Paranormale Wesen lösen nie Überempfindlichkeitsreaktionen aus", bestätigte er erneut.

„Vielen lieben Dank, ich hab schon geglaubt, dass ich ihm in den nächsten Tagen erklären muss, was genau ich bin." Ein riesiger Stein fiel ihr vom Herzen.

„Gern geschehen, gibt es sonst noch was? Ich werde nämlich im Krankenhaus erwartet." Höflich wartete er ab, bevor sie sich verabschiedeten.

Kate ließ sich erleichtert auf ihren Platz zurücksinken. „Magische Wesen lösen keine Allergien aus", bemerkte sie in Kims Richtung, die natürlich den Autoschlüssel vergessen hatte und ihr dann doch zugehört hatte.

„Hast du wirklich jetzt schon mit dem Gedanken gespielt, ihn einzuweihen? Wow, das würde ich mich nicht trauen." Respekt schimmerte im Blick ihrer Freundin.

„Ja, was bleibt mir anderes übrig? Früher oder später muss ich ja Farbe bekennen." Sie zuckte leicht mit den Schultern, trotzdem war ihr anzusehen, dass der Aufschub sie erleichterte.

Die Frauen stürzten sich in die Arbeit, damit sie den Täter endlich überführen konnten. Immerhin mussten sie nicht nur herausfinden, wer es gewesen war, sondern auch vernünftige Beweise besorgen, die sie einem Richter vorlegen durften.

„Nachdem ich noch mal mit meinen Freunden gesprochen habe, bleiben lediglich zwei Verdächtige übrig. Matt war in der fraglichen Zeit bei einer Prostituierten. Die Frau hat bestätigt, dass er sie die gesamte Nacht gebucht hat und sie haben sich tatsächlich miteinander beschäftigt. Der Kerl, der sich weiterhin weigert, mit uns zu reden, ist bei Rita gesehen worden." Kim holte kurz Atem. „Er war gestern Abend bei ihr, kam ziemlich spät und ist auch nur eine knappe Viertelstunde geblieben. Ein Schäferstündchen können wir also ausschließen." Mittlerweile war sie von ihrer Erkundung zurückgekehrt, sodass sie Bericht erstatten konnte.

Interessiert betrachtete Kate ihre Kollegin. „Das wäre ein Hinweis, nur brauchen wir unbedingt mehr. Michael wird nachgesagt, dass er ein Verhältnis mit Rita hat oder hatte." Sie ließ die Worte in der Luft hängen. Nach außen hin spielte die Ex von Chris die feine Dame, aber sie gab sich gerne mit sogenannten Bad Boys ab.

„Dann fühlen wir den beiden besser mal auf den Zahn. Glaubst du, du bekommst heraus, was die Spurensicherung gefunden hat?" Hoffnungsvoll musterte Kim ihre Freundin.

„Ich kann es versuchen, allerdings bin ich mir ziemlich sicher, dass Jeremy das Gesetz nicht allzu stark biegen wird. Er hat mir ja schon die Liste der Angestellten geschickt." Kate schüttelte den Kopf. Sie wollte ihn auch nicht bedrängen, weil es ihn am Ende den Job kosten konnte. Sie sollten froh sein, dass er ihnen keine Steine in den Weg legte. „Ich treffe mich heute Abend mit ihm, da werde ich ihn fragen."

„Das ist eine fantastische Idee, ich habe meine Freunde beauftragt, die beiden Männer unter Beobachtung zu halten. Vielleicht gibt uns das einen weiteren Hinweis." Kim lächelte leicht. „Es läuft doch ziemlich gut, oder?"

Bei dem zweideutigen Blick, den sie ihr zuwarf, musste Kate lachen. „Ja, wir nähern uns an, falls du das unbedingt wissen willst. Er hat sogar angedeutet, ein Dom zu sein.“ Schnell biss sie sich auf die Lippe, da sie diese Information eigentlich für sich behalten wollte. Im gleichen Augenblick hatte sie das Gefühl, die Inquisition würde über sie hereinbrechen.

„Erzähl, sofort!“, forderte Kim sie auf, ließ sie aber nicht zu Wort kommen. „Hat er schon mit dir gespielt? Wie war es? Bist du seine Sub? Magst du Schmerzen? Ist es so, wie wir es uns vorgestellt haben? Hat er dich gefesselt? Ist er ein Rigger?“

Die Fragen prasselten nur so auf sie ein, bis sie laut lachend den Kopf schüttelte. „Du bist wirklich eine miese Ermittlerin, meine Kleine. Ich sagte, dass er es angedeutet hat. Was heißt das wohl?“

Enttäuscht ließ Kim die Schultern hängen. „Also immer noch keine Gewissheit, ob diese Welt aus Dominanz und Unterwerfung tatsächlich so befriedigend ist?“

„Nein, aber es gefällt mir, wenn er mir etwas befiehlt. Deshalb muss ich auch langsam los. Er will mich sehen.“ Kate räumte ihre Unterlagen zusammen, zwinkerte ihrer Mitarbeiterin zu, anschließend ging sie mit ihr zum Ausgang. „Eventuell kann ich dir morgen was darüber erzählen.“

Die Freundinnen verabschiedeten sich und jede fuhr nach Hause, wobei Kate doch ein wenig Nervosität verspürte. Seit einiger Zeit trieb sie sich in speziellen Foren herum, um mehr über BDSM zu erfahren. Leider war das eben nur Theorie. Sie hatte während einer feucht-fröhlichen Party mit Kim über ihre Sehnsüchte geredet, dabei war sie nur mäßig erstaunt gewesen, dass die Freundin ihre Fantasien teilte.

Eilig schob sie die Gedanken von sich, bis jetzt wusste sie nichts Genaues, vielleicht handelte es sich auch nur um einen Scherz von ihm.

Zu Hause angekommen überlegte sie lange, was sie anziehen sollte, bis sie sich erneut für Jeans, Pulli und Stiefel entschied. Alles andere kam ihr zu übertrieben vor. Jeremy hatte deutlich gesagt, dass er mindestens bis zum Wochenende warten wollte, ehe er mit ihr schlief. Kurz bummelte sie noch etwas herum, weil sie einerseits fürchtete, andererseits hoffte, dass sie sich über seine Neigungen unterhalten würden. Endlich sprang sie über ihren Schatten, zog ihre Jacke über, schnappte sich die Haustürschlüssel, bevor sie zu ihm rüberlief.

~~°~~

Jeremy rieb sich müde über die Lider, die letzte Nacht machte ihm zu schaffen. Wieso war er dermaßen dumm gewesen? Es hätte ihm klar sein müssen, dass er kein Auge zutun konnte, wenn sie so dicht bei ihm lag. Seufzend betrachtete er den Bericht der Vernehmungen. Mittlerweile hatten sie alle Angestellten befragt und nur drei Personen besaßen keine Alibis. Einer, Bertram Donovan, behauptete, alleine vor dem Fernseher gesessen zu haben. Bei der Überprüfung stellte sich allerdings heraus, dass er von seinem Nachbarn gesehen wurde, wie er gegen Mitternacht das Haus verlassen hatte. Es handelte sich um einen unhöflichen Kerl mit einem Hang zur Aggressivität. Michael Collins verweigerte die Aussage, wobei er sich gleich ein Strafgeld wegen Beleidigung eingehandelt hatte. Der Dritte im Bunde hieß Joseph Berger, er war es auch gewesen, der die Alarmanlage scharf gestellt hatte. Bei ihm glaubte Jeremy am ehesten an eine Unschuld, zumal er auf jede Frage geantwortet hatte, dabei gab es keine Unklarheiten, ebenso wenig verstrickte er sich in gegensätzlichen Antworten. Entweder war er ein geschickter Lügner oder sagte tatsächlich die Wahrheit.

Steven kannte die Leute natürlich um einiges besser, weil er mit ihnen aufgewachsen war und er ging genauso davon aus, dass Joseph kaum als Täter in Betracht kam.

Darüber hinaus stand auch noch Rita Gordon auf seiner Liste. Bei dem Gedanken an die Frau, die ihn mit ihren Blicken ausgezogen hatte, schüttelte es Jeremy. Zu gerne würde er eine weitere Begegnung mit ihr vermeiden, nur mussten sie ihr das stärkste Motiv zuordnen.

„Hey, Chief, die Nachtschicht ist seit fast einer halben Stunde da, willst du nicht langsam Feierabend machen?" Steven lehnte sich an seinen Schreibtisch, um ihn auffordernd anzusehen. Sie hatten sich auf das Du geeinigt, zumal sie sich auf Anhieb gut verstanden.

„Ja, ich gehe sofort." Jeremy lächelte den Mann an. „Eine ruhige Nacht wünsche ich euch." Er blickte in die Runde, anschließend ging er mit seinem Kollegen zum Parkplatz.

„Ich denke ja immer noch, dass Rita entweder Michael oder Bertram angestachelt hat. Beide sind nicht gescheit genug, um die Alarmanlage auszuschalten und die Tür aufzubrechen." Steven zuckte leicht mit den Schultern. „Ich weiß, ich sollte ohne entsprechende Beweise keine Beschuldigungen aussprechen." Ein wenig zerknirscht sah er seinen Vorgesetzten an.

Jeremy machte eine wegwerfende Handbewegung. „Schon okay, wir sind auch nur Menschen. Wie oft müssen wir unserem Instinkt vertrauen, um überhaupt weiterzukommen? Du bist mit den Leuten aufgewachsen, kannst sie viel besser einschätzen. Außerdem entscheidet am Ende der Richter oder die Schöffen." Er klopfte ihm auf die Schulter. „Bis morgen."

Als er im Auto saß, schlich sich ein Lächeln auf sein Gesicht, gleich würde er die bezauberndste Frau der gesamten Welt treffen. So wie es aussah, war sie darüber hinaus neugierig, was seine Neigungen anging. Die Müdigkeit verflog sofort, besonders weil er sich ausmalte, was er alles mit ihr anstellen konnte. Energisch zügelte er seine übersprudelnde Fantasie, bis jetzt hatte sie nur gesagt, dass es für sie kein Problem darstellte, ob sie Erfahrungen auf dem Gebiet hatte oder darauf brannte, es auszuprobieren, stand auf einem anderen Blatt. Trotzdem freute er sich auf sie. Natürlich hatten sie mehrere Nachrichten ausgetauscht, daher wusste er, dass sie gegen neun bei ihm aufschlug. Seufzend sah er auf die Uhr, er musste ganz schön Gas geben, falls er sie nicht in Uniform begrüßen wollte.

Jeremy parkte vor seinem Haus, stürmte direkt ins Bad, gleichzeitig streifte er sich die Kleider vom Leib.

Als es klingelte, war er gerade aus der Dusche geklettert, deshalb schlang er sich ein Handtuch um die Hüften und ging zur Tür. Sicherheitshalber sah er kurz durch das Fenster seines Arbeitszimmers, damit er keinen Nachbarn verschreckte.

Mit einem breiten Schmunzeln öffnete er, trat einen Schritt zurück, ehe er eine einladende Handbewegung machte. „Komm rein, Kleines."

Kate kam seiner Aufforderung sofort nach, drehte sich dann aber zu ihm um, um ihn ausgiebig zu betrachten. Er gefiel ihr, das gab sie gerne zu, daher nutzte sie die Gelegenheit, seinen Anblick zu genießen. „Ich bin doch nicht etwa zu früh, oder?" Ihre Stimme hatte einen neckenden Unterton, woraufhin er sie an sich zog.

„Du weißt genau, dass du eine gute Viertelstunde vor der Zeit da bist." Er küsste sie leidenschaftlich, presste sie für einen Moment an sich, bevor er sie seufzend losließ. „Gib mir bitte ein paar Minuten, ich ziehe mir schnell was über."

„Mich stört dein Aufzug nicht." Kate biss sich auf die Lippen. Sie sollte es verhindern zu übertreiben, aber irgendetwas reizte sie, ihn zu necken. „Kein Problem, ich warte im Wohnzimmer." Sie drehte sich um, ohne ihm eine Chance auf eine Antwort zu geben.

Schmunzelnd sah Jeremy ihr hinterher. So ein Biest, sie legte es tatsächlich darauf an, ihn herauszufordern. Wenn sie sich da mal nicht die Finger verbrannte! Doch zuerst wollte er mit ihr über das Thema sprechen, auf keinen Fall würde er sie zu einer Session überreden, die sie im Grunde ihres Herzens ablehnte. Außerdem musste er herausfinden, ob sie bereits Erfahrungen mit einem Dom gesammelt hatte.

„Darf ich dir etwas zu trinken anbieten?"

Mittlerweile hatte er sich eine Jeans und ein Longsleeve übergezogen, was Kate fast bedauerte. Natürlich war ihr bewusst, dass er sich kaum so präsentiert hatte, um sie zu verführen. In dem Punkt war er ja bedauernswerterweise sehr deutlich gewesen. „Danke, einen Tee nehme ich gerne. Es ist heute ziemlich kühl."

Sofort drehte Jeremy sich um, was ihr ein Lächeln entlockte. Immer Gentleman, ob sich das änderte, sobald sie seine Sub war? Würde sie ihn dann ständig bedienen müssen? In ihrem Forum gab es viele, die es als selbstverständlich ansahen, dass die oder der Devote solche Aufgaben übernahm. Kurz dachte sie darüber nach, wenn sie ehrlich war, gefiel ihr beides. Sie genoss es, einfach mal bedient zu werden, aber die Vorstellung, ihrem Herrn den Kaffee zu bringen, hatte etwas.

Allerdings zog sie es vor, ihrem Partner auch auf Augenhöhe zu begegnen. Jetzt hätte sie beinahe gelacht, soweit waren sie noch nicht, oder doch?

Jeremy kam zu ihr zurück, stellte ein Tablett auf den Tisch, auf dem Tassen, verschiedene Teesorten, Zucker, Milch, Zitrone, Scones, Clotted Cream, Marmelade, Messer und eine Kanne mit heißem Wasser standen. „Ich weiß nicht, wie du den Tee gerne magst, also hab ich alles mitgebracht. Bedien dich bitte."

„Du verwöhnst mich. Ich liebe Scones." Kate strahlte, als sie das leckere Gebäck entdeckte. „Ich mag meinen Tee mit Milch, ohne Zucker. Ich hoffe, du merkst es dir für meinen nächsten Besuch." Sie zwinkerte ihm zu.

Sofort packte er sie im Nacken, nahm ihr die Tasse ab, die sie gerade mit heißem Wasser füllte, und sah ihr fest in die Augen. „Vielleicht sollten wir vorab etwas klären", bemerkte er mit einer dunklen Stimme, die ihr direkt in den Unterleib fuhr. „Ich gebe den Ton an." Seufzend ließ er sie los, rückte ein Stückchen ab, woraufhin sie ihn verwirrt ansah.

Wollte er sie nicht als Sub? Stieß sie ihn irgendwie ab oder hatte sie es zu weit getrieben? Noch ehe sie ihm eine Frage stellen konnte, legte er einen Finger auf ihre Lippen.

„Tut mir leid, mir sind die Pferde durchgegangen. Wir reden später auf jeden Fall darüber, aber lass uns erst den Tee trinken. Die Scones sind übrigens aus der Bäckerei, mir fehlte die Zeit, um selbst welche zu backen." Er zog seine Hand zurück, küsste sie flüchtig auf den Mund, anschließend deutete er auf das Tablett.

Kate atmete erleichtert auf, bediente sich und betrachtete ihn von der Seite aus. „Hab ich einen Fehler gemacht?" Sie konnte sich die Frage nicht verkneifen.

Sofort schüttelte er den Kopf. „Nein, mach dir keine Sorgen, doch bevor ich als Dom auftrete, muss ich einiges von dir wissen. Angefangen von der nicht unbedeutenden Sache, ob du überhaupt in diese Richtung gehen willst. Vielleicht bist du auch einfach nur von Natur aus frech.“ Er schmunzelte, als sie jetzt ärgerlich das Gesicht verzog, nur um gleich darauf zu lachen.

„Ja, das könnte gut möglich sein“, gab sie ehrlich zu. „Ich necke gerne, manchmal provoziere ich und fordere mein Gegenüber heraus, so wie im Fitnessstudio.“ Sie trank einen Schluck Tee. „Besonders, wenn man mich unterschätzt oder mir etwas nicht zutraut, verhalte ich mich schnell zickig.“ Da er ihr Seelengefährte war, sollte er ihre Eigenarten kennen.

„Gut zu wissen. Ich denke in Zukunft daran, zumal ich es auch keineswegs leiden kann, als unfähig eingeschätzt zu werden.“ Liebevoll betrachtete er sie, gleichzeitig hoffte er, dass er sie nicht komplett falsch verstanden hatte. Noch konnte er sein Glück, tatsächlich die passende Partnerin gefunden zu haben, kaum glauben.

„Wie war dein Tag?“ Kate musterte ihn, wobei sie jetzt die Müdigkeit in seinem Gesicht sah. Vorsichtig strich sie mit den Fingerspitzen über die Fältchen auf seiner Stirn. „Du siehst müde aus.“

Lächelnd nickte er. „Mir fehlt Schlaf, weil ich die letzte Nacht neben der verdammt verführerischsten Frau der Welt verbracht habe. Ich Idiot musste ja Gentleman spielen und versprechen sie nicht anzurühren. Das passiert mir nicht noch einmal.“ Er lachte, als er das gierige Aufblitzen in ihrem Blick erkannte.

„So? Du willst also das nächste Mal über mich herfallen?“

Begeistert stimmte er zu. „Darauf kannst du wetten. Allerdings möchte ich, dass wir bis zum Wochenende abwarten, wie bereits gesagt. Du bist es mir wert, dass ich mir genug Zeit nehme. Außerdem glaube ich kaum, dass ich mit einer schnellen Nummer zufrieden sein werde.“ Sanft streichelte er über ihre Wange.

Mit einem leisen Seufzer, der fast wie ein Schnurren klang, schmiegte sie sich an seine Handfläche, zu gerne würde sie jetzt mit ihm in sein Schlafzimmer verschwinden, allerdings gab sie ihm recht: Warten lohnte sich.

„Kennst du dich im Bereich BDSM aus?“ Jeremy packte den Stier bei den Hörnern, als auch der letzte Scone verschwunden war.

Zaghaft schüttelte Kate den Kopf. „So kann man das nicht nennen. Ich bin in einem Forum angemeldet, wo ich seit ein paar Jahren mitlese. Aber mir fehlt jede Erfahrung.“ Ihre Wangen färbten sich rot, gleichzeitig senkte sie den Blick. „Ich weiß nicht mal, ob ich tatsächlich devot oder maso bin. Es gibt lediglich ein reges Kopfkino.“ Ihr war diese Beichte peinlich, nur wusste sie, dass sie ihm ehrlich antworten sollte, um keine Katastrophe heraufzubeschwören.

Liebevoll hob er ihr Kinn mit dem Handrücken an. „Das ist völlig in Ordnung. Wir finden es gemeinsam heraus.“ Allein sein Lächeln gab ihr die Sicherheit zurück, die ihr bei ihrer Selbstanalyse abhandengekommen war. Sie ließ es zu, dass er in ihren Augen las, erkannte, dass sie sich nach ihm sehnte. Dabei ging es ihr nicht nur um Sex oder eine Session, sondern vielmehr um die Nähe zu ihm, die Geborgenheit, die sie in seinen Armen spürte und besonders um die Gewissheit, aufgefangen zu werden.

„Was, wenn ich mich getäuscht habe? Vielleicht ist BDSM zu hart für mich." Sie flüsterte ihre Bedenken nur, weil sie sich die Antwort fast denken konnte. Es war ein Teil von ihm, eine solche Neigung legte man nicht so einfach ab, das wusste sie aus dem Forum. Viele hatten es probiert, waren allerdings enorm gescheitert.

Nachdenklich betrachtete Jeremy sie, tauchte in ihren Blick ein, las problemlos, was ihr auf der Seele lag, und schmunzelte. „Erstens ist es extrem selten, dass sich jemand mit dem Thema beschäftigt, sogar Fantasien in der Richtung hat, der so gar nichts damit anfangen kann. Zweitens sterbe ich wohl kaum, sollte ich meine Neigungen nur in Form eines Kopfkinos ausleben und drittens haben wir so viele Möglichkeiten, was wir ausprobieren können, da wird ganz bestimmt etwas für uns beide dabei sein."

Seine Zuversicht beruhigte sie, außerdem sagte sie sich immer wieder, dass er ihre Dualseele war, da würde es zwischen ihnen doch passen.

„Was stellst du dir so vor? Wohin gehen deine Sehnsüchte?"

Auf die Frage war sie zwar gefasst, trotzdem schluckte sie verlegen. Darüber hatte sie nicht mal mit Kim im Detail gesprochen. „Es gibt so einiges, was ich anregend finde", wich sie ihm geschickt aus.

Schmunzelnd zog er eine Augenbraue hoch. „Du musst schon konkreter werden, wenn wir austesten wollen, ob eine solche Beziehung für uns funktioniert?" Er sah deutlich, wie viel Überwindung es sie kostete, über ihre Fantasien zu reden. Genau das reizte seinen inneren Sadisten. Es ging nicht nur um Schmerz, sondern auch die Sub dazu zu bringen, über ihren Schatten zu springen, gehörte für ihn dazu. „Denkst du eher an deine devote oder deine masochistische Seite?“ Mit der Frage machte er es ihr ein wenig leichter.

„Beides“, gab sie leise zu. „Es gibt Beschreibungen, die mich enorm anstacheln, bei denen es um Lustschmerz geht. Klammern, Schläge mit der Hand, dem Gürtel, der Peitsche, Wachs, Tabasco und Ähnliches.“ Sie schluckte, versuchte in seinem Gesicht zu lesen, ob etwas dabei war, was ihn abschreckte. „Genauso finde ich Bondage spannend. Gefesselt werden, mit Augenbinde, hilflos ausgeliefert. Natürlich würde ich meinen Herrn auch bedienen ...“ Sie stockte, weil ihr hierbei eine Einschränkung auf der Zunge lag. Durfte sie die jetzt schon äußern? Oder galt sie in dem Fall als Wunschzettelsub?

„Ich höre deutlich ein Aber, was stört dich an der Vorstellung?“ Jeremy betrachtete sie. „Du kannst, nein, du musst mir erzählen, was du denkst, sonst mache ich unter Umständen Fehler, die dir das Vertrauen nehmen. Es ist in Ordnung zu sagen, was du ablehnst.“ Sanft küsste er sie, bevor er sie erneut auffordernd ansah.

„Ich weiß nicht, wie ich es ausdrücken soll, ohne dass es sich oberflächlich oder fordernd anhört“, gab sie ehrlich zu. „Die Idee, dass ich dir den Hintern nachtrage, dir ständig etwas bringe, um dich herumkreise wie eine Helikoptermutter, ist keineswegs anregend für mich. Ich möchte auch auf Augenhöhe sein, keine Unterwerfung, bei der ich wie ein Gegenstand oder eine Angestellte behandelt werde.“ Sie suchte nach einer besseren Erklärung, aber Jeremy stimmte ihr bereits verstehend zu.

„Du lehnst TPE ab.“ Auf ihren verständnislosen Blick hin schmunzelte er. „Total Power Exchange, dabei gibt sich die Sub mehr oder weniger komplett auf. Sie tut nur noch, was der Herr sagt, dient ihm, ohne jemals gleichgestellt zu sein. Im Grunde, die Verstärkung von 24/7."

Sofort nickte sie, erleichtert, dass er sie verstand. „Genau, das ist keine Option für mich. Ich möchte mit dir herumalbern, ohne direkt mit einer harten Strafe rechnen zu müssen, genauso will ich mich mit dir streiten, falls ich mich über dich ärgere." Sie holte tief Luft. „Versteh mich bitte nicht falsch, es bricht mir keinen Zacken aus der Krone, dir einen Kaffee zu bringen oder das Essen zu machen."

„Aber du genießt es auch, verwöhnt zu werden, mal ausruhen zu können", vervollständigte er ihre Ausführung. „Das ist für mich völlig in Ordnung. Allerdings solltest du dir ständig bewusst sein, dass du mir gehörst, wenn wir eine solche Beziehung führen. Dein Verhalten wird immer auf dich zurückfallen. Doch ich dulde es nicht, dass du dich verstellst, denn damit müsste ich auf einen Teil von dir verzichten."

Jetzt musterte sie ihn erstaunt. „Du willst mich tatsächlich als Sub?" Sofort schüttelte er den Kopf, was auf sie wirkte, als hätte jemand einen Kübel Eiswasser über ihr ausgeschüttet. Tränen der Enttäuschung sammelten sich in ihren Augen, die sie nur schwer unterdrücken konnte.

„Ich möchte dich als meine Partnerin, meine Geliebte, meine Vertraute und meine Sub. Das ist viel mehr. Auf keinen Fall lasse ich mich auf eine Spielbeziehung ein", stellte er lächelnd klar. Sanft strich er ihr eine Träne von der Wange, die ihr entkommen war.

„Du Schuft, du weißt genau, was ich meine." Zittrig holte sie Atem, gleichzeitig strahlte sie ihn an.

„Ich erwarte, dass du mir morgen im Laufe des Tages deine Tabuliste schickst. Schreib mir bitte auch auf, wobei du lediglich Bedenken hast, es aber ausprobieren würdest. Das

Wochenende wird noch besser, als ich dachte." Bevor sie antworten konnte, zog er sie an sich, schob seine Zunge in ihren Mund und raubte ihr die Lust, irgendetwas zu erwidern. Stattdessen schmiegte sie sich glücklich an ihn. In ihrem Kopf drehte sich alles vor Glück, während die dummen Zweifel verstummten.

Kapitel 9 - Aussprache

Atemlos ließ er von ihr ab, betrachtete sie mit einem sinnlichen Lächeln. „Du möchtest wirklich mir gehören?" Ehe sie etwas antworten konnte, stoppte er sie. „Das war eine rhetorische Frage."

Lachend lehnte sie sich an ihn. „Was ist daran so verwunderlich? Mache ich einen dermaßen ungeeigneten Eindruck?" Als sie ihn erneut neckte, wurde ihr bewusst, dass es durchaus im Rahmen des Möglichen lag. Immerhin hatte sie keine Gelegenheit ausgelassen, ihn zu provozieren.

Sofort schüttelte er den Kopf. „Nein, so meinte ich das nicht. Ich kann es kaum glauben, dass ich hier eine Frau finde, die so perfekt zu mir passt." Er holte tief Luft. „Meine letzte Beziehung endete in einer Katastrophe. Allerdings führte sie auch dazu, dass ich nach Portumna gezogen bin."

Jetzt wurde Kate hellhörig. „Magst du mir davon erzählen? Vielleicht schaffe ich es, auf die Weise Fehler zu vermeiden."

Jeremy lachte leise, zog sie fest an sich, ehe er sie liebevoll ansah. „Du bist völlig anders als Ellen. Trotzdem denke ich, dass du durchaus etwas mehr über mich erfahren kannst." Er atmete durch. „Ich habe meine Neigung für diese Frau aufgegeben, versucht, sie auf Händen zu tragen und am Ende ist sie mit ihrem Chef ins Bett gestiegen. Ich habe mich komplett zum Affen gemacht, weil ich auch noch darunter litt, sie nach der Trennung jeden Tag sehen zu müssen." Bitterkeit klang in seiner Stimme mit.

„Das tut mir leid, ich hätte nicht fragen sollen.“ Kate schluckte, langsam sollte sie sich angewöhnen, ihre Neugier im Zaum zu halten.

„Das ist schon okay, zumal es nicht das erste Mal war.“ Sein Lächeln war ein wenig verrutscht. „Ich bin öfter an Frauen geraten, die sich alle Alternativen offen gehalten haben.“

Sanft streichelte sie über seinen Arm. „Verlass dich darauf, dass ich ehrlich bin, egal, was kommt. Falls ich feststelle, dass ich weder devot noch maso bin, sage ich dir Bescheid.“ Sie blickte ihm tief in die Augen. „Ich kenne das Gefühl, hintergangen zu werden. Es fühlt sich beschissen an.“ Natürlich war sie in ihren mehr als dreihundert Jahren auch mal auf Betrüger hereingefallen. Obwohl sie wusste, dass diese Männer weit entfernt davon waren, ihre Seelengefährten zu sein, tat es trotzdem unendlich weh.

„Lass uns von etwas Schönerem sprechen“, forderte Jeremy sie auf.

Der Aufforderung folgte Kate gerne, zumal sie sich nur ungern an ihre Fehltritte erinnerte. „Was für Vorlieben hast du eigentlich als Dom? Ich meine, gibt es Praktiken, die du bevorzugst?“ Neugierig sah sie ihn an, da sie das Thema enorm faszinierte.

Jeremy lachte leise auf. „Scheint, dass du Blut geleckt hast“, neckte er sie. „Ich mag es, mein Eigentum hilflos vor mir zu haben. Fesseln, Blindfold oder Zwangsjacke sind da sehr effektiv. Zu wissen, dass ich die Macht über dich und besonders deine Lust besitze. Ich mag ebenso Spiele in der Öffentlichkeit, solange niemand außer uns beiden etwas davon mitbekommt.“ Schmunzelnd beobachtete er sie, wie sie mit der Zungenspitze über ihre Lippen leckte. Offensichtlich gefiel ihr seine Antwort. „Ich liebe es, wenn du dich beherrschen musst, gegen deine Erregung ankämpfst. Allerdings mag ich es auch zu sehen, wie du unter dem Schlag meiner Peitsche zusammenzuckst, bevor du um mehr bettelst."

Jetzt musterte sie ihn nachdenklich. „Ich bin skeptisch, ob ich darum flehen werde, weitere Schmerzen ertragen zu müssen." In dem Punkt fühlte sie sich absolut unsicher, zumal sie sich Lustschmerz nur sehr abstrakt vorstellen konnte.

„Lassen wir es auf uns zukommen." Damit wollte Jeremy das Thema beenden, weil es in seiner Hose unangenehm spannte, auch ihn ließ es nicht kalt, von seinen sexuellen Träumen zu reden.

„Ja, ist vielleicht besser, denn vor dem Augenblick hab ich Angst." Sie kuschelte sich eng an ihn, vor allem um ihn nicht ansehen zu müssen. Am liebsten hätte sie bei der Aussage ihr Gesicht fest an seine Brust gedrückt. Auf der einen Seite stachelte sie ihn an, sie als Sub anzunehmen, andererseits schreckte sie vor dem sadistischen Teil in ihm zurück. Das war doch feige.

Sofort packte Jeremy ihr Kinn, zwang sie den Kopf zu heben. „Eine erregende Furcht gehört dazu, allerdings möchte ich niemals, dass du dich wirklich ängstigst. Was genau macht dich so unsicher?" Auf keinen Fall würde er ihre Sorgen einfach übergehen, es war enorm wichtig, dass er wusste, was sie fühlte.

Zaghaft zuckte sie mit den Schultern. „Ich weiß ja, dass es nicht darauf ankommt, dass ich alles klaglos einstecke, trotzdem befürchte ich, dass ich eine ziemliche Memme bin. Du solltest mich mal sehen, wenn ich mir wehtue, beim Hinfallen zum Beispiel. Ich habe eine extrem niedrige Schmerzschwelle", gab sie unglücklich zu. „So eine Bullenpeitsche sieht wirklich fies aus."

Verständnisvoll strich er ihr über die Wange. „Du hast recht, es geht niemals darum, möglichst viele Schmerzen für den anderen auszuhalten. Einige Doms unterscheiden Strafen von Sessions, da reden wir nicht mehr von Lustschmerz, sondern von einer echten Bestrafung. Das ist in Ordnung, solange beide es so wollen. Ich kann es mir für mich nicht vorstellen. Im Gegenteil, ich glaube, dass du deine Lektionen auch lernst, wenn du auf deine Kosten kommst." Einen Moment überlegte er, wie er ihr die Sorgen nehmen könnte. „Du vergleichst das, was du fühlst, sobald du dir wehtust, mit etwas, das völlig anders ist. Bei einem Spiel kommt die Lust dazu, die Mischung macht es am Ende aus." Ihm war klar, dass sie die Erregung brauchen würde, um eine Session wirklich genießen zu können.

„Ist gut möglich, aber woher weiß ich das? Vielleicht enttäusche ich dich." Unglücklich stieß sie die Luft aus.

„Das wird niemals passieren, allein, dass du dich auf mich einlässt, genügt. Darüber hinaus müssen Bestrafungen nicht immer wehtun. Keuschhaltung kann extrem unangenehm sein, genau wie eine Überreizung." Er überlegte kurz, während ein fieses Grinsen auf sein Gesicht schlich. „Verschiedene Aufgaben eignen sich ebenso als Strafen. Zum Beispiel könnte ich dich anweisen, lediglich Stiefel und einen Mantel zu tragen, wenn wir einkaufen. Nackt putzen, ist auch sehr schön. Abgesehen von Verboten von Dingen oder Beschäftigungen, die dir wichtig sind."

Jetzt riss sie entsetzt die Augen auf. „Ich lasse mir nicht den Kontakt zu meiner Familie und meinen Freunden verbieten. Genauso wenig ertrage ich es, dass du dich weigerst, mit mir zu reden." Der Gedanke sorgte dafür, dass sich ihr Herz schmerzhaft zusammenzog. War er zu so etwas in der Lage?

Sofort schüttelte er energisch den Kopf. „Ich bestrafe niemals mit Lieblosigkeit oder Gleichgültigkeit." Allein bei der Vorstellung wusste er, dass er das nie durchziehen könnte, selbst wenn er wollte. Er ließ ihr Kinn los, nahm ihr Gesicht in beide Hände. „Du bist das Wichtigste in meinem Leben, Kleines. So grausam werde ich dich nie behandeln, versprochen." Er küsste sie mit der gesamten Liebe, die in ihm war, vor der er jedoch noch zurückschreckte, sodass er kaum in der Lage war, es auszusprechen.

Ein wenig beruhigt lehnte sie an ihm, nachdem er von ihr abgelassen hatte. Weshalb sie sich die gemeinsame Zeit mit solchen Gedanken schwermachte, wusste sie selbst nicht. Die Sache mit der Katzenhaarallergie hatte ihr doch gezeigt, dass das Schicksal keinen Fehler machte. Verdammte Unsicherheit! Vielleicht war es aber auch, weil sie noch nicht restlos überzeugt war, dass seine Allergie bei ihr nicht anschlug. Genau das musste es sein, deshalb nahm sie sich vor, die Aussage von Gerry zu überprüfen. „Wann hast du eigentlich Feierabend?"

Ein wenig irritiert über den Themenwechsel musterte Jeremy sie. „Normalerweise um sechs, aktuell habe ich die Spätschicht von neun Uhr morgens an. Was sich nächste Woche ändert, da geht es in die Frühschicht, die fängt bereits um fünf in der Frühe an." Er seufzte, da er so gar kein Morgenmensch war. „Weshalb willst du das wissen?"

Jetzt zuckte sie leicht mit den Schultern. „Ich möchte einfach informiert sein, wie du arbeitest, damit ich dich nicht wieder aus der Dusche hole." Neckend verzog sie das Gesicht. „Wobei der Anblick schon sehenswert ist."

Jeremy lachte mit ihr.

„Das war nur, weil ich mich in den verdammten Fall vertieft habe. Steven hat mich aus der Wache gescheucht.“ Er runzelte die Stirn. „Wir kommen keinen Schritt weiter, zumal einer die Aussage verweigert hat.“

„Kannst du mir verraten, wer das war? Es würde uns vielleicht weiterhelfen. Wir gehen unkonventioneller vor, besitzen allerdings wesentlich weniger Möglichkeiten als ihr.“ Sie setzte ihren besten Hundeblick auf. „Wir müssen uns oft auf unseren Instinkt verlassen.“ Mit der Äußerung traf sie den Punkt genau, meistens sorgten ihre tierischen Fähigkeiten dafür, dass sie den Fall aufklären konnten.

„Ich mache mich strafbar, wie du weißt. Normalerweise dürfte ich dir nicht mal erzählen, dass jemand keine Aussage gemacht hat.“ Er seufzte leise. „Er ist ein sehr unangenehmer, vulgärer Typ.“ Auch damit hatte er bereits zu viel gesagt.

Kate nickte verstehend. „Von den Leuten kenne ich nur einen Teil, aber die Beschreibung trifft auf zwei genau zu. Michael und Matt.“

Jeremy hob abwehrend die Hände. „Ich sage kein Wort mehr.“ Interessiert musterte er sie. „Man hat mir erzählt, dass ihr jeden Fall schneller gelöst habt als Davies. Hattet ihr einen Informanten bei der Garda? Oder weshalb wart ihr besser?“

Kate lachte spöttisch auf. „Nein, niemand hat uns etwas gesagt oder irgendwie geholfen. Der alte Chief hätte demjenigen die Eier abgeschnitten, verlass dich drauf.“

Bei der Aussage schnalzte Jeremy tadelnd mit der Zunge. „Was sind denn das für Worte, junge Dame?“

„Ich zitiere nur.“ Sie zuckte leicht mit den Schultern, dennoch sah er, dass ihr ihr verbaler Ausrutscher peinlich war.

„Trotzdem möchte ich, dass du auf deine Wortwahl achtest. Vielleicht muss ich mehr Erziehungsarbeit leisten, als ich dachte." Innerlich amüsierte er sich köstlich, zumal er wusste, dass er sie gerade ziemlich beschämte. Demütigung gehörte auch zu seinen Vorlieben, nur würde er niemals an einen wunden Punkt rühren.

Empört stieß Kate die Luft aus, aber im gleichen Augenblick schossen ihr die verschiedensten Ideen durch den Kopf, was er wohl mit ihr anstellen wollte. Ihr Ärger verpuffte und Lust kochte in ihr hoch. Was, zur Hölle, war das denn bitte? „Ich kann mich benehmen", brachte sie hervor, doch es klang nach einer ziemlich dürftigen Verteidigung.

„Weshalb zeigst du es nicht?" Jeremy trieb sein Spielchen noch etwas weiter, gleichzeitig verkniff er sich das Lachen. „Ich überlege ernsthaft, dir am Samstag nach dem Tanzen den Hintern zu versohlen. Wie bei einem frechen, ungezogenen Kind." Als er in ihre Augen blickte, erkannte er, dass er genau ins Schwarze getroffen hatte. Seine kleine Wildkatze schaffte es kaum, sich gegen ihr eigenes Kopfkino zu wehren. Die Vorstellung, von ihm auf diese Weise gezüchtigt zu werden, gefiel ihr offensichtlich.

Kate öffnete den Mund, weil sie ihn harsch zurückzuweisen wollte, schloss ihn aber schnell wieder, da sie ein Stöhnen unterdrücken musste. Weshalb erregten sie allein seine Worte dermaßen, dass sie jetzt hart um ihre Beherrschung kämpfte?

„So sprachlos?" Wie unbeabsichtigt legte er eine Hand auf ihre linke Brust, rieb mit der Handfläche über die Warze, die sich ihm bereits entgegenreckte. „Oder habe ich recht? Bist du ungezogen?" Die Fragen raunte er ihr ins Ohr.

In Kate zog sich alles vor Lust zusammen und sie hätte ihn am liebsten angefleht, sofort zur Sache zu kommen, aber sie bekam eine solche Bitte einfach nicht über die Lippen. „Was hast du vor?", erkundigte sie sich atemlos.

„Ich gebe dir eine kleine Kostprobe von dem, was auf dich wartet." Auch Jeremy klang heiser. „Übrigens erwarte ich von dir, dass du mich fragst, wenn du dich selbst befriedigen willst."

Bei der Ansage hätte sie ihm das selbstzufriedene Lächeln am liebsten aus dem Gesicht gekratzt. Natürlich hatte sie sich bereits vorgenommen, sich später in ihrem Bett Erleichterung zu verschaffen, jetzt musste sie bis Samstag warten. Weshalb wollten sie es noch mal langsam angehen lassen? Sie holte tief Luft, um ihm zu widersprechen, aber er legte ihr lediglich einen Finger auf die Lippen.

„Überleg dir gut, was du sagen willst. Es könnte dazu führen, dass du eine sehr lange Zeit auf einen Orgasmus verzichten wirst." Süffisant lächelte er sie an. Ihm gefiel das Spiel, gerade weil sie so extrem gut darauf ansprang. Wie er ihr bereits erklärt hatte, ging es nicht immer nur um Schmerzen.

„Ich werde warten, da ich dir mein Wort gegeben habe", stieß sie unwillig hervor. „Allerdings ist es spät geworden, ich sollte mich langsam verabschieden." Verstohlen sah sie auf die Uhr, in der Hoffnung, dass es tatsächlich auf Mitternacht zuging. Kate hatte die erste Ausrede genommen, die ihr in den Kopf kam, um der erotischen Folter zu entkommen.

„Bist du sicher, dass du das willst? Du könntest auch bei mir bleiben. Ich liebe es, dich neben mir zu spüren, wenn ich einschlafe." Jeremy krümmte sich innerlich, als er an die schlaflose Nacht dachte, wobei er sich im Klaren war, dass es jetzt noch schlimmer werden würde. Trotzdem gefiel ihm die

Vorstellung, sie bei sich zu behalten, während sie sich nach ihm sehnte.

„Bitte, ich stehe das nicht durch“, flüsterte sie, gleichzeitig unterdrückte sie den Drang, sich an ihm zu reiben wie eine rollige Katze. „Ich bin schon so heiß, ich befürchte, ich platze gleich.“ Ihre Wangen färbten sich tiefrot bei dem Geständnis.

„Das weiß ich, ich sehe es dir an, deshalb macht es mir ja auch solchen Spaß. Ich beherrsche dich, bestimme über deine Lust und halte dich auf Spannung.“ Er rieb erneut über ihre Brust, was sie aufstöhnen ließ. „Glaub mir, die Erlösung schmeckt umso süßer, je länger du dich zurückhalten musst.“

Kate drückte sich verlangend an seine Handfläche, bat ihn mit ihrem Blick, sie doch endlich zu nehmen, aber sie wusste genau, dass sie sich eine derartige Bitte gleich sparen konnte. Abgesehen davon, dass sie die Worte im Moment nicht über die Lippen bekam. „Du bist gemein“, flüsterte sie heiser.

„Ja, das weiß ich.“ Jetzt ließ er seine Hand auch noch unter ihren Pulli rutschen, schob den BH zur Seite, um ihre Brust zu kneten. „Du fühlst dich fantastisch an.“ Er ging dazu über, ihre Brustwarze zu zwirbeln, drückte sie fest zusammen, nur um sofort wieder darüber zu streicheln.

Leise stöhnend schloss sie die Augen, diesem Mix aus leichtem Schmerz und Lust hatte sie nichts entgegenzusetzen.

Viel zu schnell stoppte er, zog ihren BH zurecht, bevor er sie liebevoll in seine Arme nahm. „Keine Sorge, ich treibe es nicht zu weit. Immerhin hast du morgen noch einen langen Arbeitstag vor dir.“ Jetzt klang seine Stimme verständnisvoll, wobei sie ihm am liebsten eine Beleidigung ins Gesicht geschleudert hätte.

Ihr war es egal, ob sie sich am kommenden Tag müde oder erschöpft fühlte, sie wollte ihn spüren, mehr von dieser Welt aus Lust und Pein erleben. Fast wäre sie aufgesprungen, um wie ein trotziges Kind mit dem Fuß aufzustampfen, aber das kam ihr dann doch zu kindisch vor. Enttäuscht sah sie ihn an. „Ich reiche dir also nicht?“ Natürlich handelte es sich um einen geschickten Versuch, an ihre Erlösung zu kommen.

Leider durchschaute er sie augenblicklich, sodass er in lautes Lachen ausbrach. „Du weißt genau, wie sehr ich dich will, kleine Wildkatze.“ Amüsiert betrachtete er sie. „Du musst an deiner Mimik noch arbeiten, ich sehe deutlich, dass du nur ein einziges Ziel hast. Selbstzweifel lassen diesen gierigen Blick verschwinden.“

Kate fluchte leise, damit, dass er sofort hinter ihre Finte kam, hatte sie nicht gerechnet. Im Gegenteil, sie hatte es für einen geschickten Schachzug gehalten.

„Du solltest mir niemals Zweifel vorspielen, es könnte sein, dass ich dich irgendwann nicht mehr ernst nehme“, bemerkte Jeremy jetzt ruhig. „Ich verstehe, warum du versucht hast, mich aus der Reserve zu locken, nur hast du dir somit einen heißen Po redlich verdient.“

Obwohl er keineswegs verärgert klang, schämte sie sich enorm. Sie gab ihm recht, ihr Verhalten war unterstes Niveau. Nie hätte sie auf diese Weise versuchen sollen, ihr Ziel zu erreichen, das war mies. Ihre Lust flaute sofort ab, gleichzeitig kam das schlechte Gewissen mit Gewalt hoch. „Es tut mir leid, ich habe spontan gehandelt, ohne nachzudenken“, brachte sie kleinlaut hervor. Sicher war das nur eine billige Entschuldigung, aber es entsprach der Wahrheit, dass sie kaum noch klar denken konnte. Unsicher suchte sie seinen Blick. „Bist du böse auf mich?“

Augenblicklich schüttelte er den Kopf. „Nein, ganz im Gegenteil. Du hast uns eine Möglichkeit geliefert, einen sehr anregenden Abend zu verbringen.“ Zärtlich strich er ihr über die Wange. „Ich erkenne an, dass du in der Situation nicht wirklich nachdenken kannst, vor allem weil so etwas neu für dich ist.“

Seine Antwort erleichterte sie ein wenig, trotzdem nagte der Fehler an ihr. Noch nie hatte sie ihre Selbstzweifel eingesetzt, um zu bekommen, was sie wollte. Gut, die Zweifel hielten sich auch in Grenzen, es sei denn, es ging um Jeremy. „Ich habe dich jetzt doch enttäuscht“, murmelte sie. Die Erkenntnis tat ihr mehr weh, als Schläge es könnten.

„Das ist falsch, ich habe durchaus damit gerechnet, dass du versuchst, dich aus der Situation zu befreien. Das ist menschlich.“ Lächelnd drückte er sich an sie. „Du wirst lernen, deine Lust zu ertragen.“

Halb entsetzt, halb erfreut stimmte sie ihm zu, zumal das hieß, dass er sie trotzdem wollte. Andererseits hatte er mit seiner Aussage angedeutet, dass sie öfter dermaßen unter Strom stehen würde.

„Lass es auf dich zukommen. Ich verspreche dir, dass ich auf dich aufpasse.“

Sie kuschelten noch eine Weile, bis Jeremy erneut darauf bestand, dass er sie nach Hause brachte, was Kate dieses Mal dankbar annahm. Die Vorstellung, ihn jetzt schon zu verlassen, machte sie einfach nur traurig. Im Stillen verfluchte sie sich, dass sie sein Angebot, bei ihm zu übernachten, nicht angenommen hatte. Sie sollte wirklich schnell lernen, besser nachzudenken.

Nach einer fast schlaflosen Nacht, in der sie abwechselnd das schlechte Gewissen und die Lust geplagt hatten, kam Kate unausgeschlafen ins Büro.

Kim erwartete sie schon, dabei zappelte sie vor Aufregung. „Rate mal, was meine Freunde gestern herausgefunden haben." Ihre Augen blitzten wie bei einem Raubvogel, der seine Beute entdeckt hatte.

„Bitte, ich bin nicht in Stimmung für Ratespiele." Kate winkte ab, als sie sich auf ihren Stuhl plumpsen ließ.

Sofort war ihre Freundin ruhig, stattdessen musterte sie sie besorgt. „Habt ihr gestritten?"

„Nein, ich habe mich ziemlich unfair verhalten." Am liebsten hätte sie das Gespräch auf den Sankt-Nimmerleins-Tag verschoben, nur kam ihr das falsch vor. Kim war immer für sie da, sie teilten ihre Geheimnisse und ertrugen ebenso die Launen der anderen. Kurz erzählte sie, was passiert war, woraufhin ihre Vertraute glücklich in die Hände klatschte.

„Das klingt himmlisch. Er schafft es tatsächlich, dich nicht nur zu beherrschen, sondern auch so zu erregen, dass du den Kopf verlierst. Ich beneide dich."

Kate zeigte ihr einen Vogel. „Du spinnst völlig. Ich habe mich extrem unfair benommen, indem ich ihm vorspielte, ich wäre verunsichert von seinem Spielchen. Wie soll er mir danach noch vertrauen?" Seufzend zog sie ihre Papiere zu sich. „Du wolltest mir erzählen, was deine Späher herausfinden konnten." Es war besser, sich auf die Arbeit zu konzentrieren, sonst würde sie nur wieder in Selbstvorwürfen versinken.

„Glaub mir, er liebt dich. Das sieht ein Blinder, außerdem ist er offensichtlich ein erfahrener Dom. Er kann dein Verhalten richtig einschätzen. Auf keinen Fall wird er denken, dass du ihn ständig belügst", versuchte Kim sie zu trösten, doch sie schüttelte nur leicht den Kopf. „Gut, du wirst ja sehen, was passiert. Gestern Abend ist Michael zu Rita gefahren. Sie haben lauthals gestritten, dabei ging es darum, dass sie den verdammten Einbruch nicht eigenhändig durchgeführt hat.“ Triumphierend strahlte der Rabe sie an.

„Das passt perfekt. Jetzt müssen wir nur noch schlüssige Beweise finden.“ Kate rieb sich die Hände. Genau das hatte sie gebraucht, um sich abzulenken. „Jeremy hat angedeutet, dass ein sehr unhöflicher Kerl die Aussage verweigert hat. Das ist bestimmt Michael gewesen, denn Matt hat selbst uns gegenüber damit geprahlt, dass er die ganze Nacht mit einer Nutte zugange war.“

Kim legte den Kopf schief, während sie nachdachte, was Kate wieder einmal vor Augen führte, dass sie es mit einem Raben zu tun hatte. Die Geste war so eindeutig, dass es sogar den Normalen auffallen müsste, doch die meisten übersahen das Offensichtliche.

„Wir gehen Michael auf die Nerven, sodass er sich verrät.“ Kim klopfte sich mit dem Kuli, mit dem sie herumspielte, auf die Lippen. „Es ist die einzige Möglichkeit, außer du willst Jeremy jetzt schon alles über uns erzählen. Er hat andere Methoden, um einen Täter zu überführen.“

Kate seufzte leise. „Nein, das ist viel zu früh. Ich würde ihm gerne den entscheidenden Tipp geben, nur weiß ich nicht wie. Außerdem hat er bereits angedeutet, dass er nur ungern mit mir über das Thema redet. Er darf mir keine Informationen zuspielen.“

„Meine Freunde halten jedenfalls weiterhin die Ohren und Augen offen. Vielleicht haben wir Glück und sie schnappen etwas auf, das uns weiterhilft.“ Kim war eine Frohnatur, die fast nichts aus der Bahn werfen konnte.

„Das hoffe ich. Leichter wäre es, wenn wir den Bericht der Spurensicherung bekommen. Eventuell haben die was gefunden, womit wir sie auf Michael lenken können. Ich werde auf jeden Fall mit Jeremy reden, wer weiß, was er mir anvertraut." Als sie an ihren Freund dachte, fiel ihr auch ein, dass er eine Tabuliste von ihr erwartete. Eilig holte sie ihr Smartphone heraus, rief WhatsApp auf und begann zu tippen. Diese Liste stellte keine Herausforderung für sie dar, zumal sie sich damit schon intensiv befasst hatte.

Kim war in ihre Unterlagen vertieft, doch nach einer Weile verabschiedete sie sich, um noch mal auf Spurensuche zu gehen.

Kate betrachtete ihre Tabus, überlegte, ob sie nichts vergessen hatte, dabei überprüfte sie auch die Praktiken, die für sie grenzwertig waren. Beherzt schickte sie die Nachricht ab. Nur wenige Momente später klingelte ihr Smartphone.

Kapitel 10 - Vorbereitungen

„Ja, bitte?“ Sie unterdrückte ein Schmunzeln, da sie seine Nummer natürlich erkannt hatte.

„Auch ja bitte.“ Jeremy lachte verliebt. „Ich möchte, dass du heute Abend vorbeikommst, damit wir deine Liste besprechen können.“ Ihm war bewusst, dass sie den Freitagabend eigentlich ausgespart hatten, trotzdem missfiel ihm der Gedanke, dass er bis Samstagabend warten sollte. Die Ausrede, dass sie am nächsten Tag arbeiten musste, fiel jedenfalls aus.

„Vielleicht stimmst du mir zu, dass wir uns besser ausreichend Freiraum zugestehen, oder?“ Kate seufzte leise. „Ich genieße die Zeit mit dir, nicht, dass du etwas anderes denkst, aber ich habe Angst, dass wir uns zu sehr aneinanderklammern.“ Eine passendere Erklärung kam ihr partout nicht in den Sinn, zumal sie ja plante, am Abend in ihrer Katzengestalt seine Reaktion zu testen. Egal, was passierte, sie würde Gerrys Aussage selbst überprüfen, um die nagenden Zweifel loszuwerden.

„Rede dir bitte keinen Müll ein. Hast du das Bedürfnis, mehr Freiheit zu bekommen?“ Jetzt hielt er den Atem an, denn auf eine Beziehung, in der man sich nur sporadisch sah, hatte er überhaupt keine Lust. Klar brauchte jeder seinen Freiraum, um auch mal was mit anderen zu unternehmen oder Dinge zu tun, die dem Partner keinen Spaß machten. Trotzdem wollte er sie so oft wie möglich bei sich haben.

„Nein, das ist es nicht. Im Gegenteil, ich fühle mich nur unsicher“, gab sie leise zu. Es kam keinesfalls infrage, ihm erneut etwas vorzumachen. „Wenn du das wirklich willst, komme ich so gegen acht zu dir. Ein wenig Zeit brauche ich, um zu Hause aufzuräumen.“ Das war keineswegs eine Lüge, obwohl sie plante, einige Momente für einen kurzen Besuch abzuzweigen. Es mussten ja nur ein paar Minuten sein. Sie wollte ihn abfangen, sobald er von der Arbeit kam, mit ihm schmusen, um sicher zu sein, dass die Allergie nicht anschlug, und wieder verschwinden. Natürlich traute sie Gerrys Urteil, trotzdem brauchte sie die Bestätigung für sich.

„Das ist völlig in Ordnung, aber wie wäre es, wenn du direkt deine Sachen mitbringst, damit du bei mir übernachten kannst?“

Seine Stimme klang jetzt verlockend, sodass sie seufzend zustimmte. „Gut, allerdings gehe ich am Samstag in meine Wohnung, um mich für den Tanzabend herzurichten.“ Kurz dachte sie nach, bis ihr einfiel, dass sie ihm ja gesagt hatte, dass sie eine Katze besitzen würde. „Ich muss auch Blacky füttern.“ Ein anderer Name fiel ihr einfach auf die Schnelle nicht ein.

„Kein Problem, ich freue mich auf dich, meine Kleine.“ Mit den Worten beendete er das Gespräch, da die Arbeit auf ihn wartete.

Jeremy ging erneut den Bericht der Spurensicherung durch, dabei überlegte er, wer Handschuhe aus Latex besaß. Das Stückchen Gummi, das sie gefunden hatten, deuteten auf die Art hin, die Fetischisten bevorzugten, zumal sie hellblau waren. Einen kompletten Anzug oder eine Maske schloss er aus, da man auf der Aufnahme der Kamera deutlich erkannte, dass der Kerl eine Haube wie ein Motorradfahrer trug. Er musste sich ausgekannt haben, weil er die Kameras innerhalb kürzester Zeit mit Farbe besprüht hatte, ohne sie offensichtlich zuerst suchen zu müssen. Von der Größe und der Figur her könnte es durchaus Michael gewesen sein, nur waren die Beweise extrem dürftig. Vielleicht sollte er sich Rita noch einmal vornehmen, wenn es sich bei ihr um die Anstifterin handelte, würde sie bestimmt mit dem Namen herausrücken. Das war die beste Spur, die sie bisher vorzuweisen hatten. Lächelnd dachte er daran, mit Kate über seine Erkenntnisse zu sprechen, doch die Idee verbot er sich sofort wieder. Auf keinen Fall durfte er sich strafbar machen und Ermittlungsergebnisse an eine Zivilperson herausgeben. Seufzend rief er nach Steven, um mit ihm das weitere Vorgehen zu besprechen. Natürlich plante er eine erneute Befragung von Rita ein. Eine Aufgabe, die er gerne an jemand anderen delegiert hätte.

~~°~~

Kate verwandelte sich, ehe sie sich auch auf den Weg machte, um nach neuen Spuren zu suchen. Vielleicht fiel ihr etwas in der Tankstelle oder in der Nähe von Michaels Wohnung auf. Ihre tierischen Sinne boten ihr so manche Vorteile, außerdem achtete niemand besonders auf eine kleine schwarze Katze.

Geschmeidig schlüpfte sie durch die Katzenklappe nach draußen, um eilig zum Tatort zu laufen. Mittlerweile herrschte hier wieder reger Betrieb, was ihr ein ausgiebiges Durchstöbern unmöglich machte, darüber hinaus war es unwahrscheinlich, dass sie irgendetwas riechen konnte. Trotzdem schlich sie sich in den Laden, als einer der Kunden herauskam. Vorsichtig lief sie durch die Gänge, dabei achtete sie darauf, niemandem zu begegnen. Einmal huschte sie sogar zwischen die Schnapsflaschen im Regal, wo ihr ein leichter Duft nach Gummi auffiel. Aufmerksam blickte sie sich um, bis sie einen ganz winzigen hellblauen Gummifetzen an einem herausstehenden Nagel erkannte. Ein menschliches Auge hätte ihn wahrscheinlich nicht wahrgenommen.

Kate schnupperte erneut, anschließend machte sie sich auf den Weg zum Wohnhaus von Michael. Sie war sich sicher, dass sie hier einen ähnlichen Geruch aufschnappen konnte. Eventuell stand ein Fenster offen und sie bekam die Gelegenheit, sich in seiner Wohnung umzusehen, zumal sie wusste, dass er arbeiten musste.

Eilig rannte sie durch die Straßen, nutzte Abkürzungen über Dächer und Gärten, bis sie an dem etwas heruntergekommenen Cottage angekommen war. Es vereinfachte ihre Suche, dass der Mann in Portumna wohnte, sonst hätte sie zu seinem Wohnort fahren müssen, um sich dort zu verwandeln.

Eine Zeit lang hielt sie sich im Vorgarten auf, umrundete das Haus ein paar Mal, bis sie ein offen stehendes Fenster bemerkte. Kurz setzte sie sich ins Gras, spitzte die Ohren, doch offensichtlich war niemand drinnen. Leider entzog es sich ihrer Kenntnis, ob der Kerl mit jemandem zusammenwohnte. Andererseits würde sie im schlimmsten Fall aus dem Gebäude geworfen werden, zumindest hoffte sie es.

Mit einem Satz sprang sie auf das Fensterbrett, horchte noch einmal, ehe sie sich in das Zimmer gleiten ließ. Sofort fiel ihr der Geruch nach Latex auf, der ihr in die Nase stieg. Wenn das keine brauchbare Spur war. Zu gerne hätte sie sich jetzt verwandelt, um den Kleiderschrank zu öffnen, da sie im Schlafzimmer gelandet war, doch das unterließ sie besser. Keinesfalls wollte sie irgendwem erklären, weshalb sie sich nackt in der Wohnung von Michael aufhielt. Warum sie die

Kleidung ablegen musste, um ihr inneres Tier frei lassen zu können, wusste niemand.

Langsam erkundete sie den Raum, lehnte sich gegen die Zimmertür, die aufschwang, sodass sie in den Flur kam. Hier folgte sie ihrer Nase, denn der Gummigeruch wurde stärker.

Im Badezimmer hingen über der Badewanne hellblaue Latexhandschuhe, bei denen am Rand ein Stück herausgerissen war, direkt neben einem ebensolchen Dienstmädchenkleid. Kate hätte am liebsten gejubelt, jetzt konnte sie Jeremy den entscheidenden Tipp geben. Außerdem war sie in der Lage, Chris eine Geschichte zu erzählen, die Michael als Einbrecher entlarvte. Wie sie ihre Entdeckung erklären wollte, musste sie mit Kim absprechen. Darüber hinaus gab es ja zusätzlich die Verbindung zu Rita. Wobei die, genau genommen, nicht zu ihrer Aufgabe gehörte. Eilig verließ sie die Wohnung, um sich auf den Weg ins Büro zu machen. Immerhin war sie einen großen Schritt vorangekommen, denn hier in der Gegend gab es wohl kaum weitere Latexfans mit solch auffälligen Kleidungsstücken. Trotzdem würden sie ein paar Erkundigungen einziehen, bestimmt kannte man den Kerl in der Szene.

In ihrer Detektei verwandelte sie sich wieder in einen Menschen, ehe sie Kim ihre Entdeckungen mitteilte.

Die Freundin war auch bereits zurück, um ihre Erkenntnisse zu überdenken. „Das ist toll! Jetzt müssen wir nur noch beweisen, dass niemand in der Gegend solche hellblauen Handschuhe besitzt. Ziemlich dämlich, ausgerechnet sowas für einen Einbruch zu nutzen.“ Sie rieb sich die Hände, zumal für sie der Fall ja aufgeklärt war.

Kate nickte lächelnd.

„Stimmt, für uns ist der Sachverhalt klar, weil wir die Aussage deiner Freunde gehört haben. Wir sollten uns schon einmal auf eine Erklärung einigen, wie wir an die Erkenntnisse gekommen sind. Außerdem müssen wir uns eine Ausrede einfallen lassen, weshalb wir wissen, dass Michael hellblaue Latexhandschuhe besitzt." Das war immer der Knackpunkt: Sie mussten eine plausible Geschichte erfinden, die niemand anfechten würde.

„Ich frage gleich mal eine Bekannte, die auch auf solche Latexfeten geht. Vielleicht kennt sie den Kerl ja." Kim setzte sich an ihren Schreibtisch, um sich mit Feuereifer auf die Arbeit zu stürzen. Sie liebte es, die nötigen Details zu beschaffen, damit sie ihre Story ihrem Auftraggeber verkaufen konnten.

„Macht es dir etwas aus, wenn ich heute früher Schluss mache? Ich möchte später noch zu Jeremy. Ich muss unbedingt wissen, ob ich die Allergie wirklich nicht auslöse. Außerdem ist es dringend notwendig, mal zu putzen." Kate sah ihre Kollegin mit einem bittenden Blick an.

Kim winkte sofort ab. „Nein, verschwinde schon. Ich verstehe zwar nicht, weshalb du Gerry misstraust, aber du wirst deine Gründe haben."

„Ich misstraue ihm nicht, nur kann er sich ja auch irren. Vielleicht bin ich die berühmte Ausnahme." Verlegen zuckte sie mit den Schultern. „Ich bin weg, schließ bitte ab." Selbstverständlich besaß Kim einen Schlüssel, sodass sie sich beruhigt auf den Weg machen konnte. Der Auftrag war so gut wie abgeschlossen und sie durfte sich jetzt auf ihr Privatleben konzentrieren.

In ihrem Cottage angekommen räumte sie zuerst auf, putzte durch, weil sie irgendwie die Zeit totschlagen musste, darüber hinaus wurde es langsam nötig für Sauberkeit zu sorgen.

Jeremy hatte erst um sechs Uhr Feierabend, wenn er dieses Mal wirklich pünktlich die Wache verließ. Eilig packte sie noch einige Sachen zusammen, die sie für eine Übernachtung brauchte, dabei achtete sie darauf, dass keine Katzenhaare auf der Kleidung waren.

Endlich war es spät genug, um ihm einen Besuch abzustatten, daher verwandelte sie sich, huschte durch die Katzenklappe und bezog an einem Platz Stellung, von dem aus sie ihn auf jeden Fall sah. Nach ein paar Minuten parkte er tatsächlich und sie schoss direkt auf ihn zu.

Jeremy war in Gedanken bei dem Einbruch, der sich kompliziert zeigte. Natürlich gab es jederzeit die Möglichkeit, eine Hausdurchsuchung zu beantragen, aber er scheute davor zurück, diesen Michael zu verdächtigen, nur weil er keine Aussage machen wollte. Andererseits war es die beste Spur, die sie aufweisen konnten. Er würde in einem bekannten SM-Club nach einer Person mit hellblauen Latexhandschuhen fragen, wobei er wenig Hoffnung hatte, dass die Betreiber sich an jeden Gast erinnerten.

Gerade als er sein Gartentor aufschob, kam eine schwarze Katze mit weißem Latz auf ihn zugeschossen. Ehe er in der Lage war, etwas zu tun, rieb sie sich auch schon an seinen Beinen, dabei hörte er ihr Schnurren deutlich. Entsetzt versuchte er, sie mit dem Fuß von sich zu schieben, aber sie umtänzelte ihn geschickt. „Verdammt." Er fluchte leise, gleichzeitig wunderte er sich über die Anhänglichkeit des Tieres. Ob es vielleicht am Verhungern war oder krank? Nein, dazu war sie zu gut genährt, zumindest in seinen Augen. Wieder schob er sie vorsichtig zur Seite, um ins Haus zu kommen, doch in dem Augenblick krallte sie sich in seinen Unterschenkel. Zum Glück trug er die Uniform, sodass sie ihn nicht ernsthaft verletzte, trotzdem musste er sie anfassen, um sie loszuwerden. Das bedeutete, dass er in den nächsten Minuten kaum Luft bekommen würde. Mit angehaltenem Atem beugte er sich runter, packte sie am Nackenfell und bemerkte, dass die befürchteten Symptome ausblieben. Normalerweise würde seine Nase jetzt anfangen zu kribbeln, außerdem tränten seine Augen immer sofort. Irritiert nahm er sie auf den Arm, streichelte sie sogar, woraufhin das Schnurren lauter wurde. „Was für ein seltsames Tierchen bist du denn?" Das Tier sah ihn auf eine Art an, dass er fast eine Antwort erwartete. Noch einmal strich er über das seidige Fell, dabei fiel ihm ein, dass sie ihn bereits vor zwei Tagen so aufdringlich begrüßt hatte. „Hat dein Besitzer dich etwa hier zurückgelassen?" Die Vorstellung gefiel ihm überhaupt nicht, obwohl er allergisch reagierte, war er ein Tierfreund.

Vorsichtig setzte er das Kätzchen auf den Boden, schloss die Tür auf, doch ehe er sie wieder hochheben konnte, war sie schon davongerannt. Lächelnd blickte er ihr nach, anschließend klopfte er sich die Katzenhaare von der Uniform. So etwas war ihm auch noch nicht passiert, aber es passte zu den seltsamen Geschehnissen.

Ein Blick auf die Uhr sagte ihm, dass ihm noch Zeit übrig blieb, deshalb beschloss er, joggen zu gehen. Den ganzen Tag hatte er fast nur auf der Wache herumgesessen, weshalb er die Bewegung brauchte. Eilig zog er sich um, ehe er sich auf den Weg zum Shannon machte.

Die Gegend war wunderschön, besonders an einem sonnigen Tag wie heute. Jetzt am Abend glitzerte die Sonne auf dem Wasser, wobei die Temperaturen genau richtig zum Laufen waren. In gemäßigtem Tempo lief er am Ufer entlang, dabei dachte er über diese seltsame Katze nach. Verschwand eine Allergie einfach so? Vielleicht sollte er es ausprobieren. Unschlüssig, ob er sich wirklich den Symptomen aussetzen wollte, suchte er nach einer logischen Erklärung, als er plötzlich ein lautes Platschen hörte. Sofort drehte er sich zum Fluss, immerhin könnte es möglich sein, dass jemand ins Wasser gefallen war. Im gleichen Augenblick blieb er wie angewurzelt stehen, weil ihn eine junge Frau mit grünen Iriden entsetzt anblickte. Sie bewegte sich dicht an der Wasseroberfläche. Sekunden lang starrten sie sich nur an, ehe sie eilig untertauchte, dabei erkannte er deutlich eine Schwanzflosse, die wie die eines Delfins aussah, bevor sie endgültig verschwand.

Verwirrt rieb Jeremy sich über die Augen. Wurde er völlig irre? Träumte er oder spielten seine Sinne ihm einen Streich? Erst diese Katze, dann eine Nixe? Sofort weigerte er sich, an ein magisches Wesen zu glauben. Es gab bestimmt eine andere Erklärung. Eindringlich beobachtete er den Fluss, vielleicht handelte es sich ja um ein Kostüm, um ein verdammt realistisches, fügte er in Gedanken hinzu. In dem Fall müsste er die Frau jetzt wieder sehen, aber hier war absolut niemand. Leise fluchte er, so überarbeitet fühlte er sich doch gar nicht.

~~°~~

Kate hätte vor Glück jubeln können: Gerry hatte recht behalten! In ihrer Beziehung zu Jeremy gab es keine unüberwindlichen Hindernisse. Außerdem konnte sie in absehbarer Zeit Chris helfen. Das Leben war wunderbar.

Eilig rannte sie nach Hause, wo sie sich verwandelte, anschließend stellte sie sich unter die Dusche, um sich für ihren Besuch bei ihrem Freund fertigzumachen.

Pünktlich um acht drückte sie auf die Klingel und stand kurz darauf einem Jeremy gegenüber, der ihr ziemlich verwirrt vorkam. „Hey, komme ich ungelegen? Ich kann auch wieder ...“, weiter kam sie nicht, da er sie in den Flur zog, um sie leidenschaftlich zu küssen.

„Es ist gut, dass du da bist“, bemerkte er, als er von ihr abließ. „Ich brauche dringend eine Ablenkung von dem Fall, der raubt mir den letzten Nerv.“ Die Erklärung hatte er sich irgendwie zusammengeschustert, obwohl er selbst nicht wirklich daran glaubte.

„So schlimm?“ Mitfühlend strich sie ihm über den Arm. „Vielleicht habe ich etwas für dich. Nur müssen wir uns darüber unterhalten, was mit meiner Rechnung passiert, wenn ich der Garda helfe.“ Sie musterte ihn neckend.

„Es ist deine Bürgerpflicht.“ Jeremy schmunzelte, es tat verdammt gut, sich einfach mit ihr zu kabbeln und die seltsamen Vorkommnisse für den Moment zu vergessen. Er hatte sich fest vorgenommen, einen Arzt aufzusuchen, sobald der Fall abgeschlossen war. So konnte es jedenfalls nicht weitergehen. Natürlich hatte er sich die Katze eingebildet, denn auf dem Nachhauseweg vom Joggen zeigte ihm ein anderes Tier, dass die Allergie keineswegs verschwunden war. Andererseits gab es die Kratzer auf seinen Beinen ...

„Ich muss irgendwie meine Rechnungen bezahlen. Solltet ihr so tun, als ob ihr den Einbrecher alleine gefangen habt, wird Chris sich weigern mir auch nur einen Cent zu zahlen“, hielt sie dagegen, gleichzeitig musterte sie ihn eindringlich. Irgendetwas war ihm über die Leber gelaufen. „Was ist geschehen? Du siehst schrecklich aus.“

Seufzend schob er sie ein kleines Stückchen von sich.

„Ich erzähle es dir, aber vorher räumst du deine Sachen ins Schlafzimmer.“ Mit einem Kopfnicken schickte er sie los.

Kate gehorchte, zumal sie eine Ahnung hatte, was genau ihn aus der Bahn geworfen hatte. Wahrscheinlich war es ihr Auftritt als Katze gewesen.

„Heute sind mir gleich zwei seltsame Dinge passiert“, begann er, als sie an ihn gekuschelt auf dem Sofa saß. „Zuerst kam da das schwarze Kätzchen, das sich schon letztens so anhänglich benommen hat. Dieses Mal ist sie mir sogar am Bein hochgeklettert.“ Er zog sein Hosenbein hoch, wo man noch die Kratzspuren sah. „Im ersten Moment dachte ich, dass mir jetzt die ganze Bandbreite der verdammten Allergie blüht, doch ich musste nicht mal niesen.“

Sanft strich sie mit den Fingerspitzen über seinen Arm. „Vielleicht bist du gar nicht mehr allergisch. Ich hab davon gehört, dass so was auch verschwinden kann.“

Jeremy seufzte. „Ja, das weiß ich, nur als ich später versuchte, eine andere Katze zu streicheln und tränten mir die Augen sofort. Meine Nase war bis eben noch verstopft. Ich würde mir gerne einreden, dass ich mir das Tier nur eingebildet habe, doch die Kratzer zeigen deutlich das Gegenteil.“

Kate überlegte einen Augenblick, damit, dass er seinen Verstand anzweifelte, hatte sie nicht gerechnet. So ein Mist, jetzt musste sie ihn irgendwie beruhigen. „Ich kenne mich kaum mit solchen Dingen aus, aber es sind ja weniger die Haare, die die Allergie auslösen. Das andere Kätzchen hat sich eventuell kurz vorher geputzt, sodass du direkt mit dem Speichel in Berührung gekommen bist.“

Jeremy blickte sie nachdenklich an, ehe er vorsichtig den Kopf schüttelte. „Das ist sehr unwahrscheinlich.“ Er schluckte leicht, zumal er sich vorgenommen hatte, ihr auch von seiner zweiten Erscheinung zu erzählen, egal, ob sie ihn dann für völlig durchgeknallt hielt. „Später habe ich mir eingebildet, eine Nixe im Fluss zu sehen." Er lachte leise, weil es sich jetzt total verrückt anhörte.

Fast hätte sich Kate an ihrem Tee verschluckt, da sie Celina und ihre Tochter Rubina gut kannte. Wahrscheinlich war die Kleine mal wieder unvorsichtig gewesen. „Sicher, dass du nicht eventuell überarbeitet bist? Andererseits erzählt man sich die verschiedensten Geschichten vom Shannon, genauso vom Lough Dergh. Ständig berichten irgendwelche Leute von Seeungeheuern, die sie gesichtet haben wollen." Sie zuckte leicht mit den Schultern. „Wer weiß, vielleicht war es nur ein großer Fisch."

Daran würde Jeremy zu gerne glauben, nur weshalb hatte er den Eindruck gehabt, dass eine Frau ihn ansah? „Es ist toll, dass du zu mir hältst, obwohl ich so eine wilde Story erzähle. Jede andere würde mir einen Vogel zeigen, ehe sie mich in den Wind schießt." Aufatmend, dass sie gelassen blieb, zog er sie an sich.

„Klar, ich lebe ja auch schon länger hier. Außerdem bin ich abergläubisch." Sie lehnte sich an ihn, unterdrückte ihr schlechtes Gewissen, weil sie ihm jetzt eigentlich von der paranormalen Gesellschaft beichten müsste, und lächelte ihn verführerisch an. „Du wolltest dich mit mir über meine Liste unterhalten", erinnerte sie ihn. Das war das erste Thema, das ihr einfiel.

Kapitel 11 - Beherrschung

Jeremy atmete erleichtert auf, ehe er auf ihre Aufforderung einging. Es war auf jeden Fall besser, sich mit ihren Neigungen auseinanderzusetzen, als mit seinen Hirngespinsten. Mit einem Schmunzeln nahm er sein Smartphone vom Tisch, ehe er ihre Nachricht aufrief. „Im Großen und Ganzen stimme ich mit dir überein", begann er.

Kate entspannte sich, sie hatte befürchtet, dass er einige Tabus mit ihr ausprobieren wollte oder sie ihm zu unerfahren war.

„Der Punkt Verleih ...", bemerkte er, woraufhin sie sich verspannte.

Für sie war das absolut unmöglich, auf gar keinen Fall ließ sie zu, dass er sie an einen anderen Mann oder an eine andere Frau abgab. Allein der Gedanke schüttelte sie. Aufmerksam musterte sie ihn, würde er darauf bestehen?

„Da stimme ich dir völlig zu." Ein sadistisches Schmunzeln schlich sich auf sein Gesicht, da er ihre Anspannung spürte. „Ich werde niemals zulassen, dass jemand Hand an dich legt, wenn ich nicht bei dir bin. Wie sieht es mit einer Session zu dritt aus?" Offen begegnete er ihrem Blick, für ihn war jede Antwort in Ordnung, wobei es schon reizvoll sein konnte, einen Freund hinzuzuziehen.

Vorsichtig zuckte sie mit den Schultern. „Da ich keine Ahnung habe, ob ich überhaupt für so ein Spiel geeignet bin, lehne ich es aktuell ab. Auf gar keinen Fall möchte ich mich vor Fremdem blamieren, mir reicht es, dass ich dich unter Umständen enttäusche."

Bei der Aussage packte Jeremy ihr Kinn, sodass sie ihm kaum noch ausweichen konnte. „Hör mir bitte genau zu! Du kannst mich niemals enttäuschen, nur weil du eine Vorliebe nicht teilst. Ich mag dich so, wie du bist. Verstanden?" Als sie nachdenklich nickte, küsste er sie auf die Nasenspitze. „Ich beweise es dir", versprach er leise.

Kate lehnte sich erneut an ihn, sie fühlte sich nervös, obwohl es keinen Grund gab. Das, was er gestern mit ihr gemacht hatte, fand sie enorm anregend. Gut, es war nur ein ganz kleiner Einblick, der ihr noch nicht zeigte, ob sie echten Lustschmerz genießen konnte. Es war etwas anderes, ob er ihre Brustwarze zusammendrückte oder sie mit einem Bambusstock schlug.

„Kommen wir zu dem nächsten Punkt, Rohrstock." Er lächelte süffisant. „Du schreibst, du möchtest die verschiedenen Schlaginstrumente ausprobieren, bist aber besonders beim Stock unsicher."

Sie nickte nachdrücklich. „Ich habe ein paar Bilder im Forum gesehen, die sahen gefährlich aus. Verprügelt zu werden, bis man fast schwarze Hämatome hat, stelle ich mir gruselig vor." Wieder kamen Zweifel in ihr hoch.

„Es gibt Subs, die darauf stehen, dann ist es in Ordnung. Wobei ich kaum glaube, dass der Dom sie tatsächlich sinnlos geprügelt hat. Darüber hinaus bekommen manche Menschen schneller blaue Flecken als andere." Er legte einen Arm um ihre Schultern, um ihr das Gefühl zu geben, beschützt zu werden. „Du bist Anfängerin, da haue ich ganz bestimmt nicht einfach drauf. Wir fangen vorsichtig an, das verspreche ich dir. Solltest du etwas überhaupt nicht ertragen, setzt du es eben auf die Tabuliste."

Dankbar sah sie ihn an. Natürlich kämpfte sie weiterhin gegen ihre Unsicherheit, aber jetzt wusste sie, dass es in Ordnung war, wenn sie eine Praktik ablehnte. „Was ist mit dir? Gibt es Tabus, die ich vergessen habe? Steht auf meiner Liste eine Sache, die du liebst?"

Sofort schüttelte er den Kopf. „Nein, die NoGos gelten auch für mich, ich würde unter Umständen Strom einsetzen, falls du es willst, genau wie Nadeln. Es ist allerdings kein Muss für mich oder etwas, was mich ganz besonders kickt. Um ehrlich zu sein, finde ich eine Session mit Kanülen langweilig." Er schmunzelte über ihren verdutzten Blick.

„Echt jetzt? Tut das nicht fürchterlich weh? Ich stelle es mir jedenfalls total schmerzhaft vor."

„Es kommt wie immer darauf an, meine Kleine. Natürlich kann ich dicke Kanülen nehmen und sie gefühllos in Körperteile rammen, die schmerzen. Nur ist das kaum meine Art. Wenn man verantwortungsvoll mit seinem Partner umgeht, spürst du lediglich einen leichten Pikser. Mir ist sogar mal eine Sub dabei eingeschlafen." Er lachte bei der Erinnerung.

Ungläubig starrte sie ihn an. „Du nimmst mich auf den Arm, oder?"

„Gerade bei dem Thema würde ich nie lügen." Ernst sah er ihr in die Augen. „Beim Blutabnehmen merkst du ja auch oft nur einen kurzen Stich, richtig?"

Jetzt hätte sie fast mit den Schultern gezuckt, denn das hatte sie noch nie erlebt. Als magisches Wesen konnte sie kaum zu einem normalen Arzt gehen, darüber hinaus besaß sie enorme Selbstheilungskräfte, wie alle Gestaltwandler. „Du hast recht."

„Wie gesagt, mir gibt es nichts. Cutting ist etwas für Fortgeschrittene, daher verstehe ich das Tabu sehr gut. Allerdings hat es was“, gab er leise zu.

„Aber es bleiben Narben, außerdem kann ich mir schlecht vorstellen, dass es auch nur wenig schmerzt.“ Trotzig rückte sie von ihm ab und verschränkte die Arme vor der Brust. Irgendwie kam sie sich ziemlich unwissend vor, was ihre Unsicherheit verstärkte.

„Das Skalpell muss scharf sein, dann spürst du kaum was. Doch du hast recht, es können Narben entstehen. Dazu kommt, dass der Anblick von Blut für einige eine Herausforderung darstellt. Für mich als Dom ist es neben deinen Tränen das größte Geschenk.“ Als sie etwas sagen wollte, hob er eine Hand, um sie zu stoppen. „Ich würde es niemals von dir fordern, schon gar nicht am Anfang.“

„Schuft, ich dachte, du versuchst jetzt ernsthaft, mit mir über das Tabu zu diskutieren.“ Sie knuffte ihn in die Seite, anschließend schmiegte sie sich wieder fest an ihn. Im Moment brauchte sie seine Nähe.

Jeremy legte seine Finger in ihren Nacken, kraulte sie leicht, gleichzeitig seufzte er leise. „Deine NoGos sind unantastbar. Egal, was ich mag, ich werde dich nie dazu überreden. Aber du hast gefragt, deshalb habe ich eine Antwort gegeben.“

Dem stimmte sie mit einem Murmeln zu, ehe sie die Augen schloss. In seiner Gegenwart fühlte sie sich so seltsam beschützt, als ob die gesamte Welt ausgeschlossen würde, sobald er sie in seine Arme zog.

Auch er genoss ihre Nähe, mehr als er es jemals für möglich gehalten hätte. Bei seinen früheren Beziehungen ging es fast nur darum, Sex zu haben, gemeinsam etwas zu unternehmen oder eben Befriedigung in einer Session zu bekommen. Jetzt im Nachhinein fiel ihm auf, dass ausgiebige Kuschelstunden eher selten vorkamen. Sicher, Ellen hatte es geliebt, wenn er sie massierte und für sie kochte, aber solche Momente wie mit Kate gab es kaum. Selbst nachdem sie miteinander geschlafen hatten, hatte sie sich oft zur Seite gedreht. Es war wirklich seltsam, was man alles ausblendete, sobald die Gefühle einem den Verstand vernebelten.

Nach einer Weile hob er sie auf seinen Schoß. „Dir ist klar, dass du dir bereits eine Strafe eingehandelt hast, oder?“ Seine Stimme klang heiser, sodass sie hoffte, er würde jetzt sofort eine Session beginnen.

Vorsichtig nickte sie, zu mehr war sie gerade nicht in der Lage.

„Gut, dann sind wir uns darin schon mal einig. Morgen hole ich dich wie versprochen ab, da du ja unbedingt noch mal nach Hause willst.“

Unwillig unterbrach sie ihn. „Ich muss mich um Blacky kümmern“, erinnerte sie ihn. Dieses Mal hatte sie an ihre Lüge gedacht, die sie auf keinen Fall vergessen durfte.

„Ja, ist auch okay. Wir gehen tanzen, allerdings möchte ich, dass du auf ein Höschen verzichtest. Weiterhin gilt, dass du die Finger von dir lässt. In der nächsten Zeit bekommst du nur einen Orgasmus, wenn ich in der Nähe bin. Natürlich darfst du mich jederzeit darum bitten. Verstanden?“ Sanft zeichnete er mit dem Zeigefinger ihre Unterlippe nach.

Erregung kochte in ihr hoch, sodass sie mehrfach schlucken musste, bevor sie leise antworten konnte. „Ja, Sir.“ Ein neckendes Lächeln schlich sich in ihr Gesicht, als ihr einfiel, dass sie ihn schon einmal so angesprochen hatte. „Gibt es eigentlich eine Anrede, die du mir vorschreibst?“

Bei der Frage weiteten sich ihre Pupillen. „Du bestehst jetzt aber nicht darauf, dass ich dich sieze, oder?“

„Nein, es hat seinen Reiz, nur brauche ich weder die Distanz noch einen besonderen Titel, um das Machtgefälle aufrechtzuerhalten. Du hast dich für Sir entschieden, was in Ordnung ist.“ Er schmunzelte über ihren Eifer. Seine Kleine konnte ihre erste Session offensichtlich kaum erwarten, wobei es ihm ganz ähnlich ging. „Nach dem Tanzen kommen wir hierher, wo du dich nackt präsentieren wirst. Ich möchte sehen, was ich besitze.“

Bei der Ansage hätte sie fast widersprochen, weil es für sie unfassbar peinlich war, sich vor ihm auszuziehen. Bisher hatte sie es vermieden, sich unbekleidet zu zeigen, es sei denn, sie hatte Sex mit dem Mann oder war in der Sauna. Allerdings spürte sie auch, wie sehr sie die Vorstellung anmachte, deshalb nickte sie nur leicht.

„Anschließend überlege ich mir, was ich mit dir mache. Vielleicht versohle ich dir den Hintern oder ich fessele dich, wobei ich dir den Orgasmus vorenthalte, während ich dich immer wieder errege.“ Er raunte ihr seine Ideen ins Ohr, was ihr eine Gänsehaut über den Rücken jagte.

Ihr Kopfkino lief auf Hochtouren, dabei stellte sie erstaunt fest, dass sie sich wünschte, er würde sie schlagen, obwohl sie bei dem Thema so unsicher war.

Langsam schob er seine Hand unter ihren Pulli, strich mit den Fingerkuppen über ihre weiche Haut, sodass sie ein Schnurren mit aller Gewalt unterdrücken musste. „Gefällt dir das, Kätzchen?“

Der Kosename hätte sie beinahe zusammenzucken lassen, aber sie beherrschte sich im letzten Moment. „Ja, es fühlt sich fantastisch an.“ Ein leichter Klaps zeigte ihr, dass sie ihn jetzt besser nicht neckte. „Die Vorstellung, von dir bestraft zu werden, macht mich heiß“, gab sie leise zu, dabei rieb sie sich an ihm. Wie gerne würde sie ihn so viel intensiver spüren, Haut an Haut. Vorsichtig zupfte sie an seinem Longsleeve, sodass es aus der Jogginghose rutschte, doch ehe sie ihre Hand über seinen Bauch schieben konnte, stoppte er sie mit einem harten Griff.

„So weit sind wir noch nicht. Ich habe dir gesagt, dass wir auf jeden Fall bis Samstagabend warten.“ Kurz überlegte er, ob er sich damit nicht mehr bestrafte als sie, trotzdem hielt er an seiner Vorgabe fest. „Geduld erhöht den Genuss.“

Kate lachte leise, um ihre Enttäuschung zu überspielen. „Du redest seltsam, als ob du aus dem letzten Jahrhundert übrig geblieben wärst.“ Verführerisch blickte sie ihn an, bewegte sich auf seinem Schoß, sodass sie ihn reizte, bis sie erneut einen Klaps erhielt. „Wir könnten uns doch einen kleinen Vorgeschmack gönnen“, schlug sie mit einem unschuldigen Augenaufschlag vor.

„So gierig?“ Süffisant verzog er das Gesicht, bevor er seine Hand bis zu ihrer Brust vorschob. „Dachtest du in etwa daran?“ Er zog ihren BH herunter, rieb mit der gesamten Handfläche über ihre Brustwarze, bis diese sich fast schmerzhaft zusammenzog.

„Ja, genau“, flüsterte sie. Begierig drückte sie sich seiner Berührung entgegen, hoffte sogar, dass er härter wurde, ihr vielleicht Klammern anlegte. Leider bekam sie eine solche Bitte nicht über die Lippen.

Jeremy drehte sie leicht, legte die freie Hand in ihren Nacken, wo er sie mit festem Griff an Ort und Stelle hielt, bevor er seine Zunge in ihren Mund schob. Gekonnt raubte er ihr den Atem, berauschte sich an ihrem Geschmack und zwirbelte gleichzeitig ihren Nippel. Schmerzhaft kniff er in die rosafarbene Knospe, während er ihr mit seinem Kuss die Sinne vernebelte.

Kate stöhnte auf, stellte sich dem sinnlichen Duell, bis sie den heftigen Schmerz spürte. Kurz hatte sie das Bedürfnis, ihn zurückzustoßen, doch schon in der nächsten Sekunde, verwandelte sich die Pein in pure Gier. Zwischen ihren Schenkeln kribbelte es verlangend, ihre Brustwarze zog sich noch fester zusammen und sie wünschte sich sehnlich, dass er sie endlich nehmen würde. Vorsichtig spreizte sie die Schenkel, sorgte dafür, dass sein Bein an ihrer heißen Mitte lag, sodass sie sich an ihm reiben konnte. Ihre Jeans störte genauso wie seine Jogginghose, trotzdem bewegte sie sich immer heftiger. Erst, als er erneut hart in ihren Nippel kniff, blieb sie ruhig sitzen.

„Hör sofort auf", befahl er beherrscht, diese Tortur hielt er keine Sekunde länger aus. Sollte sie weitermachen, würde er seine gesamte Planung über den Haufen werfen und sie in sein Schlafzimmer tragen, wo er über sie herfallen würde. Sanft schob er sie ein Stückchen von sich, damit er sie besser ansehen konnte.

Zerknirscht stoppte Kate ihre Bewegungen, so gierig benahm sie sich sonst nie. „Tut mir leid", flüsterte sie. Was war nur in sie gefahren? Er musste ja denken, dass sie nicht in der Lage war, sich zu beherrschen.

Lachend küsste Jeremy sie auf die Nasenspitze, anschließend zog er ihr den Pulli über den Kopf. „Ich mag es, dass du so leidenschaftlich bist. Allerdings bestimme ich, wie du deine Lust auslebst." Eilig streifte er ihr den BH ab, ehe er sie genüsslich betrachtete.

Kate unterdrückte den Drang, mit ihren Handflächen ihre Brüste zu schützen, es war ihr peinlich, dass er sie ansah, während er völlig angezogen war.

„Du bist wunderschön, meine Kleine.“ Jeremy räusperte sich, weil er dermaßen heiß war, dass er glaubte zu platzen. Trotzdem nahm er sich vor, das Spiel etwas auszudehnen. Allein der Gedanke, wie sie reagieren würde, sobald er ihr am kommenden Abend den Höhepunkt schenkte, war eine weitere schlaflose Nacht wert. „Halt dich an mir fest, damit du dich zurücklehnen kannst“, befahl er ruhig.

Sofort gehorchte sie, natürlich in der Hoffnung, dass sie doch noch auf ihre Kosten kam.

Zärtlich strich er mit den Fingern über ihre Nippel, umkreiste sie, anschließend rieb er wieder mit der gesamten Handfläche über die empfindlichen Spitzen. Es fühlte sich wundervoll an. Jeremy beugte sich vor, nahm eine Brustwarze in den Mund, während er die andere fest zusammenpresste. Genüsslich saugte er an ihr, biss hinein und zog sie in die Länge. Ihr lustvolles Stöhnen stachelte ihn an, deshalb ließ er sie mehrfach seine Zähne spüren, bevor er sich der linken Seite widmete.

Erneut sog er den harten Nippel zwischen seine Lippen, leckte darüber, gleichzeitig kniff er in die rechte Warze, zog heftig an ihr, zwirbelte sie, bis seine Kleine schmerzhaft die Luft einsog. Erst jetzt rieb er zart über die malträtierte Stelle, zeitgleich lutschte er an der freien Brust.

Kate lehnte sich zurück, genoss mit allen Sinnen, was er da mit ihr anstellte, dabei erkannte sie erleichtert, dass sie den Schmerz als überaus anregend empfand. Die Lust pulsierte heiß durch ihren gesamten Leib, was die Anspannung in ihr vervielfachte. Mit geschlossenen Augen stöhnte sie erregt auf, kostete es aus, die Kontrolle abzugeben. Ein Schnurren kroch ihr die Kehle hoch, was sie gerade so in ein heiseres Keuchen verwandeln konnte. Verdammt, es tat so unendlich gut, wie Jeremy mit ihr umging. Als er auch ihre Hose öffnete, sie anhob, um ihr das störende Teil herunterzuziehen, hoffte sie, dass er ihr doch einen Höhepunkt schenken würde. Auffordernd spreizte sie die Schenkel, lehnte sich noch weiter zurück, damit er gut an sie herankam, was den Schmerz in ihren Brustwarzen verstärkte.

Jeremy schmunzelte zufrieden, als seine Kleine sich zurücklehnte, während er ihre Nippel langzog. „Gefällt dir das?"

Stöhnend nickte sie, zu einer klaren Antwort war sie einfach nicht fähig.

„Willst du mehr?"

Erneut bewegte sie lediglich den Kopf. Kate war davon überzeugt, dass ihre Stimmbänder versagen würden, sollte sie versuchen zu sprechen.

„Bitte mich darum."

Jeremys Stimme klang hart, sodass sie wusste, dass er darauf bestand. Sie spürte, dass er den Druck auf ihre Warze erhöhte und sie an einen Punkt kam, an dem der Schmerz stärker war als die Lust. „Bitte, Sir, gib mir mehr."

„Sehr brav. Was möchtest du?" Auf keinen Fall wollte er es ihr zu leicht machen, sie sollte über ihren Schatten springen.

„Nimm mich." Diese Aufforderung beschämte sie bereits, weil sie noch nie in ihrem Leben um Sex gebettelt hatte, trotzdem verstärkte es das gierige Brennen in ihrem Inneren.

„Das steht nicht zur Debatte. Ich werde erst morgen mit dir schlafen."

Jeremy schmunzelte, als sie unter seiner Antwort getroffen zusammenzuckte. „Sag mir, wo ich dich anfassen soll."

Der Befehl sorgte dafür, dass sie schwer schluckte. Jetzt hätte sie gerne ihre Schenkel zusammengepresst, weil sie die Erregung kaum noch aushielt. Ihre Wangen brannten, daher war sie dankbar, dass er ihr erlaubte, die Augen geschlossen zu halten. „Bitte berühre mich zwischen meinen Beinen."

Ein breites Lächeln erschien in seinem Gesicht, als er ganz zart mit dem Zeigefinger an ihren halbgeöffneten Schamlippen entlangfuhr. „So?", neckte er sie.

Unwillig stöhnte sie auf, es war bei Weitem nicht genug. Kate wollte, dass er sie zum Höhepunkt trieb, seinen Mittelfinger oder noch besser sein Glied in sie schob, um sie heftig zu nehmen. Offensichtlich bestand er darauf, dass sie deutlicher wurde. Hektisch leckte sie sich über die Lippen. „Massier meine Klit, schieb mir einen Finger rein", stieß sie leise hervor.

„Gib dir ein bisschen Mühe, Kätzchen, das geht höflicher." Seine Stimme klang amüsiert, sodass sie die Augen aufriss.

Sofort bereute sie es, als sie seinen brennenden Blick bemerkte, der ihren Puls weiter ansteigen ließ. „Ich flehe dich an, schenk mir einen Höhepunkt." Sie warf ihre Bedenken über Bord, weil sie an dem Punkt angekommen war, an dem sie ihn auch um ihre Erlösung anbetteln würde. „Bitte, streichel meine Klit und schieb mir einen Finger rein." Innerlich wand sie sich vor Scham, was allerdings ihre Lust anstachelte. Was für ein unbeschreibliches Gefühl.

„Einen Orgasmus bekommst du heute nicht."

Die Antwort wirkte fast wie ein Schlag ins Gesicht, aber er massierte im gleichen Augenblick ihren Lustpunkt, sodass sie laut aufschrie. Verdammt, der Kerl wusste genau, wie er sie anpacken musste. Sie schloss wieder die Augen, lehnte sich so weit wie möglich zurück, damit er auch ja gut an sie herankam.

Jeremy liebte es, seine Kleine in den Wahnsinn zu treiben. Genüsslich spielte er mit ihrer Klit, während er erneut ihre Brustwarze in die Länge zog. Zuckerbrot und Peitsche. Ihr Stöhnen machte ihn an, aber noch mehr freute er sich, dass sie tatsächlich über ihren Schatten gesprungen war. Offensichtlich stand sie auf eine gewisse Art von Demütigung, was er in naher Zukunft austesten wollte. Vorsichtig drang er mit einem Finger in sie ein, gleichzeitig rieb er mit dem Daumen über ihre Klitoris.

Leise schrie Kate auf, bewegte sich unruhig, was dazu führte, dass sich der Schmerz in ihren Brustwarzen verstärkte, doch das stachelte sie nur weiter an. Die Pein verwandelte sich in Lust, wobei sie kaum mehr zwischen den Gefühlen unterscheiden konnte. Sie sehnte sich jetzt nur noch nach einem Höhepunkt, alles andere war unwichtig.

Jeremy erkannte deutlich, dass sie keineswegs in der Lage war, sich länger zu beherrschen, deshalb zog er seine Hand zurück. Er legte beide Arme um sie, gleichzeitig presste er sie fest an sich. „Den Rest bekommst du morgen nach deiner Bestrafung", raunte er ihr ins Ohr.

Die Enttäuschung kam über sie wie eine eisige Welle. Entsetzt stieß sie die Luft aus. „Das kannst du mir nicht antun", flüsterte sie erstickt.

„Doch, sieh es als Teil deiner Strafe an." Er hielt sie noch eine Weile an sich gedrückt, bis er spürte, dass ihre Erregung abgeflaut war. Erst jetzt setzte er sie neben sich auf die Couch, hüllte sie in das Plaid und ging sich die Finger waschen.

Im Badezimmer war er ernsthaft versucht, sich selbst zu befriedigen.

Er bestrafte sich mit der Aktion wie befürchtet mehr als sie, trotzdem blieb er standhaft. Auch für ihn würde der kommende Abend ganz besonders werden, das wollte er sich auf keinen Fall verderben.

Als er sich wieder zu ihr setzte, blickte sie ihn nur vorwurfsvoll an. „Möchtest du mir den Grund für deinen Unmut mitteilen?" Sein Lächeln hatte etwas Süffisantes, da er ja wusste, was ihr über die Leber gelaufen war.

Mit zusammengebissenen Zähnen schüttelte sie den Kopf. Einerseits sehnte sie sich danach, ihm deutlich zu sagen, was sie von seiner Aktion hielt, andererseits kam sie sich unbeherrscht, ja gierig vor. Es musste doch möglich sein, sich bis zum nächsten Abend zurückzuhalten. Obwohl sie wütend über sein Verhalten war, kämpfte sie immer noch gegen die Erregung an. Es fühlte sich nicht mehr ganz so schlimm an, aber sie konnte auch kaum behaupten, dass die Lust komplett verschwunden war.

„Sprich dich ruhig aus, kleine Kämpferin. Ich freue mich darauf, deine Meinung zu hören", neckte er sie, was ihm erneut einen zornigen Blick einbrachte.

Am liebsten hätte sie jetzt ihre Sachen gepackt, um nach Hause zu gehen, doch das kam ihr feige vor. Sie wollte die Welt aus Dominanz und Unterwerfung ja unbedingt kennenlernen, wobei Keuschhaltung dazugehörte, wie sie aus ihrem Forum wusste. Dass es ihr so unendlich schwerfallen würde, damit hatte sie eben nicht gerechnet.

Jeremy zog sie sanft an sich. „Spuck es schon aus, ehe du daran erstickst." Liebevoll strich er ihr über die Schultern, spürte wie verkrampft sie neben ihm saß, was ihm deutlich zeigte, dass sie immer noch enorm gegen ihre Lust kämpfte, oder war es eher gegen die Wut?

„Ich werde mich beherrschen, weil du es so willst“, stieß sie hervor. „Aber mir gefällt das überhaupt nicht. Ich finde es unfair.“

Fast hätte er laut aufgelacht, allerdings gefiel es ihm, dass sie seinetwegen litt. „Sicher? Du hast dir eine Bestrafung redlich verdient oder siehst du das anders?“

Kurz überlegte sie, bis ihr wieder einfiel, wie sie ihm ihre Zweifel vorgespielt hatte. Beschämt schüttelte sie den Kopf.

„Dann sind wir uns in dem Punkt ja einig. Ich sagte bereits, dass eine Strafe nur bedingt wehtun muss.“ Jetzt verkniff er sich das Lächeln, weil er sie nicht über Gebühr reizen wollte. „Du wirst es für mich durchhalten und dir beim nächsten Mal genau überlegen, ob du mich auf die Art hereinlegen willst.“

Zerknirscht stimmte sie ihm zu. „Du hast ja recht, ich habe mich unmöglich verhalten. Trotzdem fällt es mir unendlich schwer. So kenne ich mich selbst nicht.“ Sie kuschelte sich eng an ihn.

„Das geht vielen ganz ähnlich. Es ist etwas anderes, normalen Sex zu haben oder sich auf einen Dom einzulassen.“ Er ließ seine Hand in das Plaid gleiten, wo er zart über ihre weiche Haut strich. „Ich liebe es mit deiner Lust zu spielen, dich anzuheizen, um dich auf Spannung zu halten. Es gibt mir Macht über dich.“ Bevor sie antworten konnte, küsste er sie, drang mit der Zunge in ihren Mund ein und raubte ihr den Atem.

Kapitel 12 - Öffentlichkeit

Am nächsten Morgen fühlte Kate sich etwas ruhiger, außerdem musste sie zugeben, dass es sie irgendwie angemacht hatte. Von Jeremy beherrscht zu werden, gefiel ihr, obwohl sie einiges dafür gegeben hätte, einen Orgasmus zu bekommen. Seufzend drehte sie sich zu ihrem Freund, gleichzeitig hoffte sie, dass er sie nicht den kompletten Tag unter Strom hielt, es war fürchterlich anstrengend.

„Guten Morgen, mein Kleines, gut geschlafen?" Liebevoll strich er ihr über die Wange, dabei las er in ihren Augen, dass die Nacht nicht wirklich entspannt gewesen war.

„Geht so", nuschelte sie. „Ich musste arg gegen meine Lust kämpfen, bis ich eingeschlafen bin." Sie fühlte sich leicht befangen, als er sie jetzt eindringlich musterte. „Du hast offensichtlich keine Probleme gehabt." Das klang sehr zickig.

Augenblicklich packte er sie im Nacken, zog sie etwas dichter an sich heran. „Bettelst du etwa darum, dass ich die Strafe verlängere? Glaub mir, ich habe kein Problem damit, mir von dir Befriedigung zu holen, während du leer ausgehst." Seine Stimme hörte sich dunkel an, vor allem weil eine deutliche Warnung mitschwang.

Erschrocken schüttelte sie den Kopf. „Nein, bitte nicht, es tut mir leid, dass ich mich im Ton vergriffen habe." Flehend sah sie ihn an. Noch eine Nacht, in der sie sich vor Lust von einer Seite auf die andere wälzte, brauchte sie wirklich nicht. „Es ist ungewohnt für mich. Ich kann meine Gefühle kaum einordnen, zumal es mir irgendwie gefällt." Die Bemerkung war ihr herausgerutscht, sodass sie sofort abwehrend die Hände hob.

„Ist schon okay, ich weiß, dass das keine Aufforderung war." Er packte ihre Finger, küsste die Fingerspitzen, anschließend nahm er sie liebevoll in die Arme. „Du gibst die Kontrolle ab, was du bisher nur selten durftest. Viele starke Frauen haben ein Problem, sich auf jemand anderen komplett einzulassen. Es ist anstrengend, ständig alles im Griff haben zu müssen."

Da stimmte sie ihm von Herzen zu. „Ja, du hast recht, nur wie bringe ich das in Einklang damit, dass ich mich von dir quälen lasse?" So ganz verstand sie es immer noch nicht.

„Das ist einfach erklärt, du bist gezwungen, dich auf mich zu verlassen, mir zu glauben, dass ich weiß, was ich tue. Bei einem Realsadisten besteht die Gefahr, dass er dich enttäuscht. Das wäre fatal, da du danach niemandem mehr irgendeine Form von Macht über dich gibst." Träge streichelte er sie, dabei genoss er es, dass sie Zeit füreinander hatten.

Eine Weile dachte Kate über seine Worte nach. In der Tat bestand ihr Leben aus ziemlich viel Verantwortung, angefangen von ihrer Detektei bis hin zu der Geheimhaltung. Einmal schwach sein zu dürfen, war extrem verlockend und sich ihm unterzuordnen bedeutete ja, sich auf ihn zu verlassen, egal, wie schwer es ihr gerade fiel. Langsam nickte sie. „Ja, das ist es. Trotzdem fühle ich mich, als ob ich unter einen Panzer gekommen wäre." Sie kuschelte sich an ihn, schloss für einen Moment die Augen, um seine Nähe einfach nur zu genießen.

„Glaub mir, mir geht es genauso. Ich habe mich mit der Aktion mehr bestraft als dich." Er lachte leise bei dem Geständnis. Für ihn stellte es kein Problem dar, sich menschlich zu zeigen. „Aber es lohnt sich, das verspreche ich dir."

Nacheinander duschten sie, weil Kate darum bat, dass er ihr diesen Freiraum zugestand. Auf keinen Fall würde sie den Tag durchhalten, wenn er sie jetzt schon anheizte, denn gemeinsam mit ihm unter der Dusche zu stehen, ließ sie ganz bestimmt auf Touren kommen.

Während seine Kleine sich fertigmachte, bereitete Jeremy das Frühstück vor, gekonnt schlug er ein paar Eier in die Pfanne, toastete etwas Brot, außerdem stellte er Milch und Cornflakes bereit. Da er keine Ahnung hatte, was sie morgens bevorzugte, hatte er etliches eingekauft, wobei er hoffte, dass er den Süßkram nicht wegwerfen musste. Er hasste die Flakes, die sich in eine süße Pampe verwandelten, sobald sie mit Flüssigkeit in Berührung kamen.

„Wow, das sieht fantastisch aus." Kate setzte sich an den Tisch, gleichzeitig betrachtete sie seine Bemühungen.

„Ich hoffe, du magst das Zeug. Ich bringe das kaum runter." Er zeigte auf die Packung, die vor ihrem Teller stand, anschließend nahm er sich von den Eiern.

„Ja, das esse ich gerne. Wobei ich Müsli bevorzuge." Sie zwinkerte. „Aber ich liebe auch Rührei, Bacon, Black oder White Pudding, Baked Beans, also alles, was zu einem irischen Frühstück gehört." Lachend bereitete sie sich die Cornflakes zu. „Ich bin ein Allesfresser."

Ungläubig betrachtete Jeremy sie von der Seite aus. „Ich hätte geschworen, dass du eher zu den Frauen gehörst, die jede Kalorie zählen."

Jetzt zeigte sie ihm schmunzelnd einen Vogel, nur um erschrocken zurückzuzucken. „Tut mir leid, ich wollte nicht respektlos ...", weiter kam sie nicht, weil er schon leicht den Kopf schüttelte.

„Es ist völlig in Ordnung. Bitte, es besteht kein Grund, dich zu verbiegen, ich finde dich extrem anziehend, so wie du bist." Sanft küsste er sie. „Echte Beleidigungen oder Arroganz toleriere ich weniger."

Aufatmend lächelte sie ihn an. „Du spinnst, mein Lieber, ich habe einige Pölsterchen, die ich wohl kaum hätte, würde ich mehr auf mein Essen achten." Sie deutete auf ihre Hüften. Ihre Figur war normal, weiblich, weder zu dick noch zu dünn, zumindest sah sie es so. Von dem Ideal war sie allerdings weit entfernt.

„Für mich bist du perfekt, glaub niemals, dass du etwas an dir ändern musst, um mir zu gefallen." Er schob sich eine Gabel voll Rührei in den Mund.

Kate ließ sich auch nicht lange bitten, zumal sie das dumpfe Gefühl bekam, dass sie einiges an Kalorien verbrauchen würde, bis er mit ihr fertig war. „Können wir nach dem Frühstück vielleicht schießen? Mir macht es wirklich Spaß." Sie sah ihn bittend an.

„Alles, was du willst, Prinzessin. Allerdings muss ich heute auf jeden Fall noch einkaufen. Ich stehe nicht so auf Imbissbuden oder Pubs." Er zuckte mit den Schultern, die meisten Junggesellen mit seinem Gehalt zogen es vor, essen zu gehen.

„Das trifft sich gut, ich begleite dich, mein Kühlschrank kann auch eine Füllung vertragen." Genüsslich trank sie ihren Tee aus, ehe sie mit ihm zusammen den Tisch abräumte.

„Gut, dann lass uns mal sehen, wie gut du heute triffst." Jeremy hielt ihr eine Hand hin und gemeinsam gingen sie zu seiner Abstellkammer, wo er ihr noch einmal zeigte, wie man einen Bogen spannte.

Während er das Ziel aufbaute, steckte sie die Pfeilständer in den Boden, anschließend zog sie ein paar Mal an den Sehnen, um die Bogen aufzuwärmen.

„Ladys first." Mit einer eleganten Handbewegung ließ er ihr den Vortritt.

Kate atmete tief durch, schloss kurz die Augen, bevor sie sich auf ihren Stand konzentrierte. Sie legte den Pfeil ein, ehe sie die Zielscheibe anvisierte. Der erste Schuss traf fast in die Mitte, woraufhin sie laut jubelte. Es fühlte sich fantastisch an, so als ob sie ihre Zweifel und Sorgen einfach wegschießen könnte.

Abwechselnd schossen sie jeweils drei Pfeile, wobei Jeremy sie immer mal wieder korrigierte, aber auch ausgiebig lobte. Er war stolz auf seine Partnerin, die in der Tat sehr schnell gelernt hatte.

Gut gelaunt räumten sie nach einer Stunde die Sachen weg, um einkaufen zu fahren.

„Ich möchte dir ungern den Tag versauen, nur habe ich am Tatort einen seltsamen hellblauen Gummifetzen gefunden." Kate tastete sich vorsichtig vor, als sie auf dem Rückweg zu seinem Cottage waren.

„Da waren noch Reste übrig?" Skeptisch musterte er sie, bevor er seinen Blick wieder auf die Fahrbahn lenkte. „Bitte, sag mir nicht, dass du doch irgendwie unseren Computer angezapft hast." Seine Stimme klang fast flehend.

Kurz flammte Wut in ihr auf, weil er sie erneut verdächtigte, allerdings verstand sie ihn. „Nein, ich schwöre dir, dass ich so etwas noch nie gemacht habe. Aber jetzt weiß ich, dass ihr den Hinweis auch gesehen habt." Sie holte tief Luft. „Für mich war es logisch, dass der Täter beim Alkohol zugegriffen hatte. Deshalb habe ich mir die Regale genauer angesehen."

Sie musste improvisieren, das war ihr klar, trotzdem wollte sie sich an die Geschichte halten, die sie mit Kim abgesprochen hatte.

„Ja, nur verliere ich kein Wort darüber." Jeremy seufzte leise. „Wieso bekomme ich das Gefühl, dass es unnötig ist, etwas über den Fall zu sagen?"

„Weil es stimmt." Kate zuckte leicht mit den Schultern. „Ich bin nicht erst seit gestern in dem Job. Wir denken, dass es sich um Latex handelt. Da die Spuren an einem Regal waren und die Person eher nicht reingeklettert ist, gehen wir von Handschuhen aus." Bevor er nachfragen konnte, redete sie schon weiter. „Die Farbe deutet auf den Fetisch hin, sie ist doch sehr auffällig. Ein Einbrecher, der sich extra Kleidung kaufen muss, würde bestimmt schwarz wählen. Ich weiß, es sind nur Vermutungen." Sie lächelte ihn an, wenigstens hatte sie ihm jetzt einen guten Ansatz geliefert.

„Auf den Verdacht sind wir auch bereits gestoßen. Aktuell überprüfen wir, wer in dem Bereich unterwegs ist. Leider kenne ich mich hier in der Gegend nicht wirklich mit SM-Clubs aus." Die Information durfte er ruhig herausgeben, da die Frauen selbst darauf gekommen waren, zumindest redete er sich das gekonnt ein.

Abwehrend hob Kate die Hände. „Ich bin lediglich in einem Forum angemeldet. In ein solches Lokal traue ich mich ohne Begleitung nicht rein." Kurz meldete sich ihr schlechtes Gewissen, da sie ja schon wusste, wer den Einbruch verübt hatte, nur war sie gezwungen, enorm vorsichtig zu sein. „Aber mal was anderes, wie komme ich an meine Bezahlung, wenn ihr unsere Ergebnisse nutzt?"

Er lachte leise. „Bisher sind wir von alleine drauf gekommen, oder?"

Unzufrieden brummte Kate, weil sie ihm zustimmen musste. Zum Glück waren sie nicht auf das Geld angewiesen. „Gut, in dem Fall müssen wir eben schneller sein." Sie stimmte in sein Lachen ein.

Jeremy parkte vor ihrem Haus, damit sie ihre Einkäufe reintragen konnte.

„Du kannst gerne mit reinkommen, aber ich habe eine Katze", erinnerte sie ihn bedauernd.

„Kein Problem, ich warte besser auf dich. Gleich am Montag suche ich mir einen Arzt, der in der Lage ist, eine Desensibilisierung durchzuführen. Bis die Behandlung greift, bleibe ich lieber auf sicherem Boden." Er zuckte mit den Schultern. „Es ist kein schöner Anblick, wenn ich anfange zu röcheln, während mir die Nase läuft."

Kate schlug ihm leicht auf den Oberarm. „Meinst du wirklich, es kommt darauf an, wie du in dem Moment aussiehst? Mir ist es egal, aber du hast recht, wir gehen besser kein Risiko ein." Sie stieg aus, holte ihre Einkaufstasche aus dem Kofferraum, ehe sie noch mal zu ihm kam. „Fahr doch nach Hause. Ich nutze die Zeit, um mich für unser Date fertigzumachen, kümmere mich um Blacky und räume ein wenig auf."

Misstrauisch betrachtete Jeremy sie. „Du weißt, dass du die Finger von dir zu lassen hast, oder?"

Sofort stieß sie genervt die Luft aus. „Vertrauen ist keine Einbahnstraße. Ich habe deine Regeln akzeptiert, erinnerst du dich?"

„Tut mir leid, manche Erlebnisse haben sich in mir verankert. Bis später, ich freue mich auf unseren Abend." Er beugte sich aus dem Fenster, küsste sie zart, anschließend fuhr er nach Hause.

Kate sah ihm lächelnd hinterher, sie hatte ihm den entscheidenden Hinweis zwar noch nicht gegeben, aber das würde sie bestimmt irgendwie hinbekommen. Jetzt freute sie sich auf das, was da auf sie zukam.

~~°~~

Gerade als sie ihre Einkäufe weggeräumt hatte, klingelte ihr Smartphone. Erfreut meldete sie sich, als sie sah, dass es Kim war. „Hey, Süße, Sehnsucht nach mir?"

„Natürlich nicht, ich hab endlich den Beweis." Der Rabe hielt sich kaum mit einer langen Begrüßung auf. „Gestern Abend hat einer meiner Freunde erfahren, dass jemand eine private Fetischparty feiert. Ich habe mich sofort auf den Weg gemacht und war in der Lage, das Treiben durch ein Dachfenster zu beobachten. Jetzt rate mal, wer auch mitgefeiert hat?" Sie klang atemlos, was ihrer Aufregung geschuldet war.

„Ich tippe mal auf Michael." Kate blieb gelassen, obwohl sie sich denken konnte, was kam.

„Genau, er trug ein hellblaues Dienstmädchenkleid mit passenden Handschuhen, die bis über die Ellenbogen gingen und geflickt waren. In seiner Begleitung befand sich Rita, die offensichtlich seine Herrin ist." Kim holte Luft, weil sie so schnell gesprochen hatte. „Wenn das jetzt keine Möglichkeit ist, den Fall zu beweisen, weiß ich es auch nicht."

„Super Arbeit, Kleine. Ich werde später mit Jeremy reden. Sie können bestimmt die Spuren von der Tankstelle mit den Handschuhen vergleichen oder so was. Die restliche Aufklärung dürfen wir der Garda überlassen. Wir gehen am Montag zu Chris, um ihm unsere Ermittlungen darzulegen. Das sollte reichen, um das vereinbarte Honorar zu bekommen."

Kate hätte sich zu gerne die Hände gerieben. Wieder einmal waren sie schneller als die Beamten, was natürlich an ihren besonderen Fähigkeiten lag. Dennoch freute sie sich diebisch darüber, zumal sie Jeremy damit zeigte, wie wertvoll sie war.

„Was ist denn jetzt mit dir und dem Chief?" Kim versuchte ihre Neugier zu unterdrücken, trotzdem hörte man sie deutlich heraus.

„Wir sind ein Paar. Gestern hat er eine Session angefangen. Es war hart, aber das erzähle ich dir lieber, wenn wir uns sehen. So am Telefon ist es irgendwie bizarr", wich Kate ihr aus. Ein Blick auf die Uhr sagte ihr, dass sie sich fertig machen sollte, zumal das Einkaufen doch länger gedauert hatte als gedacht. „Ich muss langsam los, Kleine, Jeremy kommt mich in einer knappen Stunde abholen."

Die Frauen verabschiedeten sich, damit Kate sich für ihr Date herrichten konnte.

Unentschlossen blickte sie in ihren Kleiderschrank, da sie eigentlich geplant hatte, ein kurzes Jerseykleid anzuziehen, aber seine Regel, auf Unterwäsche zu verzichten, hinderte sie daran. Auf keinen Fall wollte sie plötzlich allen Blicken ausgesetzt sein. Seufzend zog sie einen Rock aus dem Schrank, der ihr bis zu den Knöcheln reichte. Der enge Schnitt stand ihr zwar, verhinderte allerdings auch, dass sie sich allzu gut bewegen konnte. Eilig hing sie ihn wieder weg, um ein Kleid mit Tellerrock hervorzuziehen. Es fiel ihr bis unters Knie, was ihr ziemlich knapp vorkam, doch die beste Alternative darstellte. Sie würden ja nicht gerade einen Rock´n Roll aufs Parkett legen, zumindest hoffte sie es. Das Oberteil war schwarz, das Unterteil beige und darüber lag eine feine Spitze mit Blumenornamenten. Es sollte elegant genug sein, außerdem war sie in der Lage, darin einige Tänze zu bestreiten.

Kate streifte das Kleid über, verzichtete auf eine Strumpfhose, da sie Jeremy auf keinen Fall provozieren wollte, ehe sie in ihre Schuhe schlüpfte. Auch hier wählte sie Pumps mit einem moderaten Absatz, sodass sie keine Schwierigkeiten bekommen würde.

Sie drehte sich vor dem Spiegel, ließ den Rock schwingen, um zu sehen, ob jemand erkennen konnte, dass sie kein Höschen trug. Ein wenig beruhigt atmete sie durch. Wenn sie sich nicht auf die Nase legte und unglücklich landete, bemerkte niemand, wie unzureichend sie gekleidet war.

Nervosität machte sich in ihr breit, die der geplanten Session geschuldet war. Wie fühlte es sich an, Lustschmerz zu spüren? Schaffte sie es, ihren Herrn stolz zu machen oder war sie tatsächlich die Memme, die nach dem ersten Schlag abbrach? Wieder schüttelte sie über sich selbst den Kopf, es kam keineswegs darauf an, was sie aushielt. Trotzdem ließen sich die Gedanken kaum abschütteln. Am liebsten hätte sie auf das Tanzen verzichtet, um den Stier an den Hörnern zu packen. „Oder an den Eiern“, dachte sie mit einem undamenhaften Kichern.

Schnell schob sie die aufkommenden Fantasien zur Seite, sie würde bestimmt noch genug unter ihrer Lust leiden, stattdessen legte sie ein leichtes Parfüm auf, schminkte sich dezent und packte die wichtigsten Sachen in ihre Clutch.

Als es klingelte, zuckte sie erschrocken zusammen, nur um sofort den Kopf zu schütteln. Es bestand überhaupt kein Grund, dermaßen die Nerven zu verlieren. Sie zauberte ein Lächeln auf ihr Gesicht, anschließend öffnete sie die Tür. „Ich hoffe, ich gefalle dir.“

Jeremy blieb an der Türschwelle stehen, aber sein begeisterter Blick sprach Bände. „Du bist wunderschön. Ich würde dir gerne in den Mantel helfen, doch aktuell bleibe ich lieber noch draußen." Bedauernd hob er die Schultern an, um sie im gleichen Augenblick wieder fallen zu lassen.

„Kein Problem." Kate winkte leicht ab, streifte sich ihren Kaschmirmantel über, ehe sie ihre Handtasche nahm. „Wir können los."

Höflich hielt er ihr die Beifahrertür auf, anschließend setzte er sich hinters Steuer.

„Wir müssen ein wenig fahren, aber es lohnt sich", versprach sie mit einem Lächeln. Gekonnt lotste sie ihn durch die engen Gassen, dabei überlegte sie angestrengt, wie sie ihm den entscheidenden Tipp wegen des Einbruchs geben konnte. Endlich entschied sie sich dafür, es ihm einfach zu sagen, immerhin hatte sie ja versprochen, ihm ihre Ergebnisse mitzuteilen. „Kim hat herausgefunden, dass Michael zusammen mit Rita, der Ex von Chris, auf einer privaten Fetischparty war. Er trug ein Outfit aus hellblauem Latex, wozu auch Handschuhe gehörten." Sie hielt gespannt die Luft an, als sie auf seine Reaktion wartete.

„Wow, ihr seid in der Tat extrem schnell. Danke, damit kann ich den Kerl überführen. Zumindest können wir Mrs Gordon in die Mangel nehmen." Er verzog kurz das Gesicht, weil er daran dachte, dass er sich der Frau am Montag stellen musste.

„Ja, sie ist speziell", bestätigte Kate lächelnd, wobei sie ihren Freund um den Teil seiner Arbeit überhaupt nicht beneidete. „Ich würde Chris gerne unsere Ergebnisse mitteilen, ehe ihr auf der Bildfläche erscheint. Du weißt schon, wegen meiner Rechnungen."

Langsam nickte Jeremy. „Das kann ich gut verstehen, nur muss ich dich bitten zu warten, bis wir den Verdächtigen in die Wache gebracht haben. Sollte er etwas von eurem Gespräch mitbekommen, wird er sofort das Weite suchen."

Das verstand sie, nur lag ja hier das Problem. „Stimmt, andererseits wird Chris kaum unser Honorar bezahlen, wenn die Garda seinen Mitarbeiter vorher abholt." Sie überlegte, wie sie die Sache am geschicktesten lösen konnten.

„Genau genommen hat er einen Vertrag mit euch abgeschlossen, da muss er zahlen, egal, wer den Täter ermittelt hat." Jeremy schaltete in einen höheren Gang, dabei sah er kurz zu ihr rüber. „Ich kann ihm aber auch gerne bestätigen, dass du mir den entscheidenden Tipp gegeben hast."

„Das würdest du tun? Davies hätte sich eher die Zunge abgebissen." Kate freute sich über seine Unterstützung, da sie tatsächlich davon ausging, dass Chris bei der Bezahlung Schwierigkeiten machte, sollte er das Gefühl bekommen, die Garda sei dieses Mal schneller gewesen.

„Natürlich, es ist ja keine Lüge. Ich schicke dir eine SMS, bevor wir losfahren, damit lehne ich mich zwar enorm aus dem Fenster, aber so hast du die Möglichkeit, dem Tankwart vorher deine Ergebnisse zu präsentieren."

Dankbar drückte Kate seinen Arm, anschließend schob sie jeden Gedanken an den Fall zur Seite, jetzt wollte sie sich amüsieren.

„Ich gebe deinen Hinweis gleich an meine Leute weiter, sodass sie die ganze Sache überprüfen können." Er fuhr an den Seitenstreifen, um eine Nachricht an die Kollegen zu schicken. Somit war sichergestellt, dass sie am Wochenende prüfen konnten, ob die Aussage stimmte.

Nach einer Weile parkten sie vor einem Gebäude, das von außen wie ein normaler Pub aussah, allerdings schon auf einem Plakat eine Tanzveranstaltung bewarb.

Musik gehörte in den Lokalen immer dazu, doch nur in einigen gab es eine Tanzfläche, auf der man auch in der Lage war, sich zu bewegen.

„Das sieht vielversprechend aus“, bemerkte Jeremy, der an dem Abend eine schwarze Stoffhose zu einem weißen Hemd trug. Er hatte seine Jacke offen gelassen, sodass Kate sein Outfit bewundern konnte.

„Oh ja.“ Sie lachte leise, weil offensichtlich war, dass sie weniger den Pub meinte.

Er zog sie leicht an sich. „Schön, dass ich dir gefalle. Wollen wir?“ Mit dem Kinn deutete er auf den Eingang. Er war neugierig, ob die vollmundige Werbung auch hielt, was sie versprach.

Gemeinsam gingen sie hinein und er wurde positiv überrascht, da er einen eher kleinen Raum erwartet hatte. Hier würde er tatsächlich richtig tanzen können, ohne ständig ein anderes Paar anzurempeln. „Sehr schick“, bemerkte er vergnügt.

Kate stimmte ihm zu, es war eine Weile her, seit sie das letzte Mal hergekommen war, seitdem hatte sich eine ganze Menge getan. Die Bar erstrahlte in einem neuen Licht, die alten Bänke hatte man gegen moderne Loungemöbel ausgetauscht und auch die Beleuchtung kam jetzt einem Ballsaal wesentlich näher als früher. „Sie haben tatsächlich etwas aus dem Laden gemacht“, murmelte sie. „Vor einigen Jahren war das ein Geheimtipp für Paare, die tanzen wollten, nun sieht es eher wie ein Platz für Besserverdienende aus.“

Jeremy begleitete sie zu einem Tisch, an dem zwei bequeme Sessel nebeneinander standen, hier nahm er ihr höflich den Mantel ab, den er zusammen mit seiner Jacke zur Garderobe brachte.

Kapitel 13 - Herr und Sub

Eine Bedienung erschien, woraufhin er ein Glas halbtrockenen Weißwein und eine Cola bestellte.

„Ich kann auch fahren", bot Kate ihm an, doch er schüttelte sofort den Kopf.

„Nein, eine Session und Alkohol passen nicht zusammen. Auf keinen Fall werde ich etwas trinken, wenn ich mich noch um dich kümmern will." Er zuckte mit den Schultern. „Genauso achte ich darauf, dass du keinesfalls zu viel intus hast. Ein oder zwei Gläser zum Auflockern sind in Ordnung, mehr gibt es nicht."

Kate verdrehte die Augen, als ob sie es nötig hätte, sich Mut anzutrinken! Außerdem war ihr bewusst, dass es ziemlich gefährlich war, angetrunken zu spielen. „Ich kann mich beherrschen, Sir." Ein leichter Spott klang in ihrer Stimme mit.

„Das glaube ich dir sofort, aber gilt das auch für deinen Ton?" Mit hochgezogener Augenbraue musterte er sie.

Augenblicklich spürte sie die lustvolle Gänsehaut, die sich über ihren Körper zog. Allein mit dieser Geste schaffte er es, sie erneut zu erregen, darüber hinaus zeigte es ihr ihren Platz. „Ich bemühe mich", versprach sie kleinlaut. Offensichtlich hatte das Spiel bereits begonnen, sodass sie aufpassen sollte, ihn nicht zu sehr zu reizen.

Zufrieden lächelte Jeremy sie an. „Du lernst schnell, das gefällt mir.“ Zart strich er ihr eine Strähne aus dem Gesicht. „Warst du gehorsam? Oder werde ich Stoff fühlen, wenn ich meine Hand unter deinen Rock schiebe?“

Sein Atem fächerte über ihre Wange, als er sich zu ihr beugte, um ihr die Frage ins Ohr zu raunen. Zwischen ihren Schenkeln kribbelte es, als er sie daran erinnerte, dass sie unvollständig bekleidet war, gleichzeitig wurde sie tiefrot. „Ich habe gehorcht.“

Zufrieden lehnte er sich zurück, ihm gefiel es, dass sie so auf sein Spiel ansprang. Sie in Verlegenheit zu bringen und zu sehen, dass sie unruhig die Schenkel aneinanderrieb, trieb seinen inneren Sadisten an. Offensichtlich stand seine Kleine auf diese Art Demütigung. „Ich werde es zu gegebener Zeit überprüfen.“

Kate hätte jetzt gerne nachgefragt, was genau er damit meinte, doch in dem Augenblick trat die Kellnerin an ihren Tisch. Höflich bedankte sie sich, anschließend stieß sie mit ihrem Herrn auf einen schönen Abend an. Sie nippte an dem Glas, stellte es allerdings fast sofort zurück. Im Moment fühlte sie sich zu angespannt, um in Ruhe ihren Wein zu genießen. In ihrem Kopf tobten die verschiedensten Fantasien, wie ihr Herr feststellen wollte, ob sie seinen Befehl ausgeführt hatte. Erschrocken bemerkte sie, dass sie über den Vorstellungen sogar nass geworden war. Sie sollte schleunigst an etwas anderes denken, ehe man die Flecken auf ihrem Kleid oder den Polstern sah.

„Du bist nervös, was ist los?“ Jeremy nahm ihre Hand in seine, gleichzeitig betrachtete er sie. Natürlich hatte er eine Ahnung, was sie in Unruhe versetzte, aber es machte ihm höllischen Spaß, es von ihr zu hören.

„Ich bin immer noch heiß, was wenn man die Feuchtigkeit sieht?“, flüsterte sie ihm zu, dabei sah man ihr an, dass die Situation sie beschämte und erregte.

„Keine Sorge, es ist dunkel genug, außerdem glaube ich nicht, dass du dermaßen ausläufst.“ Beruhigend drückte er ihre Hand. „Geh ruhig zur Toilette, um dich zu trocknen.“ Mit einer Kopfbewegung schickte er sie zu den Waschräumen.

Kate gehorchte sofort, gleichzeitig war sie versucht, die Clutch irgendwie vor ihr Hinterteil zu halten, aber mit so einem Verhalten fiel sie garantiert noch mehr auf. Niemals wäre ihr in den Sinn gekommen, dass es sie so heiß machen würde, nur die Unterhose wegzulassen. Oft genug hatte sie darüber in ihrem Forum gelesen und es für übertrieben gehalten, jetzt wusste sie es besser.

Auf der Toilette stellte sie erleichtert fest, dass ihr Herr recht behalten hatte. Natürlich war sie bei Weitem nicht so nass, wie sie befürchtet hatte, trotzdem benutzte sie etwas Toilettenpapier, um sich trockenzutupfen, gleichzeitig nahm sie sich vor, sich auf das Tanzen zu konzentrieren. Tief in ihrem Inneren ahnte sie, dass das leichter gesagt als getan war.

Wesentlich sicherer kehrte sie zu ihrem Tisch zurück, woraufhin Jeremy sie höflich zu einem Walzer aufforderte. „Du wolltest doch herausfinden, wie gut ich bin“, erinnerte er sie mit einem Schmunzeln, während er ihr eine Hand hinhielt. „Oder hast du es dir überlegt?“

Sofort schüttelte sie den Kopf. „Nein, du kommst nicht drum herum, mir zu beweisen, was du draufhast.“ Mit einem verliebten Lächeln ging sie mit ihm zur Tanzfläche. Es erstaunte sie kein bisschen, dass er sie gekonnt über die Fläche schweben ließ. Mit der Aussage, dass er ein annehmbarer

Tänzer war, hatte er schamlos untertrieben, er beherrschte zumindest den Walzer perfekt.

„Und? Was sagst du? Kann man mich brauchen?“ Sein Schmunzeln wurde breiter, als er sie schwungvoll herumwirbelte.

Kate lachte leise. „Ja, aber das wusstest du ganz genau. Wo hast du das gelernt? Jetzt sag bitte nicht, dass du das auch wegen deiner Ex gemacht hast.“ Sie musterte ihn aufmerksam, da sie ihm durchaus zutraute, dass er einen Tanzkurs machte, um seiner Partnerin einen Gefallen zu tun.

„Nein, ich habe schon immer gerne die Führung übernommen, und wo kann man das besser als beim Tanzen?“ Geschickt wich er einem anderen Paar aus. „In der Tat habe ich in meiner Jugend einige Turniere bestritten.“

Das hatte Kate sich fast gedacht, weil er sich viel geschmeidiger bewegte als die meisten, mit denen sie das Vergnügen gehabt hatte. „Verborgene Talente, wie mir scheint. Was erfahre ich denn noch über dich? Hast du auch mal einen Wissenschaftspreis gewonnen? Oder den schwarzen Gürtel im Karate bekommen?“

Jeremy lachte. „Da muss ich dich enttäuschen, ich habe keinen Sinn für irgendwelche Wissenschaften, genauso wenig übe ich Sportarten wie Karate aus. Selbstverteidigung ist Teil meines Jobs, doch darüber hinaus beschäftige ich mich lieber mit harmloseren Vergnügungen.“

Der Walzer endete, sodass er sie zurück an ihren Tisch brachte, wo er kurz über ihren Hintern strich. „Brav, ich mag es, dass du so gehorsam bist. Wir sollten daran arbeiten, dass du das Verhalten verinnerlichst.“ Verlangend leckte er mit der Zungenspitze über ihr Ohrläppchen, als er ihr die Bemerkung zuflüsterte.

Kate senkte den Blick, da sie sich über ihn ärgerte. Er tat ja so, als ob sie sich ständig daneben benahm oder gegen ihn ging.

Sofort hob er ihr Kinn mit dem Handrücken an, sah ihr tief in die Augen, womit er sie augenblicklich besänftigte. „Einwände?"

Verlegen strich sie mit der Zunge über ihre Lippe, weil sich ihr Mund auf einmal trocken anfühlte, gleichzeitig schüttelte sie den Kopf. „Es klingt nur, als ob ich eine zänkische Hexe wäre, die sich nicht benehmen kann." Offen begegnete sie seinem Blick, nur um im Blau seiner Iriden zu versinken. Die Umgebung verblasste, ging in einem unerklärlichen Nebel unter, während lediglich sie beide übrig blieben. Kate schmiegte sich leicht an ihn, legte ihre Hände an seine Wangen, bis er sie vorsichtig von sich schob.

„Dafür haben wir später noch Zeit, versprochen." Schmunzelnd deutete er auf ihren Sessel. „Setz dich." Ihm gefiel es, dass er sie jederzeit mit seinem Blick fesseln konnte.

Sie gehorchte, doch am liebsten hätte sie ihn jetzt angefleht, sie zu seinem Cottage zu bringen, um die Session zu intensivieren. Kurz dachte sie darüber nach, entschied sich allerdings dagegen, denn es schadete sicher nicht, das Tanzen auszukosten.

Jeremy beobachtete sie genau, er liebte es, sie nach Belieben erregen zu können, dazu kam, dass sie eine sehr gute Tänzerin war. Seine Neigungen mit seinem Hobby zu kombinieren, war ihm bisher nie in den Sinn gekommen. So eröffneten sich ihm ganz andere Alternativen. Immer wieder berührte er sie, legte eine Hand auf ihren Oberschenkel, zog sie an sich, um sie sanft zu küssen oder strich ihr liebevoll über die Wange.

Er brauchte ihre Nähe, außerdem sollte sie die Zärtlichkeit bekommen, die sie verdiente.

Natürlich ließen sie kaum einen Tanz aus, was Kate aus vollem Herzen genoss, obwohl sie weiterhin befürchtete, dass ihr Rock zu hoch schwingen könnte. Doch ihr Liebster sorgte dafür, dass ihr nur wenig Zeit blieb, um darüber nachzudenken. Immer wieder wirbelte er sie über das Parkett, führte sie in die verschiedensten Drehungen und leitete sie perfekt an. Kate kam sich vor, als ob sie schweben würde, außerdem bemerkte sie die bewundernden Blicke der anderen Paare. Das war ihr noch nie passiert.

„Die Leute sehen uns an, als ob wir etwas Besonderes wären", stellte sie leise fest, als sie eine Pause einlegten und sie ihr Glas gerade abgestellt hatte.

„Nein, sie betrachten nur dich. Du tanzt fantastisch." Jeremy lächelte sie verliebt an.

„Du bist ein Charmeur. So gut bin ich nicht, es liegt auch an dir." Sie griff erneut nach ihrem Weinglas, bemerkte aber, dass es bereits leer war. Mit einem Handzeichen bat sie die Kellnerin an den Tisch. „Ich hätte gerne einen weiteren Weißwein."

„Du hast genug gehabt, mein Herz. Bringen Sie ihr bitte ein Mineralwasser", mischte Jeremy sich in dem Augenblick ein.

Kate wäre am liebsten im Erdboden verschwunden, dass sie ihm recht geben musste, machte die Situation viel schlimmer. In der Tat hatte sie bereits zwei Gläser ausgetrunken, was grenzwertig für einen Normalen war, in Anbetracht dessen, was sie noch vorhatten. Vor der Kellnerin zurechtgewiesen zu werden, trieb ihr trotzdem die Röte in die Wangen. Zum Glück fragte die junge Frau nicht nach, sondern ging ohne ein weiteres Wort zur Theke.

Zu allem Überfluss legte Jeremy in dem Augenblick seine Hand auf ihren Oberschenkel, schob den Rock ein Stückchen höher, um darunter schlüpfen zu können, ehe er den Stoff wieder gerade zog.

Sofort verwandelte sich die Scham in brennende Lust, sodass Kate sich auf die Lippe biss, um ein lautes Stöhnen zu unterdrücken.

„Es ist die Aufgabe des Tänzers, seine Partnerin fabelhaft aussehen zu lassen. Da stimme ich dir zu, allerdings machst du es mir sehr leicht."

Irritiert sah sie ihn an, als er das Thema aufgriff. Wie konnte er jetzt von so etwas Nebensächlichem reden? In ihr tobte die Gier, sie spürte seine Fingerkuppen viel zu deutlich auf ihrer Haut und er spielte den perfekten Gentleman. Fast hätte sie ihm eine deftige Bemerkung entgegengeschleudert, aber genau in dem Augenblick kehrte die Bedienung zurück. Dankbar nahm Kate das Mineralwasser entgegen, trank einen tiefen Schluck, bevor sie sich ihrem Herrn zuwandte. „Blamierst du mich eigentlich gerne, Sir?" Seinen Titel zischte sie nur noch.

Sofort packte er fester zu, gleichzeitig lächelte er sie an. „Vergisst du, in welcher Position du gerade bist? Wie du richtig bemerkt hast, sind wir in einer Session. Oder möchtest du abbrechen?"

Erschrocken schüttelte sie den Kopf. So war das bestimmt nicht gemeint, doch sie wusste wirklich nicht wohin mit ihren Gefühlen. Die Demütigung, vor der Kellnerin wie ein kleines Kind zurechtgewiesen zu werden, stachelte unerklärlicherweise ihre Lust an, genau wie die Angst, dass jemand entdecken könnte, dass sie praktisch nackt war. „Nein, es tut mir leid, Sir." Kleinlaut sah sie ihn an. „Ich weiß gerade kaum, was ich fühle."

Verständnisvoll streichelte er ihr über die Wange. „Das ist mir bewusst, mein Herz, und es gefällt mir ausgesprochen gut. Ich sehe dir an, dass du gegen deine Erregung ankämpfen musst." Sein Lächeln glitt ins Sadistische. „Sollte es dir zu viel werden, kannst du mich mit dem Wort Katze jederzeit stoppen." Normalerweise hätte er ihr die Möglichkeit vorher bieten sollen, nur war es ihm tatsächlich entfallen.

Dankbar nickte sie ihm zu, anschließend ließ sie sich erneut auf die Tanzfläche entführen. Wenn sie ehrlich war, gab sie zu, dass ihr sein Benehmen gefiel. Auf der einen Seite zeigte er sich als perfekter Gentleman, andererseits beschämte er sie auf eine Art, die ihr direkt zwischen die Schenkel fuhr. Nie hätte sie gedacht, dass sie auf Demütigung mit Lust reagieren würde.

„Sollen wir nicht langsam aufbrechen? Ich meine, ehe es zu spät ist." Vorsichtig betrachtete sie ihn, um herauszufinden, was er von ihrem Vorschlag hielt. Natürlich liebte sie es mit Jeremy zu tanzen, besonders, weil er sich auch als Herr um sie kümmerte, trotzdem gierte sie danach, endlich weiterzugehen.

„Du hast recht, mein Liebstes. Wir können ja ein anderes Mal wiederkommen, wenn keine Strafe auf dich wartet." Er tat so, als ob er überlegte. „Besser ich baue deine Bestrafung ein, sonst werden wir das Lokal wohl nicht mehr betreten."

Empört stieß Kate die Luft aus, bis sie das Schmunzeln in seinem Gesicht bemerkte. „Du bist fies. Gerade jetzt provozierst du mich", schmollend sah sie ihn an. „Ich hab doch echt schon genug verbockt."

Mit einem zärtlichen Auflachen zog er sie an sich. „Glaub mir, ich würde dich deshalb kaum strafen, außerdem sorge ich dafür, dass dir auch eine Bestrafung Spaß macht." Geschmeidig stand er auf, brachte sie zur Theke, wo er die

Rechnung bezahlte, ehe er ihr in ihren Mantel half. „Sollen wir eine Kleinigkeit essen?“

Sie befanden sich bereits auf dem Weg zu seinem Auto, als er ihr die Frage stellte. Die Verlockung, einen Aufschub zu bekommen, war sehr groß, trotzdem lehnte sie ab. „Wir können uns bei dir bestimmt eine Pizza in den Ofen schieben. Jetzt möchte ich fahren.“

Dem stimmte Jeremy von Herzen zu, da er sich mittlerweile nach Zweisamkeit sehnte. Das Spiel hatte ihn aufgeheizt, genau wie der vergangene Abend.

~~°~~

„Zieh dich aus und zeig mir, was ich besitze“, verlangte Jeremy, der bequem in seinem Sessel saß.

Sie hatten sich eine Pizza geteilt, ehe er ein Feuer im Kamin im Wohnzimmer angezündet hatte. Jetzt gab es kein Zurück mehr, was Kate bewusst war.

Unsicher trat sie vom linken Bein auf das rechte, es war ihr peinlich sich vor ihm auszuziehen. Im Job zeigte sie sich selbstbewusst und sicher, doch sobald es um ihr Privatleben ging, sah das ganz anders aus. Zu dumm, dass sie die Schuhe bereits ausgezogen hatte, genau wie die Füßlinge. Im Prinzip trug sie nur noch das Sommerkleid und ihren BH.

„Gibt es ein Problem? Sollte ich etwas wissen?“ Jeremy betrachtete sie aufmerksam, dabei genoss er es, sie so verunsichert zu sehen.

Langsam schüttelte sie den Kopf, anschließend löste sie den Reißverschluss, um das Kleid abzustreifen. Ohne ihn anzusehen, legte sie es zusammen, ehe sie es auf einem Sessel drapierte. Erst jetzt machte sie sich an den Haken des BHs zu schaffen, nur rutschten die doofen Dinger ihr immer wieder aus den zitternden Fingern. Fast wäre sie in Tränen ausgebrochen, weil sie es nicht hinbekam, sich auszuziehen, allerdings lagen auch ihre Nerven ziemlich blank.

Jeremy stand auf, stellte sich hinter sie, um sie an sich zu ziehen. „Es gibt überhaupt keinen Grund, dermaßen nervös zu sein. Du bist wunderschön, ganz ehrlich." Er hielt sie einen Moment fest, bis er spürte, dass sie sich beruhigte, anschließend drehte er sie zu sich um. „Besser?" In seinem Blick spiegelte sich die gesamte Liebe, die er für sie fühlte.

Beklommen schluckte sie, ehe sie leicht nickte. „Ja, ich weiß nicht, weshalb ich mich so dämlich anstelle."

Sofort schlug er ihr hart auf den Hintern, was sie erschrocken aufschreien ließ. „Ich will nie wieder hören, dass du dich als dumm betitelst. Es ist normal, dass du nervös bist." Eindringlich sah er sie an.

Kate atmete ein paar Mal tief durch. „Du hast recht, ich steigere mich in meine Zweifel hinein." Dankbar drückte sie sich an ihn, während er die Haken in ihrem Rücken öffnete.

Sanft zog er ihr den BH aus, hielt sie einen Moment fest, bis er bemerkte, dass sie sich entspannte. „Es ist alles in Ordnung, meine Kleine. Ich finde dich wunderschön", raunte er ihr ins Ohr.

Bei den Worten fiel ihr ein Stein vom Herzen, gleichzeitig schüttelte sie innerlich über sich selbst den Kopf. Es gab überhaupt keinen Grund für ihre Selbstzweifel, Jeremy war ihre Dualseele. Trotzdem atmete sie noch einmal tief durch, als er sich wieder auf seinen Sessel setzte, den er extra so hingestellt hatte, dass er sie gut beobachten konnte. Langsam drehte sie sich vor ihm, unterdrückte den Drang, sich irgendwie zu bedecken und zwang sich, ihm in die Augen zu sehen. Gerne hätte sie eine selbstbewusste Bemerkung gemacht, aber sie bekam keinen Ton hervor.

„Sehr schön, ich mag es, wenn du zur Abwechslung mal still bist." Jeremy verkniff sich das Lachen, zumal er sah, dass es in ihrem Gesicht zornig aufblitzte. Es war zu verlockend, wie schnell sie sich ärgern ließ, dennoch würde er es keinesfalls zu weit treiben. Geschmeidig stand er auf, ging zu ihr, um sie zärtlich in seine Arme zu ziehen. „Wie fühlst du dich?"

Auf die Frage war Kate gar nicht vorbereitet, daher musste sie einen Moment überlegen. „Verlegen, schwach und erregt", gab sie heiser zu.

Zufrieden brummte er. „Bei mir darfst du die Kontrolle abgeben. Wenn du verlernt hast, dich fallen zu lassen, zwinge ich dich dazu."

Seine Worte jagten eine Gänsehaut über ihren Körper. Wie sehr sehnte sie sich danach, sich vollkommen auf ihren Partner einzulassen. Leider war das aktuell unmöglich, was sie schwer seufzen ließ.

„Bedrückt dich etwas?" Jeremy hob ihr Kinn so an, dass sie ihn ansehen musste.

Vorsichtig nickte sie. „Es ist da was, das ich dir noch nicht erzählt habe. Dafür brauche ich Zeit." Bittend blickte sie ihn an, dabei hoffte sie, dass er die Session nicht abbrach.

Zu ihrem Erstaunen lachte er leise. „Es wäre auch zu viel verlangt, wenn ich jetzt schon dein komplettes Vertrauen fordern würde." Liebevoll küsste er sie auf die Stirn. „Es bedeutet mir sehr viel, dass du mir gestanden hast, dass es ein Geheimnis gibt."

Erleichtert lehnte sie sich an ihn, kostete seine Nähe aus, die ihr Geborgenheit und Sicherheit schenkte.

„Kommen wir zu deiner Strafe. Immerhin hast du versucht, mich an der Nase herumzuführen. Außerdem bist du ziemlich frech." Ernst musterte er sie, gleichzeitig schob er sie ein kleines Stückchen von sich. „Ich nehme natürlich Rücksicht darauf, dass du Anfängerin bist, deshalb probiere ich verschiedene Dinge aus. Ich erwarte, dass du mir ehrlich sagst, was du empfindest." Er packte ihr Kinn, damit sie ihm nicht ausweichen konnte. „Keine Lügen, kein Herunterspielen, verstanden?"

Lächelnd nickte sie. „Das verspreche ich dir, Sir."

Zufrieden küsste er sie erneut, anschließend deutete er auf das Sofa. „Beug dich über die Lehne." Eilig schob er den Tisch zur Seite, sodass er genug Platz hatte, bevor er aus dem Schlafzimmer einige Schlaginstrumente holte.

Neugierig beobachtete Kate ihn, als er zu ihr zurückkam, dabei stellte sie erleichtert fest, dass er kein Gummipaddle mitgebracht hatte. Davon hatte sie bereits gelesen sowie die Spuren gesehen, die ein solches Teil verursachte. Selbstverständlich jagten auch Rohrstock, Gerte und die anderen Dinge ihr ordentlich Respekt ein, trotzdem freute sie sich darauf. Verrückte Welt!

„Du darfst dir etwas aussuchen." Jeremy zeigte auf die Sachen, die jetzt neben ihr auf dem Sofa lagen.

Unentschlossen zuckte sie mit den Schultern, ehe sie auf den Gürtel deutete. „Kannst du bitte damit anfangen?"

„Sehr gerne." Mit einem undefinierbaren Lächeln nahm er den Ledergürtel in die Hand, nur um ihn sachte über ihre Hinterbacken streichen zu lassen. Immer wieder ließ er sie das kühle Leder fühlen, streichelte sie mit einem Ende, bis sie sich entspannte. Kurz legte er den Gürtel zur Seite, um einen Vibrator zu holen. Auf keinen Fall wollte er sie mit

Lustschmerz bekanntmachen, ohne sicherzustellen, dass sie auch tatsächlich erregt war. Darüber hinaus liebte er es, sie mit ihrer eigenen Lust zu quälen.

Kate stöhnte verhalten auf, als er den Massagestab zwischen ihren Schenkeln platzierte. Den ganzen Abend hatte sie bereits unter Strom gestanden, sodass jetzt nicht mehr viel fehlte, um sie kommen zu lassen. Genüsslich bewegte sie ihr Becken, rieb sich an dem Stab, bis Jeremy leise schnalzte.

„Keinen Höhepunkt ohne Erlaubnis", erinnerte er sie hart.

Sofort stoppte sie die Bewegung, weil sie genau wusste, dass sie den Orgasmus kaum aufhalten konnte, sollte sie so weitermachen. Enttäuscht stieß sie die Luft aus.

Ein letztes Mal strich Jeremy mit dem Vibrator über ihre Klitoris, ergötzte sich daran, wie sehr sie bereits gegen ihre Erfüllung kämpfen musste, dann schaltete er das Gerät aus. Er faltete den Gürtel einmal, anschließend schlug er auf ihren Po. Gekonnt dosierte er die Heftigkeit, achtete auf ihre Reaktion, während sich ein Schmunzeln auf sein Gesicht schlich.

Erschrocken zuckte Kate zusammen, als das harte Leder sie traf, bemerkte allerdings schnell, dass der Schmerz gut auszuhalten war. Ja, es tat weh, trotzdem verstärkte sich ihre Erregung fast sofort. Auffordernd streckte sie ihrem Herrn den Hintern hin.

„Wie gefällt dir das?" Jeremy strich zart über die Strieme, die sich auf ihrem Po abzeichnete.

„Es fühlt sich gut an", stieß sie hervor, gleichzeitig drehte sie den Kopf, sodass sie ihn ansehen konnte. „Machst du bitte weiter?" Ihr fiel diese Aufforderung unendlich schwer, aber sie sehnte sich danach, dass er endlich weiterging.

„Herzlich gerne." Wieder ließ er den Gürtel auf ihrem Hinterteil auftreffen, dosierte den Schlag genau. Er massierte erneut ihre Klitoris, bis sie kurz vor dem Höhepunkt stand, bevor er zuschlug.

Kate liebte den Schmerz, den der Ledergürtel verursachte, er trieb sie immer weiter auf ihre Erfüllung zu, doch da war noch mehr. Das Brennen sorgte dafür, dass ihre Sorgen und Zweifel verschwanden. „Härter, bitte." Sie flüsterte es nur, aber er hatte es gehört.

Sofort legte er den Gürtel zur Seite, nahm den Vibrator, den er ihr in die Hand gab. „Verwöhn dich!", befahl er mit dunkler Stimme.

Enttäuscht drehte Kate sich zu ihm, während sie den Massagestab entgegennahm. „Dir macht es keinen Spaß, oder?" Sie kämpfte gegen die Tränen an, denn das war die einzige Erklärung, dass er die Session jetzt schon beendete. Sie hatte ja gewusst, dass sie zu weich war.

Jeremy lachte leise auf, strich ihr eine Strähne aus dem Gesicht, gleichzeitig schüttelte er den Kopf. „Du redest dir einen Mist ein, meine Kleine. Ich genieße es, mehr als ich sagen kann. Es ist nicht das Ende deiner Bestrafung, glaub mir, ich habe gerade erst angefangen." Er küsste sie leidenschaftlich, anschließend nickte er ihr zu.

Beruhigt kam sie seinem Befehl nach, schob den Vibrator an die Stelle, an der sie ihn so dringend spüren wollte. Kate schloss genüsslich die Lider, verwöhnte sich, dabei war ihr bewusst, dass ihr Liebster ihr zusah. Allein das Wissen stachelte sie weiterhin an. Viel zu schnell kam sie an den Punkt, an dem sie sich kaum noch zurückhalten konnte. Entsetzt riss sie die Augen auf. „Bitte, darf ich kommen?", presste sie hektisch hervor.

„Nein!“

Sein Verbot sorgte dafür, dass sie wimmerte, außerdem zog sie den Vibrator von ihrer Klitoris weg, doch Jeremy zwang sie, sich weiter zu befriedigen. „Ich schaffe es nicht“, rief sie verzweifelt. Auf keinen Fall wollte sie ungehorsam sein.

Genau in dem Augenblick schlug er mit dem Rohrstock zu.

Kate hatte das Gefühl, als ob ihr Po brennen würde, während sie sich dem Schmerz ergab, der sich nur kurz darauf in Lust verwandelte. Jetzt kämpfte sie noch härter gegen den Höhepunkt an. Ein erneuter Treffer sorgte dafür, dass sie sich beherrschte. Wieder fühlte sie tief in sich hinein, bemerkte, dass auch der Stock sie erregte und ihr ermöglichte, alle belastenden Gedanken zu vergessen. Lustschmerz bedeutete, sich hingeben zu dürfen, sich fallen zu lassen.

Jeremy schenkte ihr einen weiteren Schlag, ehe er ihr den Vibrator aus der Hand nahm und sich so platzierte, dass sie ihn ansehen konnte. „Was fühlst du?“

Mit glänzenden Augen blickte sie ihn an. „Es ist fantastisch. Endlich darf ich schwach sein, muss mich nicht kontrollieren oder zeigen, wie stark ich bin. Ich liebe es.“ Bei dem Geständnis wurde sie rot, weil es für sie verrückt klang, Schmerzen zu mögen.

„Das habe ich gehofft. Du machst mich zum glücklichsten Mann der Welt.“ Kurz küsste er sie, anschließend stellte er sich erneut hinter sie. „Nimm den Vibrator, Kleines.“

Der Anweisung folgte sie zu gerne, doch bei dem Schlag, der jetzt auf ihrem Po auftraf, schrie sie gequält auf. Sofort schüttelte sie heftig den Kopf. „Das halte ich nicht aus.“ Tränen traten in ihre Augen, gleichzeitig hatte sie das Gefühl, als ob ihre Haut aufgeplatzt wäre, außerdem spürte sie ein fieses Nachbrennen.

Jeremy half ihr, sich aufzurichten, nahm ihr den Massagestab aus der Hand, ehe er sich mit ihr auf dem Schoß auf die Couch setzte. „Ganz ruhig, es ist schon vorbei", tröstete er sie, küsste sie sanft, während er ihr Geborgenheit gab. „Die Gerte ist also nicht dein Instrument."

Betroffen stimmte sie ihm zu. „Das ist einfach nur furchtbar, daran ändert auch der Vib kein bisschen." Sie schüttelte sich, gleichzeitig kuschelte sie sich fest an ihn. Zum Glück erkannte sie in seinen Augen, dass ihre Reaktion völlig in Ordnung für ihn war.

„Ich werde sie nie mehr bei dir anwenden", versprach er zärtlich. „Möchtest du weitermachen?"

In dem Moment war ihr bewusst, dass sie die Wahl hatte. Lächelnd nickte sie. „Der Gürtel und der Rohrstock waren der Hammer."

„Leg dich über meine Beine". Er klopfte auffordernd auf seine Oberschenkel.

Kate kam seiner Aufforderung augenblicklich nach, stützte sich mit den Handflächen und Füßen auf dem Boden ab, bis Jeremy sie in die richtige Position rückte.

„Entspann dich, ich bin stärker, als ich aussehe." Leise lachend strich er über ihr Hinterteil, massierte die runden Pobacken, anschließend ließ er einen Finger zwischen ihre Schamlippen rutschen. Zufrieden stellte er fest, dass seine kleine Wildkatze nass war. Sie genoss die Session tatsächlich. Noch während er ihre Klitoris reizte, schlug er hart mit der Hand auf ihren Po. „Ich habe dir ja versprochen, dass ich dir wie einem ungezogenen Kind den Hintern versohle."

Die Worte verfehlten ihre Wirkung nicht, sondern stachelten ihre Gier nur weiter an. Es war demütigend, wie eine freche Göre behandelt zu werden, gleichzeitig fühlte es sich wundervoll an. Der Schmerz verwandelte sich augenblicklich in Lust, die sie erneut auf einen Orgasmus zutrieb. Leise stöhnend wand sie sich auf seinen Oberschenkeln, bis ein besonders harter Schlag sie traf.

„Bleib ruhig liegen, sonst hole ich ein Gummipaddle."

Kate biss die Zähne zusammen, bemühte sich, tatsächlich jede Bewegung zu unterdrücken, aber sie schaffte es einfach nicht. „Bitte, ich bin zu heiß", flüsterte sie, gleichzeitig bemerkte sie, dass ihr Hintern brannte. Ein verdammt gutes Gefühl.

„Das weiß ich, Kleines, nur bin ich noch nicht fertig mit dir. Du hast dich wirklich frech benommen."

Seine Stimme klang so verständnisvoll, dass sie schlucken musste. Darüber hinaus gab sie ihm recht, sie hatte keine Gelegenheit ausgelassen, ihn zu provozieren. Sie senkte den Kopf und klammerte sich stattdessen an seinen Oberschenkel, um irgendeinen Halt zu bekommen.

Jeremy betrachtete schmunzelnd seine Sub, die demütig über seinen Schenkeln lag. Stolz flammte in seinem Herzen auf. Erneut trieb er sie bis kurz vor den Höhepunkt, bevor er seine Hand hart auf ihrer Pobacke auftreffen ließ. Sanft strich er über die heiße, rote Fläche, die bereits zwei Striemen aufwies, außerdem erkannte man die Spuren, die der Gürtel hinterlassen hatte. Bei dem Anblick wurde es verdammt eng in seiner Hose. Gerne würde er sich ihre Tränen holen, aber dazu war es viel zu früh. Seine Handfläche brannte wahrscheinlich genau wie ihr Hinterteil, trotzdem hörte er nicht auf. Im Gegenteil er bearbeitete ihren Po mit heftigen Schlägen, bei denen sie erregt aufstöhnte.

„Bitte, ich halt es nicht länger aus."

Kate stieß den Satz hervor, weil sie glaubte zu platzen. Mittlerweile spürte sie keinen Schmerz mehr, sondern nur noch Gier, brennende Gier.

Vorsichtig half Jeremy ihr hoch, stand auf und küsste sie leidenschaftlich. Seine Zunge drang tief in ihren Mund ein, raubte ihr den Atem, während er sich an ihrem Geschmack berauschte. Sie schmeckte fantastisch, besser als jeder Wein, den er jemals gekostet hatte.

Kate drängte sich an ihn, schlang ihre Arme um seinen Hals, gleichzeitig gab sie sich dem Kuss hin. Forderte ihn zu einem Duell auf, das sie mit Freude verlor.

Atemlos ließen sie voneinander ab, woraufhin er sie hochhob, um sie ins Schlafzimmer zu tragen.

Hier setzte er sie auf das Bett, ehe er sich die Kleider vom Leib streifte. Sofort war er wieder bei ihr, streckte sich neben ihr aus, anschließend erkundete er ihren Körper mit den Fingerspitzen. Genüsslich strich er über die weiche Haut, entlockte ihr ein heiseres Stöhnen nach dem anderen, bis sie ihn flehend ansah.

„Nimm mich endlich, bitte."

Der Aufforderung folgte er zu gerne. Vorsichtig schob er sich über sie, spreizte ihre Schenkel mit seinem Knie, bevor er in sie eindrang. Es kostete ihn enorme Überwindung, um sich nicht rücksichtslos in sie zu rammen, doch dieses erste Mal sollte etwas ganz Besonderes werden.

Kate drückte sich ihm entgegen, so lange hatte sie auf den Augenblick gewartet. Sie schlang ihre Beine um seine Hüften, klammerte sich mit den Armen an ihm fest und hob ihr Becken an, um ihn intensiver zu spüren. Er füllte sie aus, sodass sie mit jedem Stoß leise aufschrie. Es fühlte sich noch besser an, als sie erwartet hatte. Als er eine Hand zwischen ihre Leiber schob, um ihren Lustpunkt zusätzlich zu stimulieren, glaubte sie förmlich zu explodieren.

„Komm für mich“, raunte er ihr zu. Auch er konnte sich keine Sekunde länger beherrschen, zumal er sich bereits seit einigen Tagen nach ihr sehnte. Trotzdem hielt er sich zurück, zuerst sollte sie ihre Belohnung erhalten.

Erleichtert ließ Kate sich fallen, schloss die Augen, dabei hieß sie den Orgasmus willkommen. Ihr Körper verkrampfte sich auf die schönste Art, gleichzeitig fühlte es sich an, als ob ihr Blut kochen würde und ihre Gedanken in einem Strom aus Lust verbrannten. Mit einem leisen Schrei kam sie, flog zu den Sternen, während sie ihren Liebsten immer noch fest umklammerte.

Jeremy folgte ihr, pumpte seinen Samen in sie, wobei er das Gefühl hatte, als ob sie in einer anderen Dimension gelandet wären. Hier gab es nur sie beide und ein Meer aus Begierde.

Kapitel 14 - Erregende Spiele

Eine ganze Weile schmiegten sie sich eng aneinander, um die Nachwehen zu genießen, dabei streichelte Jeremy seine kleine Wildkatze sanft. Jetzt lag sie ruhig in seinen Armen, was ihm außerordentlich gut gefiel.

„Sag mal, weshalb hast du mit dem Gürtel angefangen, statt mir sofort mit der Hand den Hintern zu versohlen?“ Neugierig betrachtete sie ihn.

Mit einem Schmunzeln zuckte er mit den Schultern. „Weil du es dir so ausgesucht hast. Du hättest ja um etwas anderes bitten können.“ Leise lachend zog er sie an sich, als er sah, wie sich ihr Gesicht unwillig verzog.

„Das ist hinterhältig. Ich dachte, es ginge nur um die Sachen, die dort lagen.“ Träge drehte sie sich ein wenig, sodass er besser an sie herankam. „Glaub mir, du wirst in der nächsten Zeit jeden Befehl genau überdenken müssen“, drohte sie mit einem neckenden Unterton in der Stimme.

„Damit rechne ich ständig.“ Zärtlich küsste er sie auf die Nasenspitze. „Aber du lieferst uns ganz bestimmt ausreichend Stoff für weitere Bestrafungen.“

Fast hätte sie aufbegehrt, doch dafür fühlte sie sich zu befriedigt, außerdem gab sie ihm ja recht. „Der Stock war ziemlich hart, allerdings kein Vergleich zu der Gerte. Die Reihenfolge verstehe ich immer noch nicht.“

„Ich hatte von vorneherein vor, dir den Hintern auf diese Weise zu versohlen“, gab er schmunzelnd zu. „Die Gelegenheit war andererseits zu gut, um ein paar Schlagwerkzeuge auszuprobieren. Deshalb hast du auch nur wenige Schläge damit bekommen. Wir bauen auf den Erfahrungen auf,“ versprach er lächelnd. „Morgen möchte ich vielleicht Bondage mit dir ausprobieren. Wir sollten deinem Hinterteil etwas Ruhe gönnen.“ Bei den Worten kratzte er leicht mit den Fingernägeln über die gereizte Haut.

Jetzt musste Kate ein Schnurren unterdrücken, weil es sich so verdammt gut anfühlte. „Ich freue mich darauf.“ Langsam spürte sie die Müdigkeit, sodass sie sich eng an ihren Freund kuschelte und ins Traumland abdriftete.

Jeremy betrachtete sie glücklich. Sie war genau die Frau, die er sich immer gewünscht hatte. Über dem Gedanken schlief auch er ein.

~~°~~

Am nächsten Morgen überraschte Jeremy sie mit einem Frühstück. Begeistert blickte sie auf die Leckereien, die er auf ein Tablett gestapelt hatte, wobei sie Sekt entdeckte. „Wow, wofür ist das denn?“

„Ich möchte dich einfach verwöhnen, kleine Wildkatze. Benötige ich einen Grund dafür?“ Er kam zu ihr, nachdem er das Tablett in die Mitte des Bettes gestellt hatte. „Außerdem hast du mich unendlich glücklich gemacht“, gab er lächelnd zu.

„Ehrlich? Ich habe doch eine ziemlich niedrige Schmerzgrenze.“ Zweifelnd musterte sie ihn.

„Erstens kommt es darauf nicht an und zweitens ist das gelogen. Ich habe schon ganz gut draufgehauen. Schau dich einfach im Spiegel an.“ Schmunzelnd deutete er auf den Kleiderschrank.

Neugierig kletterte Kate aus dem Bett, um sich selbst zu betrachten, dabei weiteten sich ihre Augen. „Das ist fantastisch. Ich liebe den Anblick“, rief sie erfreut aus. Eilig kam sie zu ihm zurück, nahm ihr Glas und prostete ihm zu. „Auf viele weitere Sessions.“

„Auf dich, meine Süße.“

Sie ließen es sich schmecken, wobei Kate an die letzte Nacht erinnert wurde, sobald sie sich bewegte. Sie fühlte die Spuren sehr deutlich, was ihr ein glückliches Lächeln aufs Gesicht zauberte.

„Worauf hast du heute Lust?“, erkundigte Jeremy sich, als sie mit dem Frühstück fertig waren.

Kurz überlegte sie. „Du hast was von Bondage gesagt“, bemerkte sie. „Außerdem muss ich schnell nach Blacky schauen.“ Wieso hatte sie die Katze nur erfunden? Jetzt musste sie ständig daran denken, sie miteinzubeziehen. Das war ziemlich lästig.

„Klar fessele ich dich, aber vorher würde ich gerne mit dir duschen.“

Begeistert stimmte sie zu, denn das war bestimmt eine ganz besondere Erfahrung.

Gemeinsam räumten sie die Reste des Frühstücks weg, anschließend gingen sie ins Bad, wo Jeremy die Wassertemperatur einstellte, ehe er seine Freundin in die Duschkabine schob. Sanft seifte er sie mit dem Duschgel ein, rieb zärtlich über ihren malträtierten Po, woraufhin sie leise seufzte. Er drehte sie herum, sodass sie mit dem Rücken an seiner Brust lehnte, was ihr die Nähe gab, nach der sie sich sehnte.

Erst als er ihren Schambereich einschäumte, wurde sie unruhig. Für Kate fühlte es sich beschämend an, dass er sie an so einer intimen Stelle wusch. Andererseits kochte sofort die Erregung wieder in ihr hoch. Schnell schloss sie die Augen, spreizte die Schenkel etwas, gleichzeitig genoss sie es, dass er sie so zärtlich einseifte.

„Du bist eine so sinnliche Frau, das gefällt mir", bemerkte er, während er jetzt den Wasserstrahl der Dusche auf ihre Intimzone richtete. Sorgsam achtete er darauf, dass er auch genau den richtigen Punkt traf, was ihm ein unterdrücktes Stöhnen einbrachte. Daran, dass sie ihre Lust offen zeigen durfte, mussten sie noch arbeiten, für seinen Geschmack hielt sie sich viel zu sehr zurück.

Kate seufzte leise, es fühlte sich unbeschreiblich gut an, obwohl sie nicht annähernd in die Nähe eines Orgasmus kam. Vorsichtig drückte sie ihren Hintern heraus, rieb sich leicht an seinen Oberschenkeln, dabei spürte sie deutlich, dass ihn das gemeinsame Duschen kaum kalt ließ.

Jeremy schmunzelte, genauso gefiel es ihm, sie sollte ihm deutlich zeigen, dass sie seine Berührungen mochte. Liebevoll knetete er ihre Brüste, nachdem er den Duschkopf zurück in die Halterung gesteckt hatte. Es erstaunte ihn, wie gut die kleine Wildkatze zu ihm passte, ein echtes Geschenk des Himmels.

Als auch der letzte Schaum abgespült war, drehte sie sich zu ihm um, betrachtete ihn mit einem sinnlichen Blick, gleichzeitig legte sie ihre Hand um sein bestes Stück. Fast zaghaft streichelte sie seinen Schaft, während sie ihn nicht aus den Augen ließ. „Darf ich mich revanchieren, Sir?"

Jeremy nickte, dabei lehnte er sich an die Wand. „Bitte, bedien dich." Lässig deutete er auf seine Erektion.

Lachend schüttelte Kate den Kopf. „Ich habe davon geredet, dich zu waschen, und du?" Sie wartete seine Antwort nicht ab, sondern nahm etwas von dem Duschgel. Sanft schäumte sie sein Glied ein, rieb genüsslich darüber, wobei es ihr enorm gefiel, dass ihr Liebster leise stöhnte. Erst als er sich unruhig bewegte, glitt sie mit der Hand tiefer, umfasste seine Hoden, anschließend ging sie in die Knie, um sich um seine Beine zu kümmern.

Mit einem neckenden Blick sah sie ihn von unten herauf an, nur um geschmeidig wieder aufzustehen und seine Brust einzuseifen. Spielerisch zupfte sie an seinen kleinen Brustwarzen, bis er ihr einen leichten Schlag auf den Hintern gab. Hell lachte sie auf.

„Hexe! Du spielst mit dem Feuer", warnte er sie, woraufhin sie begeistert nickte.

Nachdem sie ihn abgespült hatte, stellte er das Wasser aus, half ihr galant aus der Dusche, um sie in ein kuscheliges Badetuch zu wickeln. „Ich liebe es, mich mit dir zu beschäftigen."

Kate küsste ihn leidenschaftlich, sie fühlte sich rundherum glücklich. Das Leben war wundervoll!

Fürsorglich trocknete er sie ab, anschließend deutete er auf den Föhn. „Kümmer dich um deine Haare, ich bereite schon mal alles vor." Nur mit dem Handtuch bekleidet lief er ins Schlafzimmer, während Kate ihm lächelnd nachsah.

Sie beeilte sich, auf keinen Fall wollte sie auch nur eine Sekunde ihrer kostbaren gemeinsamen Zeit verschwenden. Ehrlich gab sie zu, dass sie darauf brannte, die erste

Bondageerfahrung zu machen. In ihrem Forum gab es etliche Bilder, die jedes Mal ihr Kopfkino anfachten.

Als ihre Haare trocken waren, ging sie zu ihm, wobei sie jetzt doch wieder eine erregende Nervosität verspürte. Es fühlte sich extrem ungewohnt an, dass sie immer noch nackt war.

„Komm her, Kleines." Jeremy klopfte auffordernd auf die Matratze, wo er, bekleidet mit einer Jogginghose, saß. Neben ihm lagen mehrere Seilbündel, außerdem hatte er einen Bondagering aufgehängt.

Langsam setzte sie sich zu ihm. „Hängt der über dem Bett, damit ich weich falle?" Herausfordernd musterte sie ihn. Was genau sie ritt, wusste sie selbst nicht.

Mit hochgezogener Augenbraue betrachtete Jeremy sie. „Schon wieder frech? War dir die Lektion gestern keine Lehre? Glaub mir, ich schrecke keinesfalls davor zurück, dich eine ganze Woche keusch zu halten."

Bei der Androhung riss sie erschrocken die Augen auf, mit einer solchen Erwiderung hatte sie absolut nicht gerechnet. Im Gegenteil, sie spekulierte auf eine weitere erregende Session. „So war das nicht gemeint, Sir. Entschuldige bitte." Sie senkte den Blick, womit sie verhindern wollte, dass er sah, wie entsetzt sie von der Drohung war.

Sofort hob er ihr Kinn an, gleichzeitig lächelte er süffisant. „Dachte ich es mir doch, dass ich dich so einfach im Zaum halten kann." Zärtlich strich er ihr über die Wange. „Pass besser auf, wann du mich ärgerst. Jetzt ist ein schlechter Zeitpunkt."

Erleichtert, dass er sie damit davonkommen ließ, deutete sie auf den Ring. „Willst du direkt mit einer Suspension beginnen?" Unsicherheit klang in ihrer Frage mit.

„Nein, aber ich hab den Bondagering vorsichtshalber schon mal aufgehängt. Könnte ja sein, dass du es ausprobieren möchtest." Er schmunzelte, zumal er ihre Neugier ja bereits kennengelernt hatte. „Sollen wir anfangen?"

„Was muss ich tun?" Kate rutschte aufgeregt hin und her, bis sie die Striemen wieder spürte.

„Locker lassen, mir vertrauen und Bescheid sagen, wenn du dich unwohl fühlst. Sollten deine Finger oder Zehen kribbeln, teilst du mir das sofort mit, klar?" Ernst musterte er sie.

„Kein Problem." Sie war begierig auf diese Erfahrung, was man ihr deutlich ansah.

Jeremy legte sein Messer so, dass er es jederzeit griffbereit hatte. Auf keinen Fall würde er eine Bondagesession anfangen, ohne eine Möglichkeit, sein Opfer schnell zu befreien. Anschließend sorgte er dafür, dass seine Kleine sich auf den Bauch drehte.

Gespannt blickte Kate ihn über die Schulter hinweg an. Zu gerne hätte sie ihn jetzt mit Fragen gelöchert, aber sie wollte die Stimmung nicht zerstören. Darüber hinaus ließ er seine Fingerspitzen gerade über ihre Rückseite wandern, was ihr ein leises Seufzen entlockte. Sie liebte es, auf diese Weise verwöhnt zu werden.

Sanft nahm er ihre Handgelenke, führte sie hinter ihrem Rücken zusammen, wo er sie mit einem Seil fesselte. Sorgfältig prüfte er, ob alles an der richtigen Stelle saß, streichelte sie, während er ihr die Zeit gab, ihre Emotionen zu erforschen.

Kate drehte den Kopf, sodass sie bequem lag, entspannte sich, dabei fühlte sie in sich hinein. Ihre Gedanken, Zweifel und Sorgen kamen zur Ruhe, als das Hanfseil sich um ihre Gelenke legte. Es war, als ob jemand einen Knopf gedrückt hätte. Obwohl er nur ihre Handgelenke gefesselt hatte, überkam sie ein Gefühl der Hilflosigkeit, was sie regelrecht zwang, sich fallen zu lassen. Sie lieferte sich ihrem Liebsten aus, gab die Verantwortung komplett ab, was sich grandios anfühlte. Jetzt wusste sie, was er damit meinte, dass er sie zwingen würde, schwach zu sein.

„Sollen wir weitermachen?" Jeremy hielt schon ein neues Seilbündel bereit, trotzdem wartete er ihre Einwilligung ab. Auf keinen Fall wollte er sie überreden oder gar über ihre Entscheidung hinwegtrampeln.

„Ja, bitte, es ist fantastisch." Ihre Stimme klang ein wenig heiser.

Mit einem Lächeln fesselte er ihre Fußgelenke zusammen, bevor er sie dazu brachte, die Knie zu beugen, damit er die Füße mit dem restlichen Seil an ihre Hände knoten konnte.

Kate lag wie in einer umgekehrten Brücke, wobei ihr die Beweglichkeit der Katze zugutekam. Die Hilflosigkeit nahm zu, denn jetzt schaffte sie es nur mit äußerster Anstrengung, die Fesseln selbst zu lösen, trotzdem fühlte sie sich auf seltsame Art befreit. Ein irrer Gedanke, dass sie ausgerechnet Freiheit verspürte. Doch das war eine Freiheit, die sie so nicht kannte: Sie war frei von Verantwortung.

Obwohl die Spannung in ihrem Körper alles andere als angenehm war, kicherte sie leise. Glück durchströmte sie, während sie akzeptierte, dass Jeremy in diesem Moment komplett über sie bestimmte.

„Das ist ein Hogtie, meine Süße." Er fuhr mit den Fingerspitzen über ihre Sohlen. „Sehr gut geeignet, um zu foltern." Lachend kitzelte er sie.

Sofort versuchte sie von ihm wegzurobben, wand sich, drehte sich sogar, gleichzeitig lachte sie laut auf. „Bitte, ich flehe dich an, hör auf."

„Du bettelst jetzt schon? Das ging ja schnell.“ Vergnügt ließ er von ihr ab. „Eine Bastonade ist in der Position auch gut möglich, doch dafür ist es definitiv zu früh.“

Erleichtert atmete sie auf, Stockschläge auf die Fußsohlen machten ihr wirklich Angst. „Ich bin gehorsam“, versprach sie hektisch.

Jeremy stellte sich so, dass er sie ansehen konnte. „Du solltest nichts versprechen, was du nicht halten kannst“, mahnte er.

Fast hätte sie ihm widersprochen, aber am Ende gab sie ihm recht, sie liebte es viel zu sehr, ihn herauszufordern, um das brave Weibchen zu spielen.

Vorsichtig spreizte er ihre Schenkel, was in der Position ziemlich einfach war, anschließend betrachtete er sie genüsslich. „So gefällt mir das“, murmelte er, als er erkannte, dass sie bereits feucht war. Zart strich er durch ihre Spalte, entlockte ihr ein wollüstiges Stöhnen, ehe er die Fesseln wieder löste.

Enttäuscht sah sie ihn an. „Hab ich was falsch gemacht?“

Sanft zog er sie in seine Arme. „Nein, ich bin auch noch nicht fertig mit dir. Aber du bist die Anspannung, gerade im Rücken kaum gewöhnt. Du willst dich doch morgen einigermaßen bewegen können, oder?“

Daran hatte sie nicht gedacht, daher nickte sie jetzt nur.

„Das nennt man übrigens Ropemarks.“ Er zeigte auf die Spuren an ihren Fuß- und Handgelenken.

Begeistert strich sie über die Stellen. „Ich liebe sie.“

Ihr Strahlen erreichte direkt sein Herz, sodass er sie an sich zog, um sie leidenschaftlich zu küssen. Tief tauchte er mit seiner Zunge in ihren Mund ein, kostete von ihr, wie von einem guten Wein, bevor er sie wieder losließ.

Einen Moment gab er ihr noch, dann deutete er auf die Seile. „Bereit für eine weitere Erfahrung?"

Sofort stimmte sie zu. Sie liebte es, die Kontrolle abzugeben.

Dieses Mal forderte er sie auf, sich auf den Rücken zu legen. „Ich habe da eine ganz einfache, aber sehr effektive Sache im Sinn", erklärte er mit einem Blitzen in den Augen. Gekonnt fesselte er zuerst ihre Fußgelenke an das Bettgestell, wobei er ihre Schenkel auseinanderzog. Danach kamen die Handgelenke dran, bis sie wie an einem Andreaskreuz gespreizt vor ihm lag. „Jetzt, meine Kleine, bist du mir ausgeliefert."

Allein seine Bemerkung ließ eine Gänsehaut über ihren Leib laufen, dabei fühlte sie sich herrlich geborgen. Erst als er den Raum verließ, bekam sie ein sehr ungutes Gefühl. Wohin wollte er? Würde er sie etwa einfach hier liegen lassen? Augenblicklich schob sie die dummen Gedanken von sich, das traute sie ihm nicht zu. Trotzdem verwandelte sich die Seligkeit langsam in Angst. Zum Glück kam er kurz darauf wieder und hatte den Vibrator in der Hand.

Natürlich bemerkte er, dass sie ihm angstvoll entgegenblickte, sodass er sofort zu ihr eilte. „Was ist los? Geht es dir nicht gut?"

Erleichtert schüttelte sie den Kopf. „Nein, ich habe mich nur verrannt." Jetzt lachte sie auf, wie konnte sie nur auf die Idee kommen, dass er sie einfach alleine ließ?

Mit gerunzelter Stirn betrachtete er sie, bis ihm ein Gedanke kam, der ihm extrem missfiel. „Hast du etwa geglaubt, dass ich dich schutzlos hier liegen lasse?"

Stumm nickte sie, weil sie eine Lüge in der Situation überhaupt nicht über die Lippen bekam.

Sanft strich er ihr eine Strähne aus dem Gesicht.

„Verzeih mir, ich hätte dir sagen sollen, dass ich nur dein Spielzeug hole." Liebevoll küsste er sie, betrachtete sie erneut eindringlich.

„Es ist alles gut, Sir, ich habe mich in meine Ängste hineingesteigert. Außerdem warst du ja sofort wieder da." Verlegenheit spiegelte sich in ihren Augen. „Ich hätte wissen müssen, dass du auf mich aufpasst."

„Es war keineswegs deine Schuld, kleine Wildkatze. Möchtest du, dass ich dich losmache?" Bei der Frage hielt er den Atem an, hatte er mit der Aktion tatsächlich die Session kaputtgemacht? Am liebsten würde er sich selbst ohrfeigen, weil er so unüberlegt gehandelt hatte.

Entsetzt schüttelte sie den Kopf. „Weshalb? Hast du keine Lust mehr?" Sie deutete mit dem Kinn auf den Vibrator. „Ich freue mich darauf, einen Orgasmus zu bekommen. Den hab ich mir bestimmt verdient, oder?" Jetzt setzte sie ihren besten Hundeblick auf.

Jeremy lachte erleichtert. „Auf jeden Fall." Sofort schaltete er das Gerät ein und umkreiste ihre Klitoris damit. „Hast du es dir so vorgestellt?"

„Oh, ja!" Genüsslich schloss sie die Lider, ließ sich in ihre Fesseln fallen, während sie sich erlaubte, auf einen Höhepunkt zuzusteuern.

Zufrieden betrachtete er sein Eigentum, die sich vorsichtig bewegte. Für ihn gab es kaum einen schöneren Anblick, besonders wenn er die Macht über ihre Lust in der Hand hielt.

Eine Weile gestattete er es ihr, in der süßen Wollust zu schwelgen, bis er das Verlangen fühlte, sie schmecken zu wollen. Sofort schaltete er den Vibrator aus, ignorierte ihr enttäuschtes Aufstöhnen, anschließend kniete er sich zwischen ihre gespreizten Schenkel.

Jeremy beugte sich vor, nahm ihren wundervollen Geruch auf, bevor er ihre Schamlippen spreizte. Zart leckte er mit der Zungenspitze über ihre Klitoris, kostete von dem ihr eigenen Geschmack, gleichzeitig bemerkte er ihren erstickten Aufschrei. Genauso hatte er es sich vorgestellt. Genüsslich umkreiste er ihren Lustpunkt, saugte an ihrer Klit und biss sogar hinein, was ihm einen erneuten Lustschrei einbrachte.

Kate hatte das Gefühl zu verbrennen, während er sie mit der Zunge verwöhnte. Zu gerne hätte sie sich ihm weiter entgegengestreckt, nur verhinderten die Seile es zuverlässig. Immer wieder hob sie ihr Becken an, forderte ihn mit ihrem Körper auf, nur nicht aufzuhören. Stöhnend wand sie sich vor ihm, heiß, nass und gierig.

Endlich ließ er einen Finger tief in sie rutschen, dem ein zweiter sofort folgte. Jetzt bäumte sie sich auf, soweit es die Fesseln zuließen. Kate war keine Sekunde länger in der Lage, ruhig liegen zu bleiben, es fühlte sich zu wundervoll an. Noch nie hatte ein Mann sie mit seiner Zunge dermaßen erregt.

Jeremy liebte es, wie sie sich hingab, ihm deutlich zeigte, dass ihr gefiel, was er da mit ihr anstellte. Sie schmeckte fabelhaft, ebenso genoss er es, sie auf diese Art zu verwöhnen. Immer wieder leckte er über ihren intimsten Punkt, trieb sie gezielt auf einen Orgasmus zu, bis sie mit einem erstickten Schrei kam. Die Laute, die sie von sich gab, klangen wie Musik in seinen Ohren. Nur unwillig ließ er von ihr ab, schob sich über sie, um sie leidenschaftlich zu küssen.

Kate glaubte, zu verglühen, so sehr heizte der Höhepunkt ihr ein, ihr gesamter Leib verkrampfte sich und sie flog zu den Sternen. Als Jeremy sie küsste und sie sich selbst schmeckte, verstärkte sich das Gefühl noch einmal.

Jetzt hielt ihn nichts mehr zurück, eilig streifte er die Jogginghose ab, ehe er sich mit einem heftigen Stoß in ihr versenkte, um sich zu holen, was er in diesem Moment brauchte. Immer wieder rammte er sich in sie, gleichzeitig stimulierte er ihre Klitoris, womit er sie zu einem weiteren Orgasmus trieb.

Obwohl der folgende Höhepunkt sich wesentlich sanfter anfühlte, war er noch intensiver, gerade weil sie ihn gemeinsam erlebten.

Kate atmete schwer, als Jeremy sich von ihr löste, um sie zu befreien. Achtlos schob er die Seile vom Bett, anschließend zog er seine Liebste fest in seine Arme. „Ich lasse dich nie mehr gehen", flüsterte er ihr zu. Auch er war völlig außer Atem, geschafft, aber überglücklich.

Plötzlich setzte er sich auf, schlug sich vor die Stirn und blickte sie bittend an. „Ich bin so ein Idiot. Du verhütest doch, oder?" Er hatte im Eifer des Gefechts das Kondom vergessen, wie konnte ihm nur so ein dummer Fehler unterlaufen?

Kate lachte, dabei zog sie ihn an sich. „Ja, mach dir keine Gedanken. Ich nehme die Pille." Das war zwar eine glatte Lüge, da sie genau wusste, wann sie fruchtbar war, aber in der speziellen Situation hatte sie kein schlechtes Gewissen.

Jeremy ließ sich erleichtert neben sie fallen. „Das ist mir noch nie passiert."

Leise kicherte sie. „Ich dachte, wir schwindeln uns niemals an?" Herausfordernd blickte sie ihn an, während sie sich leicht über ihn beugte.

Irritiert zuckte er mit den Schultern. „Ich weiß nicht, was du meinst."

Seine ehrliche Verwirrtheit belustigte sie. „Du hast gestern Nacht auch nicht an Verhütung gedacht“, erinnerte sie ihn mit einem Lachen.

Seufzend rieb er sich über die Lider. Sie hatte recht. Verdammt, wann war er so leichtsinnig geworden. „Es tut mir leid. Glaub mir bitte, dass ich sonst nie dermaßen sorglos bin.“

Kate wischte mit der Hand durch die Luft. „Gar kein Problem, wie gesagt, ich nehme die Pille.“

Sie kuschelten sich aneinander, genossen die Gegenwart des anderen, bis Jeremy sich aufsetzte. „Worauf hast du Lust? Möchtest du Bogenschießen? Oder gibt es einen anderen Wunsch, den ich dir erfüllen kann?“ Am liebsten hätte er ihr die Welt zu Füßen gelegt.

Einen Augenblick überlegte sie, bis ihr etwas einfiel. „Was hältst du davon, wenn ich dir ein wenig die Gegend zeige? Wir könnten uns Portumna Abbey ansehen und rüber zum Schloss laufen.“

Dem Vorschlag stimmte er gerne zu, zumal er sich bereits vorgenommen hatte, sich die Sehenswürdigkeiten anzusehen.

Sie standen auf, machten sich frisch, ehe sie Hand in Hand zur Ruine der ehemaligen Abtei liefen.

Kapitel 15 - Beichte

„Lass uns einen kleinen Umweg machen. Die Sonne scheint heute so herrlich, dass wir unbedingt am Shannon entlanggehen sollten.“ Kate wartete seine Antwort gar nicht erst ab, sondern packte seine Hand, um ihn in die richtige Richtung zu ziehen.

Jeremy bereitete der Vorschlag Magenschmerzen, weil er wieder daran denken musste, dass er sich einbildete, eine Nixe gesehen zu haben. Was, wenn er erneut so ein Hirngespinst sah, während Kate bei ihm war? Auf keinen Fall wollte er sie mit solchen Idiotien verjagen.

„Komm schon, alter Mann, oder soll ich glauben, dass du zu müde bist?“ Sie lachte, als sie ihn losließ, um vor ihm herzulaufen. „Vielleicht bist du auch einfach nur faul.“ Jetzt rannte sie tatsächlich los, um ihm zu entkommen. Natürlich wäre es leicht für sie ihn abzuhängen, doch sie liebte seine Gegenwart viel zu sehr, um ernsthaft wegzulaufen. Sie fühlte sich herrlich lebendig, genoss die Sonne und freute sich auf die Zukunft. Es machte ihr Spaß, ihren Herrn zu necken.

Nach einigen Schritten hatte er sie eingeholt, schlang beide Arme um sie und küsste sie. „Hexe, du bist wirklich unersättlich, aber wir sollten deinem malträtierten Hinterteil ein wenig Ruhe gönnen.“

„Es gibt ja noch andere Stellen, außerdem hast du gesagt, es muss nicht immer wehtun“, erinnerte sie ihn keck. Im gleichen Augenblick fiel ihr ein, dass auch Keuschhaltung zu seinen Vorlieben gehörte, woraufhin sie sich heftig auf die Lippe biss. Dass sie nie den Mund halten konnte!

„Du bittest mich um Demütigung oder darum, dass ich dich mit Keuschheit bestrafe?“ Belustigt musterte Jeremy die Frau in seinen Armen. Jetzt hatte sie sich selbst ein Bein gestellt.

Verlegen zuckte sie mit den Schultern. „Du hast da ein paar Dinge genannt, die ich spannend finde.“

„Und die wären?“, neugierig betrachtete er sie.

„Die Sache mit dem fast nackt einkaufen zum Beispiel. Aber ich habe auch gehört, dass Kerzenwachs oder Strom nicht wirklich schmerzt.“ Bei ihrer Antwort färbten sich ihre Wangen rot, gleichzeitig wich sie seinem Blick aus. Es war ihr peinlich, von ihren Sehnsüchten zu sprechen, besonders nachdem sie zwei Mal gekommen war.

„Strom? Sicher? Du hast es als grenzwertig deklariert.“ Aufmerksam sah er sie an.

Mit einem leichten Schulterzucken wandte sie sich von ihm weg. „Das habe ich beim Rohrstock auch.“ Sie drehte sich einmal um sich selbst, dabei breitete sie die Arme aus, als ob sie fliegen wollte. „Ich weiß, dass ich Lustschmerz genießen kann, das ändert einiges.“ Jetzt stand sie erneut so, dass sie ihn ansehen konnte.

Verstehend lächelte er ihr zu. „Dann solltest du deine Tabuliste vielleicht überarbeiten, oder?“ Es gefiel ihm, wie verspielt sie an dem Tag war.

„Mache ich später, aber im Moment möchte ich die Sonne auskosten.“ Sie tanzte im Sonnenschein, ehe sie wieder seine Hand packte. Das Glück flutete ihr Herz, sodass sie fast den Eindruck bekam, es würde überlaufen.

Am Shannon schlenderten sie am Ufer entlang, soweit das möglich war, dabei beobachteten sie die Vögel, die auf den Bäumen ihre Nester bauten. Noch gab es keine Hausboote, daher war es herrlich ruhig. Das Wasser glitzerte, ab und zu bemerkten sie einen Fisch, der durch den Fluss glitt, außerdem gab es ein paar bizarre Steinformationen.

Nach einer Weile bogen sie ab, um zu den Ruinen der alten Abtei zu laufen, was Jeremy heimlich aufatmen ließ. Zum Glück hatte er keinerlei außergewöhnliche Dinge entdeckt.

Als sie den Bogengang erreichten, wurde Kate still, nachdenklich strich sie mit den Fingerspitzen über die Steine. „Was sie wohl erzählen würden, wenn sie sprechen könnten?“, murmelte sie.

„Spannende Geschichte von Mönchen, Kämpfen und bestimmt von Liebespaaren.“ Er zog sie fest an sich, auch er bemerkte die etwas düstere Stimmung, obwohl die Sonne schien.

Hier befanden sie sich auf historischem Grund, denn die erste Kirche war vermutlich vor über siebenhundert Jahren gebaut worden.

„Wusstest du, dass die Zisterzienser die Abtei an die Dominikaner abgegeben haben?“ Kate lächelte ihren Herrn verliebt an.

„Ich muss zugeben, dass ich fast nichts über die Gegend weiß. Klar, Portumna liegt am Shannon und am nördlichsten Zipfel des Lough Dergh. Da hören meine Kenntnisse aber auch schon auf.“ Jeremy musterte versonnen einen Kamin. „Offensichtlich war es ein Ort, an dem die Mönche sich kaum über Mangel beklagen mussten.“

Sie wiegte den Kopf leicht.

„Es kam darauf an, wer das Sagen hatte. Manche haben sie unterstützt, andere eben nicht." Sie schmiegte sich an seine Seite, während sie ihm alles Wissenswerte über die Abtei erzählte. Gemeinsam betrachteten sie das ehemalige Kirchenschiff, versuchten, die Inschriften auf den verwitterten Grabsteinen zu lesen und gingen den Bogengang entlang. Dabei stellten sie sich vor, wie das Leben damals wohl gewesen war.

„Bestimmt hatten sie auch Gemüsebeete sowie eine riesige Bibliothek. Zu der Zeit gab es Bildung doch nur unter den Geistlichen", sinnierte Kate leise.

Jeremy schmunzelte. „Der eine oder andere Adelige soll übrigens ebenso etwas gelernt haben."

Hand in Hand liefen sie das Stück zum Portumna Castle, wo sie lediglich die Gärten besichtigen konnten.

„Schade, dass sie noch geschlossen haben." Kate stand vor der großen Treppe, von dort betrachtete sie die Vorderseite mit den mächtigen Türmen. „Kaum vorstellbar, dass der Kasten früher mal das prächtigste Schloss hier in Irland war. Mir gefallen so viele Bauwerke besser."

Jeremy blickte ebenso auf die Außenfassade, um sich ein eigenes Bild zu machen. „Es erinnert mich ein wenig an Kilkenny Castle, wahrscheinlich, weil es auch ein festes Haus ist." Auf ihren irritierten Blick hin erklärte er ihr, dass es sich dabei um ein Gebäude mit starken Mauern handelte, in dem der Besitzer nicht nur wohnte, sondern genauso seinen Stand repräsentierte.

„Wow, du kennst dich also doch aus." Beeindruckt nickte Kate ihm zu. „Aber ich hab noch ein oder zwei kleinere Geschichten, die nicht so bekannt sind."

„Schieß los, ehe wir uns den Küchengarten ansehen.“ Jeremy drehte sie zu dem umfriedeten Garten.

„Siehst du die Maulbeerbäume? Die Herren der Burg wollten in die Seidenherstellung einsteigen, daher hofften sie, dass die Bäume die Seidenspinner anziehen würden.“ Sie lachte leise. „Sie haben die falsche Gattung gepflanzt.“

Bei der Geschichte musste auch Jeremy schmunzeln, manchmal ging das Schicksal wohl doch eigene Wege. Er legte einen Arm um seine Freundin und gemeinsam betraten sie den Küchengarten, der noch ziemlich leer aussah.

„Ich kann mir gut vorstellen, wie die Bediensteten hier Kräuter und Gemüse gezüchtet haben, damit der Koch immer ein anständiges Essen auf den Tisch bringen konnte.“ Kate deutete auf die Beete, bis ihr Blick auf ein verstecktes Plätzchen fiel. „Dort drüben ist eine Bank, die wurde extra für die Herrin des Hauses aufgestellt. Es war ihr Platz, falls sie einfach ein bisschen Ruhe brauchte. Im Sommer siehst du den Flecken kaum, weil die Kletterrosen alles verdecken.“ Noch ehe ihr Liebster in der Lage war, etwas zu sagen, zog sie ihn schon weiter, bis sie vor der Sonnenuhr standen. „Sie geht ganz genau, schau mal.“ Sie hielt ihm ihre Armbanduhr unter die Nase, gleichzeitig zeigte sie auf das Ziffernblatt.

„Das haben solche Zeitmesser so an sich.“ Jeremy lachte leise. „Aber ich gebe dir recht, es ist bemerkenswert, eine ursprüngliche Uhr in natura zu betrachten.“

Sie beendeten ihre Besichtigung und machten sich auf den Heimweg, als Kate wieder stehen blieb. „Ich hab dir die süßeste Geschichte ja noch gar nicht erzählt. Es hat hier mehr als einmal gebrannt und bei einem Brand wurde die Hausherrin von ihrem Hund geweckt, sodass sie unversehrt aus dem Haus kam. Sie war ihm so dankbar, dass sie ihn nach seinem Tod direkt am Schloss begraben hat. Er hat sogar einen Grabstein bekommen."

„Das ist das Mindeste, oder? Immerhin hat er ihr Leben gerettet." Jeremy freute sich, dass sie ihm von der Anekdote berichtete, zumal er sich tatsächlich für die alten Gemäuer interessierte. Leider blieb ihm nur bedingt freie Zeit für solche Erkundungstouren.

Gemächlich schlenderten sie zu seinem Cottage zurück, wo sie sich etwas zu essen bestellten.

„Ich werde heute Abend in meiner Wohnung übernachten." Der Gedanke gefiel Kate nicht wirklich, allerdings hatte sie ja ihre erfundene Katze, um die sie sich kümmern sollte. Darüber hinaus musste sie morgen früh zu Chris, damit sie ihm ihre Ermittlungsergebnisse zeigen konnte.

Seufzend stimmte Jeremy zu. „Ja, ich weiß, obwohl ich dich am liebsten hier festketten würde." Er gab unwillig zu, dass er sie nicht gehen lassen wollte. Sie brachte so viel Sonnenschein in sein Heim, dazu kam, dass er bereits ahnte, wie sehr er sie in der Nacht vermissen würde.

„Hm, hört sich nach einem guten Vorschlag für das kommende Wochenende an." Leise lachend lehnte sie sich an ihn. „Mir missfällt der Gedanke auch extrem, aber um zusammenzuziehen, ist es definitiv zu früh. Außerdem ist da noch Blacky." Es fiel ihr immer schwerer, die Lüge um die Katze aufrechtzuerhalten, doch was sollte sie tun? Sie konnte ihm kaum erklären, warum sie ihn angelogen hatte.

Der Lieferdienst brachte das Essen, womit ihre Grübeleien unterbrochen wurden, zumal sie bemerkte, dass sie richtig hungrig war.

Schweigend machten sie sich in der Küche über die Pizza her und eine Zeit lang hörte man nur das Klappern des Bestecks.

„Bist du satt geworden?“ Liebevoll betrachtete Jeremy seine Kleine.

Kate rieb sich über den Bauch. „Ja, absolut. Ich bekomme keinen Bissen mehr herunter.“ Sie beugte sich zu ihm, um ihn leidenschaftlich zu küssen. „Danke für den wundervollen Tag.“

Jeremy erwiderte die Zärtlichkeit, erkundete ihre Mundhöhle mit der Zunge, während er seine Hände an ihre Wangen legte. „Wieso klingt das so nach Abschied?“ Fast schon misstrauisch sah er sie an, nachdem er von ihr abgelassen hatte.

Lachend schüttelte Kate den Kopf. „Weil es einer ist, wenigstens für heute. Schau mal auf die Uhr, ich muss wirklich langsam nach Hause.“

In der Tat war es später geworden, als er angenommen hatte, sodass er missmutig zustimmte. „Ich gehe mit dir.“ Sein Ton ließ keinen Widerspruch zu, daher nickte sie nur zustimmend.

Gemeinsam räumten sie noch das Geschirr in die Spülmaschine, ehe sie sich auf den Weg zu Kates Wohnung machten.

„Ich hasse es, dass du heute Nacht nicht in meinen Armen liegst.“ Jeremy stand vor ihrer Haustür, dabei sah er sie dermaßen bittend an, dass sie fast weich geworden wäre.

Sanft strich sie ihm über die Wange. „Mir geht es genauso, aber wir wollten es langsam angehen lassen, richtig?“ Kurz überlegte sie, ob sie einfach so tun sollte, als ob sie die Katze füttern würde, um anschließend mit ihm zurückzugehen. Allerdings fiel ihr auch ein, dass sie am kommenden Tag eine Menge Arbeit zu erledigen hatte. Auf keinen Fall durfte sie die Festnahme von Michael verschlafen, außerdem sehnte sie sich danach, sich wieder zu verwandeln. Sie war es absolut nicht gewohnt, ihr inneres Tier einzusperren, bisher hatte sie sich gewandelt, sobald sie Lust dazu verspürte. Leider wurde die Gefahr, dass sie sich durch einen unbewussten Laut verriet, mit der Zeit immer größer.

Widerwillig stimmte Jeremy ihr zu. „Ja, aber das war, bevor ich wusste, wie schwer es mir fallen wird." Er küsste sie erneut, anschließend riss er sich mit Gewalt los.

„Wir sehen uns morgen, Liebster", rief sie ihm hinterher. Jetzt ahnte sie, was Joleen durchgemacht haben musste, denn es fühlte sich verdammt schmerzhaft an. Leise fluchend ging sie in ihre Wohnung, streifte die Kleidung ab und verwandelte sich. Als Katze spürte sie die Emotionen nur noch gedämpft, obwohl ihr menschlicher Verstand erhalten blieb.

Eilig kletterte sie durch die Katzenklappe nach draußen, ehe sie Jeremy nachlief. Kurz vor seinem Cottage holte sie ihn ein, schmiegte sich an seine Beine, bis er sie hochnahm.

„Da bist du ja wieder", murmelte er. „Du bist etwas ganz Besonderes, weißt du das?" Liebevoll streichelte er sie, woraufhin sie ihm ein lautes Schnurren schenkte.

So ließ sich die angebliche Trennung gut aushalten, zumal sie jetzt fast alle ihre Bedürfnisse befriedigte. Als er sie sogar in die Wohnung trug, kuschelte sie sich fest in seinen Arm.

Jeremy wunderte sich immer noch darüber, dass dieses Tier seine Allergiesymptome nicht auslöste. Vielleicht kam er dem Geheimnis auf die Schliche, wenn er die Katze mit zu seinem Arzt nahm. Der sollte doch wissen, wie das sein konnte.

Eilig brachte er das kleine Fellbündel in die Küche, wo er etwas Wurst aus dem Kühlschrank holte. „Na, bist du hungrig?" Er hielt ihr die Scheibe hin, aber sie rieb sich lediglich an seinem Bein. „Offensichtlich nicht." So wie es aussah, gehörte sie jemandem, sodass er sich keine Sorgen machen musste, sobald sie wieder verschwand.

Jeremy ließ sich auf die Couch fallen, wohin ihm das Tierchen folgte und sich auf seinem Schoß zusammenrollte. Lächelnd betrachtete er sie. „Du bist genauso anhänglich wie meine kleine Kate. Sie kuschelt auch so gerne." Sanft streichelte er sie, irgendwie machte sie es ihm erträglicher, dass er gezwungen war, die Nacht alleine zu verbringen.

Nach fast einer Stunde sprang sie auf, rannte zur Tür und maunzte laut.

„Ich verstehe, du willst nach Hause." Bedauernd öffnete er, sah ihr noch einen Moment hinterher, bis er beschloss, schlafen zu gehen.

~~°~~

Kate lief zu ihrem Cottage, verwandelte sich, anschließend legte sie sich mit einem Lächeln auf ihr Bett. Glücklich ließ sie den Tag Revue passieren, bis ihr ein Gedanke kam, der ihr wirklich Magenschmerzen bereitete: Sie musste ihm die Wahrheit sagen!

Obwohl sie vor der ersten Session überhaupt kein Problem darin gesehen hatte, fielen ihr jetzt tausend Bedenken ein. Was, wenn er nicht damit klarkam, was sie war? Vielleicht dachte er, dass sie eine Verrückte war? Hielt er sich eventuell sogar von ihr fern, sobald sie ihm erzählte, dass es sich bei der schwarzen Katze mit dem weißen Latz um sie handelte? In ihrer Vorstellung verzog er abfällig das Gesicht, entweder, weil er ihr kein Wort glaubte, oder weil er in ihr ein Monster sah. Angstvoll presste sie die Hände an ihr Herz. Was passierte, sollte er sich weigern, den Eid zu leisten? Sicher, Logan und seine Jungs brachten ihn in dem Fall ins Krankenhaus, nur wusste sie nicht, ob er die Operation unbeschadet überstehen würde. Ihre Ängste sorgten dafür, dass sie sich immer fürchterlichere Szenarien ausmalte. Endlich schlief sie ein, aber in der Nacht träumte sie, dass er sie eine Abscheulichkeit nannte.

Die Klingel riss sie am kommenden Morgen aus einem Albtraum, sodass sie einen Moment brauchte, bis sie herausgefunden hatte, wo genau sie sich befand. Eilig streifte sie eine Yogahose und einen Pulli über, zumal sie Logans Stimme erkannte, der bereits gegen die Tür hämmerte. „Ich komme ja schon", brüllte sie, obwohl sie wusste, dass er sie auch hören konnte, wenn sie normal antwortete.

Mit einem Lächeln öffnete sie ihm, doch die freundliche Begrüßung blieb ihr im Hals stecken, als sie hinter ihm nicht nur Joleen, sondern ebenso David und Gerry erblickte. „Was ist passiert?" Angstvoll musterte sie die kleine Gruppe.

„Ich freue mich, dich zu sehen, Kate, dürfen wir vielleicht reinkommen?" Logan wartete ihre Antwort nicht ab, stattdessen schob er sie mit sanfter Gewalt in den Flur zurück.

Der Rest folgte ihm, sodass sie nur stumm die Haustür schloss. Mit einer Geste bat sie die Besucher in die Küche, wo sie Kaffee kochte. „Würdet ihr mir bitte sagen, was passiert ist?" Ärgerlich ließ sie den Blick von einem zum anderen schweifen, aber das Mitleid in ihren Augen, jagte ihr Angst ein.

„Du kennst doch bestimmt die Nixen Rubina und Celina, oder?", erkundigte Logan sich beherrscht, nachdem er eine Tasse Kaffee vor sich stehen hatte.

Stumm nickte sie, dabei kroch ihr ein ganz dummes Gefühl über den Rücken. „Ist ihnen etwas zugestoßen?"

Sofort schüttelte ihr Cousin den Kopf. „Nein, Celina hat sich bei uns gemeldet, weil ihre Tochter die Geheimhaltung missachtet hat."

Kate schluckte, zumal sie genau wusste, was jetzt kam.

„Dein Seelengefährte hat sie gesehen. Wir haben Erkundigungen eingezogen und können es einwandfrei beweisen." David überlegte einen Moment, wie er ihr die kommenden Nachrichten schonend beibringen konnte, als Logan ihn mit einer Handbewegung stoppte.

„Du hast mir ja bereits gesagt, dass du ihm die Wahrheit erzählen willst, also ist es keine große Sache, richtig?" Freundlich musterte er sie.

Entsetzt riss Kate die Augen auf, schüttelte wild mit dem Kopf und suchte verzweifelt nach einem Ausweg. Auf keinen Fall fühlte sie sich in der Lage, Jeremy jetzt schon zu sagen, was genau sie war. Er würde sich sofort von ihr abwenden. „Das ist zu früh", brachte sie hervor. „Ich werde ihn verlieren."

Beruhigend legte Logan einen Arm um sie, während Joleen sich auf ihre andere Seite setzte. „Das ist Unsinn, das weißt du. Die Dualseele verliert man nicht so schnell. Sollte er tatsächlich auf Abstand gehen, holen wir ihn zu uns."

Unwillig stieß sie ihn von sich. „Wie stellst du dir das vor? Er ist gerade erst nach Portumna gezogen, da bekommt er keinen Urlaub. Er wird gefeuert, falls er eine Weile bei euch bleibt."

Gerry seufzte leise. „Das ist unnötig, ein Seelengefährte zieht sich niemals zurück. Außerdem kannst du für ihn bürgen. Wir werden dabei sein, wenn du ihm sagst, was du bist. Seine Reaktion zeigt, ob wir ihm vertrauen dürfen."

Am liebsten hätte sie dem Arzt jetzt einen Vogel gezeigt, allein seine hochgezogene Augenbraue hielt sie davon ab. „Ihr macht mir alles kaputt", schrie sie panisch. „Wie soll er denn damit klarkommen? Er denkt, dass er übergeschnappt ist, überarbeitet oder irre wird, weil er Rubina gesehen hat." Entsetzt schlug sie die Hand vor den Mund, als ihr bewusst wurde, was sie gerade ausplauderte.

„Er hat mit dir darüber geredet?" Sanft drehte Logan ihr Kinn in seine Richtung.

„Glaubst du mir, wenn ich jetzt nein sage?" Spöttisch stieß sie die Luft aus. „Klar, hat er das, er ist mein Seelengefährte." Sie atmete durch, um sich zu beruhigen. „Ich musste ihn anlügen, was denkt ihr, wie er das aufnimmt? Sein Vertrauen zu mir wird dadurch bestimmt riesig werden." Ganz kurz dachte sie daran, was für eine Strafe sie dafür wohl bekommen würde. Leider nahm ihre Angst, ihn zu verlieren, wieder überhand, sodass sie die Vorstellung sofort zur Seite schob.

„Uns sind die Hände gebunden, Kleine. Wir können nur versuchen, es so leicht wie möglich für dich zu machen." Gerry seufzte leise. „Wo finden wir ihn?"

„Er hat Frühschicht oder glaubst du, dass er im Bett liegen bleibt, während ich hier mit euch streite?" Angriffslustig blickte sie den Arzt an. „Du wirst ihn kaum aus der Wache schleifen, richtig? Was ist jetzt mit deiner geliebten Geheimhaltung?"

Joleen legte eine Hand auf ihren Arm. „Ich verstehe dich sehr gut und kenne deine Ängste, nur sind die völlig unnötig. Der Seelengefährte wird sich niemals von dir abwenden."

„Das sagst du, aber Logan ist auch ein magisches Wesen. Jeremy wird mich allein wegen meiner Lügen verstoßen." Tränen sammelten sich in ihren Augen, gleichzeitig verfluchte sie sich, weil sie ihrem Freund nicht gleich am Anfang die

Wahrheit gesagt hatte. Jetzt war ihr noch deutlicher bewusst, was sie verlieren konnte, außerdem traute sie sich von Tag zu Tag weniger.

„Wann kommt er her?“ David strahlte die Ruhe aus, die ihr gerade fehlte, weshalb sie ihn am liebsten angespuckt hätte.

„Gar nicht, er hat eine Katzenhaarallergie. Er wollte mich anrufen, wenn ich meinem Klienten erzählen darf, dass sein Angestellter bei ihm eingebrochen ist.“

Genau in dem Augenblick klingelte ihr Handy, was sie zittern ließ.

„Geh dran, sonst tue ich es.“ David hielt ihr das Gerät hin, das auf dem Tisch gelegen hatte. „Sollte er mitbekommen, dass fremde Männer bei dir sind, ist er garantiert innerhalb von Minuten hier.“

Mit einem Blick, der ihm die Pest an den Hals wünschte, nahm sie ihr Smartphone, um sich zu melden. „Hey, Liebster, kann ich zu Chris?“

„Das ist jetzt aber eine seltsame Begrüßung. Ist alles in Ordnung bei dir? Du klingst so bedrückt?“ Jeremy wunderte sich über die distanzierte Art, die seine Kleine auf einmal an den Tag legte.

„Tut mir leid, ich sitze nur auf heißen Kohlen. Wie du weißt, muss ich auch meine Rechnungen bezahlen.“ Sie atmete tief durch, warf ihrem Cousin und seinen Leuten einen biestigen Blick zu, ehe sie ins kalte Wasser sprang. „Kannst du bitte herkommen? Ich brauche deine Hilfe.“

Sofort horchte er alarmiert auf. „Bist du in Gefahr?“

„So etwas in der Art, aber komm auf jeden Fall alleine. Ich flehe dich an. Geht das?“ Sie unterdrückte mit aller Macht die Tränen, weil sie fest daran glaubte, dass sie ihn in Kürze verlieren würde.

„Ich bin gleich bei dir." Damit war die Leitung tot.

„Ich hoffe, ihr seid zufrieden. Ihr habt mein Glück auf dem Gewissen." Jetzt liefen ihr doch die Tränen über die Wangen.

„Red dir nicht so einen Unsinn ein, Kate." Joleen wollte sie an sich ziehen, aber sie stieß die Wächterin von sich.

Es dauerte in der Tat nur einige Minuten, bis erneut an der Tür geklingelt wurde. David sprang auf, um durch ein Fenster zu sehen, ob Jeremy tatsächlich alleine gekommen war. Erst als er nickte, öffnete sie die Tür, um ihrem Herrn weinend in die Arme zu fallen.

Sofort zog er sie beschützend an sich, während er die kleine Gruppe misstrauisch musterte. „Was ist hier los?"

Logan streckte ihm die Hand hin. „Ich bin ihr Cousin, schön, dich kennenzulernen."

Jeremy ignorierte die freundliche Geste, stattdessen schob er Kate ein Stückchen von sich, um ihr ins Gesicht sehen zu können. „Stimmt das?"

Verschüchtert nickte sie, doch ehe sie in der Lage war, zu antworten, mischte sich David ein. „Wir sollten in die Küche gehen, es gibt etwas Wichtiges zu besprechen."

„Darf ich wenigstens Kim anrufen, damit sie sich um unseren Klienten kümmert? Sie wundert sich bestimmt schon, weshalb ich nicht im Büro bin." Kate sah in die Runde, dabei erkannte man deutlich, dass sie die Wächter am liebsten rausgeworfen hätte.

„Selbstverständlich." David nickte ihr leicht zu, anschließend gingen sie in die Küche.

Kate nahm ihr Handy, rief die Nummer von Kim auf und wartete, bis sie sich meldete. „Hey, Süße, die Leute aus Ballygannon sind bei mir aufgeschlagen. Mein netter Vetter zwingt mich, meiner Beziehung den Todesstoß zu geben."

Bei den Worten schüttelte Logan schmunzelnd den Kopf, seine Cousine hatte schon immer einen Hang zum Theatralischen gehabt.

„Geh zu Chris und sag ihm, was wir herausgefunden haben. Ich erzähle dir später, was genau los ist.“ Sie legte auf, anschließend biss sie die Zähne aufeinander.

„Würde mir bitte jemand erklären, was hier los ist? Meine Partnerin holt mich von der Arbeit weg, indem sie erzählt, es gäbe einen Notfall. Für mich sieht das aber ganz anders aus.“ Jeremy zog Kate auf seinen Schoß. „Egal, was dein Cousin will oder nicht, ich trenne mich auf keinen Fall von dir.“

„Wir werden sehen, ob du deine Meinung gleich änderst“, flüsterte sie, bevor sie tief durchatmete. „Ich habe dir doch gesagt, dass ich mit einem Geheimnis kämpfe.“

Jeremy nickte zustimmend, gleichzeitig formten sich alle möglichen Gedanken in seinem Kopf, nur konnte er sie nicht mit der Situation in Einklang bringen.

„Logan und seine Freunde sind so etwas wie die Garda für unsere Welt. Sie zwingen mich, dir zu erzählen, was genau ich bin.“ Sie schluckte schwer, während sie sich sein Gesicht einprägte. In dem Augenblick war sie überzeugt davon, dass er sie verlassen würde.

„Moment mal, was redest du da? Eure Welt? Bist du eine Agentin?“ Jeremy griff zur ersten logischen Erklärung, die ihm einfiel.

„Versprich mir, dass du mir ehrlich sagst, ob du mit mir klarkommst. Falls du Zweifel hast, dich vor mir ekelst oder irgendwas in der Art, sag mir die Wahrheit“, verlangte sie mit erstickter Stimme.

Ihr Verhalten verwirrte ihn immer mehr. „Natürlich verspreche ich dir das, nur weshalb sollte ich dich plötzlich abscheulich finden? Sag mir bitte offen, was los ist." Besorgt strich er ihr eine Strähne aus dem Gesicht.

„Du erinnerst dich an die Nixe, richtig? Sie war echt." Kate hielt die Luft an, ehe sie ins kalte Wasser sprang. „Es gibt eine magische Welt und ich gehöre dazu. Ich bin die Katze, die du gestreichelt hast, die gestern Abend auf deinem Schoß gelegen hat, während du Chris de Burgh gehört hast."

Ungläubig schüttelte er den Kopf. „Das ist ein bizarrer Traum."

„Das ist die Realität", übernahm David das Wort. „Du hast jetzt mehrere Möglichkeiten. Die erste ist, dass wir dich mitnehmen, in unser Krankenhaus bringen, wo dir die Gedanken an uns entfernt werden. Es passiert in einem von hundert Fällen, dass die Operation schiefgeht, sodass du ein lebender Zombie wirst."

Jeremy strich sich über die Augen, anschließend hob er eine Hand. „Warte einen Moment, du denkst, dass du hier auftauchen kannst, um mir so einen Mist aufzutischen?" Er weigerte sich an so ein Märchen zu glauben, nur tief in seinem Inneren breitete sich Erleichterung aus: Er war nicht irre.

„Er sagt die Wahrheit, Liebster. Woher sollte ich wohl sonst wissen, dass du gestern eine Katze bei dir hattest oder welche Musik du gehört hast? Das ist übrigens auch der Grund, weshalb deine Allergie in dem Fall Ruhe gibt." Kate sah ihn bittend an. „Bist du in der Lage, damit zu leben, dass ich mich in ein Tier verwandeln kann?" Für sie war alles andere unwichtig, sie musste jetzt klären, ob die Beichte ihre Beziehung zerstört hatte.

„Mal angenommen, ich glaube euch diese Scharade, natürlich würde ich dich nicht verlassen. Ich liebe dich." Ernst blickte er ihr in die Augen. „Allerdings werde ich dich übers Knie legen und mindestens eine Woche keusch halten."

David, Logan und Gerry grinsten breit, während Joleen nur erleichtert die Luft ausstieß. Genau auf die Reaktion hatten sie gehofft.

„Warte erst ab, bis du die zweite Alternative hörst, vielleicht änderst du deine Meinung." Kate wagte es, ein wenig aufzuatmen.

Unwillig schüttelte Jeremy den Kopf, zumal er immer noch an einen schlechten Jux glaubte. Nixen, Gestaltwandler und solche Wesen gab es doch gar nicht. Misstrauisch musterte er die Leute, die vor ihm saßen. „Ihr nehmt mich auf den Arm, oder? Das ist irgendwie ein dummer Scherz."

David seufzte leise. „Nein, ich sage dir die Wahrheit. Übrigens ich bin David, der Boss der Ersten Einheit." Er hob abwehrend die Hand, als Jeremy nachfragen wollte. „Die Einzelheiten erklärt Kate dir, solltest du bereit sein, einen Schwur abzulegen, dass du unser Geheimnis unter allen Umständen bewahrst. Falls du es ablehnst, ist es besser, dir keine weiteren Informationen zu geben."

Das leuchtete ihm ein, obwohl es ihm immer noch schwerfiel, an übersinnliche Wesen zu glauben, andererseits wäre Kate niemals so verzweifelt, wenn es sich um einen Streich handeln würde. Seufzend nickte er. „Klar, schwöre ich es. Ich wüsste nicht, wem ich eine dermaßen hanebüchene Geschichte erzählen sollte. Den Mist glaubt mir doch eh keiner." Müde strich er sich über die Lider, gleichzeitig drückte er seine Kleine ein wenig fester an sich.

„Das hast du bei unserem letzten Telefonat auch gesagt, aber jetzt zwingst du mich, ihm alles zu beichten. Logan, du bist so ein Arschloch“, begehrte Kate auf, die sich erst in dem Moment an die Worte ihres Cousins erinnerte.

„Nachdem Celina sich bei uns gemeldet hat, gab es keinen anderen Weg, das weißt du. Wir sind ans Gesetz gebunden.“ Logan lächelte ihr freundlich zu. „Du selbst wolltest ihm schnellstmöglich reinen Wein einschenken.“

Verlegen zuckte sie mit den Schultern. „Trotzdem habe ich Angst, dass ich ihn verliere.“

„Hey, ich sitze hier und kann euch hören“, begehrte Jeremy auf. „Ihr erklärt mir also ernsthaft, dass es magische Wesen gibt? Ihr seid auch welche, richtig?“ Augenblicklich besaß er die Aufmerksamkeit der kleinen Gruppe, die ihm ernst zustimmte. „Woher weiß ich, dass ihr mich nicht auf den Arm nehmt?“

Gerry zuckte leicht mit den Schultern. „Kate könnte sich verwandeln, um dich zu überzeugen“, schlug er vor.

Sofort schüttelte sie abwehrend den Kopf. „Auf keinen Fall, das traue ich mich nicht.“ Allein die Vorstellung, sich vor allen auszuziehen, jagte ihr eine Gänsehaut über den Rücken.

Kapitel 16 - Magische Versöhnung

„Irgendeinen Beweis brauche ich schon, ehe wir weiter über irgendwelche Schwüre oder Ähnliches reden.“ Jeremy kämpfte mit sich, einerseits wollte er den Leuten glauben, zumal es die seltsamen Begegnungen erklärte, andererseits hörte es sich enorm fantastisch an.

David nickte Kate auffordernd zu. „Bring es hinter dich, sonst sitzen wir morgen noch hier. Ich für meinen Teil würde gerne nach Hause.“ Ihm fehlten Emily und sein Sohn Billy.

Schwer schluckend stand sie auf, streifte die Schuhe ab, anschließend zog sie ihren Pulli aus.

Sofort war Jeremy bei ihr, nahm sie fest in die Arme, ehe er die Wächter bösartig ansah. „Seid ihr irre? Egal, wer oder was ihr glaubt darzustellen, meine Freundin zieht sich auf keinen Fall vor euch aus.“ Ihm war es gleichgültig, ob er den Beweis bekam, er würde sie niemals den Blicken Fremder aussetzen, zumal er wusste, wie peinlich es ihr war.

„Es führt kein Weg daran vorbei. Wir müssen nackt sein, um uns zu verwandeln. Niemand weiß warum“, bemerkte die Frau in der Runde. „Ich bin übrigens Joleen, die Ehefrau von Logan.“ Sie deutete mit einem verliebten Lächeln auf den Mann mit den gescheckten Haaren.

„Es ist mir gleich, was ihr müsst. Meine Kleine zieht sich jetzt auf gar keinen Fall aus.“ Er seufzte leise. „Ich schwöre euren Eid. Sagt mir, was ich tun soll.“ Im Grunde war es ihm tatsächlich egal, da er keiner Menschenseele erzählen würde, was er gerade erfahren hatte. Vielleicht waren sie auch alle verrückt geworden, sodass er besser mitspielte. Sanft zog er seiner Liebsten den Pulli wieder über, setzte sich mit ihr auf dem Schoß an den Tisch, anschließend blickte er auffordernd auf die Wächter.

„Gut, allerdings warne ich dich, solltest du den Schwur brechen, töten wir dich." Ernst sah ihn der dritte Mann jetzt an. „Ich bin übrigens Gerry."

„Wenn das hier tatsächlich kein Scherz ist, was ich kaum glauben kann, verstehe ich, dass ihr euch schützen müsst." In der Tat war ihm in dem Moment bewusst, dass die Menschheit sich sofort auf diese Wesen stürzen würde, um sie umzubringen oder um sie zu erforschen. „Lasst uns die Scharade endlich beenden. Entweder ihr sagt mir umgehend die Wahrheit oder ich schwöre euch, dass ich den Mund halte. Ist es nötig, dass ich mit meinem Blut unterschreibe?"

David schmunzelte, ihm gefiel der Mann, trotzdem blieb ihnen kaum eine Wahl, außer ihren Job zu machen. „Nein, natürlich nicht, wir sind keine Barbaren." Er nickte seinem Kumpel zu.

„Sprich mir einfach nach und nimm es ernst, ich möchte dich ungern töten müssen." Logan seufzte leise, ihm wäre es lieber gewesen, wenn er Kate mehr Zeit hätte geben können.

„Warte, es ist unnötig, dass jemand sich komplett verwandelt." Joleen schlug sich mit der flachen Handfläche vor die Stirn. „Eine Pfote sollte reichen, oder? Dann bleibt uns auch das nervige blaue Flackern erspart."

Kate atmete erleichtert auf. In der Aufregung hatte sie die Möglichkeit vergessen, weil sie dermaßen unter Strom stand. Sofort hielt sie ihre Hand hoch, die sich zu einer Katzenpfote verformte.

Jetzt betrachtete sie ihren Liebsten ängstlich. Würde er tatsächlich mit ihrer zweiten Seite klarkommen?

Jeremy beobachtete genau, was da passierte, streichelte sogar über das schwarze Fell, während seine Kleine vorsichtig schnurrte. Es war enorm schwer für ihn, seinen eigenen Augen zu glauben, dennoch kam es keinesfalls infrage, sie von sich zu stoßen. „Wow, damit hätte ich nicht gerechnet", gab er leise zu, dabei strich er sich über die Lider.

„Kannst du mit der Tatsache leben, dass ich ein magisches Wesen bin?" In ihrer Stimme hörte man deutlich, dass sie sich davor fürchtete, dass er sie verlassen könnte.

„Ich liebe dich", antwortete er schlicht. „Trotzdem werde ich mich krankmelden, denn wir haben eine ganze Menge zu besprechen." Seine Stirn runzelte sich, als er ihm bewusst wurde, dass sie ihn fast mit der Nase drauf gestoßen hatte, als er ihr von seiner Halluzination berichtete. Stopp, das war ja echt. „Puh, das ist ..." Ihm fehlten die Worte.

„Schwer zu glauben, ich weiß. Ich war auch mal ein Mensch." Joleen lächelte ihm verständnisvoll zu.

„Das heißt, ihr seid in der Lage, jemanden in einen Gestaltwandler zu verwandeln?" Irritiert musterte er die kleine Gruppe vor sich.

„Ja, mittlerweile ist es sogar möglich, ohne das Leben desjenigen zu gefährden und weitaus weniger schmerzhaft als früher." Gerry verzog kurz das Gesicht, als er sich an die Wandlung von Joleen erinnerte. Sie wäre fast gestorben. „Wir sind wesentlich weiter entwickelt, als ihr Normalen es euch vorstellen könnt. Unsere Ärzte können tatsächlich Gedanken entfernen. Wir haben einen Apparat erfunden, um eure Radarmessgeräte auszuschalten und jede Art besitzt ihre eigenen Fähigkeiten. Um nur ein paar Beispiele zu nennen."

„Moment, du willst mir sagen, dass es die ganzen Fabelwesen gibt? Nicht nur Nixen und Gestaltwandler?“ Jeremy atmete tief durch.

„Wir werden erst die leidigen Formalitäten erledigen, anschließend nehmen wir uns gerne die Zeit, um zu plaudern“, mischte sich Logan ein. „Gut, sprich mir einfach nach. Bitte, denk daran, dass es wirklich ernst ist.“

Der Polizist nickte leicht.

„Ich, Jeremy Doyle, schwöre bei meinem Leben, dass ich die Geheimnisse der magischen Welt bewahre.“ Der Jaguar wartete einen Augenblick, bis er die Worte nachgesprochen hatte, ehe er fortfuhr. „Sollte ich den Eid brechen, ist mein Leben verwirkt. Mir ist bewusst, dass die Wächter in dem Fall alles tun, um mich aufzuspüren und um mich zu töten.“ Er stockte keine Sekunde, da er festentschlossen war, sich an seinen Schwur zu halten, besonders um seine Liebste zu beschützen. „War es das?“

David nickte lächelnd. „Ja, das war es. Jetzt gehörst du zu den Vertrauten der magischen Welt. Brauchst du jemals Hilfe oder befindest dich in Gefahr, sind wir für dich da. Kate wird dir unsere Nummer geben.“ Er stand auf und Jeremy erhob sich ebenfalls. Der Wächter drückte ihn an sich, gleichzeitig gab er ihm einen herzhaften Klaps auf die Schulter. „Du gefällst mir, genau so einen Mann braucht die Kleine.“

Noch ehe er antworten konnte, wurde er auch von den anderen umarmt.

„Tust du ihr weh, komme ich vorbei und zeige dir, was Schmerzen sind“, flüsterte Joleen ihm zu.

Lachend hob er beide Hände. „Ich liebe sie wirklich.“

Kate schmiegte sich glücklich an ihn. „Es gibt keine Geheimnisse mehr zwischen uns. Außerdem weißt du jetzt, weshalb wir in unserem Job so gut sind." Sie atmete erleichtert auf, ehe sie sich an ihren Cousin wandte. „Du hast verdammtes Glück gehabt. Hätte er mich fallen gelassen, wäre ich dir auf ewig böse gewesen." Sie löste sich von ihrem Gefährten, um Logan zu umarmen. „Danke."

„Wir verabschieden uns, es sei denn, ihr braucht uns weiterhin." David sah fragend in die Runde.

„Jetzt schon? Ich dachte, ihr habt wenigstens Zeit für einen Kaffee oder Tee." Enttäuscht musterte Kate die Wächter, bis ihr Blick an Joleen hängen blieb. „Wir sehen uns so selten."

„Ich habe von Gerry und mir gesprochen. Glaubst du ernsthaft, Logan lässt seinen Jaguar im Hauptquartier, wenn er mal die Gelegenheit hat, damit zu fahren?" David lachte auf.

„Du hast das Geschoss immer noch?", erkundigte Kate sich erstaunt.

„Du besitzt einen Jaguar?", wollte Jeremy im gleichen Augenblick begeistert wissen. „Ich stehe auf Sportwagen."

Die zwei Wächter verabschiedeten sich, während Logan dem Polizisten stolz seinen Wagen zeigte.

„Männer!" Joleen schmunzelte, ehe sie sich zusammen mit Kate an den Tisch setzte. „Ja, er hat sein geliebtes Baby behalten. Ich muss zugeben, dass ich das Auto genauso liebe. Es hat was, mit so einem Geschoss über die Straße zu jagen. Aber verrate es bloß nicht den Zwillingen, sie sind schon leichtsinnig genug."

Kate nickte verständnisvoll, sie fühlte sich dermaßen erleichtert, dass sie die gesamte Welt umarmen könnte.

Genau in dem Augenblick kam auch Kim zu ihr. Sie drückte sich durch die offen stehende Tür und sie hörten noch, wie die Männer über den Wagen sprachen. „Joleen, toll, dich zu sehen. Was ist hier eigentlich los?“ Eilig holte sie sich eine Tasse Tee, bevor sie sich zu den Frauen setzte.

Kate erzählte ihr, wie sehr ihr Cousin sie schockiert hatte, um mit einem breiten Schmunzeln zu enden. „Offensichtlich verstehen die beiden sich fantastisch, außerdem kommt mein Freund damit klar, was wir sind.“

Kim lachte vergnügt. „Besser hätte es gar nicht kommen können, oder?“

Lächelnd schüttelte die Freundin den Kopf. „Stimmt, aber auf die Erfahrung, so in die Enge gedrängt zu werden, würde ich jederzeit verzichten.“

Jeremy und Logan kamen zu den Frauen zurück, sodass sie den letzten Satz noch hörten. Sofort setzte der Polizist sich zu ihr. „Hast du tatsächlich geglaubt, dass ich dich einfach so verlasse?“

Zaghaft nickte sie. „Ich habe dich angelogen, außerdem glaubt ihr Menschen nicht an uns. Ich stelle es mir sehr schwer vor, zu akzeptieren, dass die Partnerin sich in ein Tier verwandeln kann.“

Seufzend stimmte er ihr zu. „Richtig, das ist es, aber dein Cousin hat mir von der Sache mit den Seelengefährten erzählt, was mir einiges erklärt hat. Ich habe mich von Anfang an gewundert, dass es sich mit dir so perfekt anfühlt.“ Sanft zog er sie auf seinen Schoß. „Ich könnte dich niemals fallen lassen.“

„Hab ich dir doch gesagt.“ Logan machte sich keine Mühe, leise zu sprechen.

„Du hast gut reden, Joleen war im Prinzip deine Gefangene. Sie hatte nie die Chance, von dir wegzukommen“, begehrte Kate auf. So ganz stimmte das nicht, trotzdem griff sie zum ersten Argument, das ihr einfiel, weil sie sich plötzlich ein wenig dumm vorkam. Jeder in ihrer Welt wusste, dass die Dualseele einfach zu einem gehörte, egal, was für äußere Umstände auftauchten.

„Das ist ja zum Glück geklärt. Lasst uns das Thema beenden. Ich bleibe an Kates Seite, versprochen.“ Jeremy betrachtete die Leute am Tisch nachdenklich. „Darf ich wissen, in welche Tiere ihr euch verwandeln könnt? Oder ist das unhöflich?“

Logan brummte leise. „Bei Fremden verkneift man sich die Frage besser, aber wir gehören ja jetzt zu einer Familie. Zur Hochzeit kommen wir auf jeden Fall.“

„So weit sind wir noch nicht, außerdem, wer sagt, dass wir überhaupt heiraten?“, begehrte seine Cousine sofort auf.

„Ich“, mischte Jeremy sich ein. „Es wäre dumm, auf den steuerlichen Vorteil zu verzichten.“

Bei den Worten lachte der Wächter auf. „Der Kerl gefällt mir.“

Kate boxte ihren Gefährten hart in die Seite. „Ein anderer Grund fällt dir nicht ein?“ Empört musterte sie ihn, bis ihre Miene weich wurde. „Ich merke schon, dass du mich wieder mal auf den Arm nimmst.“

Jeremy biss sich auf die Lippe, um ein dickes Schmunzeln zu unterdrücken. „Dass ich dich von Herzen liebe, weißt du bereits, dafür benötigen wir kaum einen Trauschein.“ Ehe sie in der Lage war zu antworten, verschloss er ihr den Mund mit einem heißen Kuss. Auch er fühlte sich enorm erleichtert, dass jetzt kein Geheimnis mehr zwischen ihnen stand. Als er sie angerufen hatte, kroch ihm die Angst sofort über den

Rücken. Tausend Dinge waren ihm eingefallen, die passiert sein könnten.

„Um zu deiner Frage zurückzukommen, meine Frau und ich können uns in Jaguare verwandeln." Logan lehnte sich bequem zurück, dabei legte er einen Arm um Joleen.

Bei der Antwort schluckte Jeremy. „Dann war das vorhin keine leere Drohung?" Mit einer Raubkatze wollte er sich lieber nicht anlegen.

„Nein, allerdings dachte ich eher daran, dich von meiner Freundin, einer Dämonin foltern zu lassen." Die Wächterin hielt seinem Blick stand, ohne zu zwinkern.

„Mach ihm doch nicht so eine Angst. Du weißt genau, dass Patty keiner Menschenseele etwas zuleide tut." Sie drehte sich lächelnd so, dass sie ihrem Herrn ins Gesicht sehen konnte. „Solltest du jemals bemerken, dass deine Gefühle für mich verschwinden, sag es einfach ehrlich. Niemand wird dich verletzen, solange du aufrichtig bist, versprochen."

Lachend küsste er sie auf die Nasenspitze. „Das wird nie passieren, also kein Grund, sich vor irgendwem zu fürchten." Er fühlte sich großartig. „Wisst ihr, ich habe nicht nur die Nixe gesehen, deshalb wollte ich mir schon einen Termin beim Psychiater holen. Ihr glaubt nicht, wie erleichtert ich bin."

Sofort spannten die beiden Wächter sich an.

„Erzähl uns davon", verlangte Logan. „Wir müssen wissen, ob die Geheimhaltung missachtet wurde. Eventuell zeigen sich diese Wesen gedankenlos jedem Menschen oder plaudern aus, was sie sind."

Jeremy schüttelte beruhigend den Kopf. „Das glaube ich weniger." Offen erzählte er von seinen Beobachtungen, dabei wurde ihm bewusst, dass er tatsächlich einen Engel gesehen hatte. „Wow, die gibt es wirklich", bemerkte er leise, als er endete.

Kate schmunzelte. „Ja, wenn du willst, stelle ich dir einen persönlich vor. Gerrys Ehefrau ist ein Erdenengel."

Kurz musterte er sie, um herauszufinden, ob sie ihn jetzt doch auf den Arm nahm, aber sie schüttelte nur leicht den Kopf.

„Keine Lügen, versprochen."

„Wo wir gerade dabei sind, ich bin in meiner zweiten Form ein Rabe", mischte sich Kim mit einem Zwinkern ein. „Nur falls du dich mal wunderst, sollte ich dich als Tier kontaktieren müssen."

Jeremy betrachtete sie nachdenklich, bemerkte, wie sie sich bewegte, ehe er lachte. „Das passt verdammt gut zu dir. Außerdem erklärt es euren Erfolg bei der Aufklärung der Verbrechen noch mehr."

Den restlichen Tag verbrachten sie damit, den Polizisten in die magische Welt einzuführen, erzählten von ihren Erlebnissen, ihren Gesetzen und natürlich auch von lustigen Begebenheiten. Erst am frühen Abend verabschiedeten sich Logan, Joleen und Kim, um dem Paar Zeit für sich zu geben.

Jeremy hatte einen persönlichen Notfall vorgeschoben, sodass er zwei Urlaubstage herausholen konnte.

~~°~~

„Bist du sehr böse auf mich? Immerhin habe ich dich extrem angelogen." Zerknirscht sah Kate ihn an, als sie alleine im Wohnzimmer saßen.

Nachdenklich schüttelte er den Kopf.

„Nein, im Gegenteil, ich verstehe dich. Ich muss zugeben, dass ich wahrscheinlich nicht so mutig gewesen wäre, dir die Wahrheit zu gestehen."

Leise lachend lehnte sie sich an ihn. „Mein reizender Cousin hat mir da nur wenig Spielraum gelassen. Es ist sein Job, leider werden die Wächter immer noch als bösartig und brutal dargestellt."

Das kam ihm irgendwie bekannt vor, die Garda war auch nicht bei allen Mitmenschen beliebt. „Wie bei uns. Solange wir jemanden beschützen, sind wir die Helfer, aber sobald wir einen Strafzettel ausstellen, werden wir zu gierigen Bösewichten." Seufzend zog er sie an sich. Er hatte die Zeit genutzt, um sich ausgiebig mit Logan auszutauschen. In der Tat gab es einige Gemeinsamkeiten. „Was ist mit deiner Familie? Kann sich da jeder in eine Katze verwandeln?" Neugierig betrachtete er seine Gefährtin.

„Ja, die Gene meiner Mutter haben sich gegen die meines Vaters durchgesetzt, sonst wären wir Jaguare geworden." Sie zuckte ein wenig bedauernd mit den Schultern.

„Ich mag die kleinen Samtpfoten, besonders, wenn sie keine Allergie auslösen." Zärtlich streichelte er sie, woraufhin sie genüsslich schnurrte.

Für Kate war es jetzt noch schöner, mit ihm zusammen zu sein, da sie sich nicht länger beherrschen musste. „Es hat mir einiges abverlangt, meine zweite Natur zu unterdrücken. Obwohl ich die Session genossen habe, war ich immer auf der Hut", gab sie leise zu.

Verständnisvoll strich er ihr über die Haare. „Wir werden viele solcher Momente erleben, bei denen du dich komplett fallen lassen kannst", versprach er.

„Hast du das mit der Keuschhaltung ernst gemeint?“ Jetzt hielt Kate die Luft an. Auf der einen Seite wusste sie, dass sie eine Strafe verdiente, andererseits gab es bestimmt mildernde Umstände, oder?

„Nein, das ist unfair. Du durftest mir dein Geheimnis ja nicht ohne Weiteres verraten, wenn ich das richtig verstehe.“ Sanft streichelte er sie.

„Ich hätte für dich bürgen können, nur ist es gerade am Anfang schwierig. Logan hat mir sogar geraten, uns etwas Zeit zu geben.“ Sie seufzte leise. „Ich war bereit, doch nach unserer ersten Session hatte ich solche Angst, dich zu verlieren. Ich habe mich in meine Horrorvorstellungen hineingesteigert.“

„Willst du mir sagen, dass du eine Strafe verdienst?“ Aufmerksam betrachtete er sie.

Verlegen zuckte sie mit den Schultern. „Vielleicht. Ich weiß es nicht wirklich, aber bitte verzichte auf die Keuschhaltung. Ich hatte ziemlich lange keine Beziehung.“ Sie zog eine Schnute, die ihn zum Lachen brachte.

„Wie alt bist du eigentlich? Oder altert ihr genauso schnell wie wir?“ In einigen Fantasygeschichten war immer die Rede davon, dass Gestaltwandler unsterblich wären.

„Ich werde im August 320 Jahre alt.“ Sie hob eine Hand, als er zu einer Antwort ansetzte. „Wir gelten erst mit 100 als volljährig, bis dahin verhalten wir uns in der Regel auch wie Teenager. Also bin ich noch keine Greisin.“ Sie lachte vergnügt. „Soll ich es dir beweisen?“ Ihre Finger schoben sich in sein Hemd. „Ich mag die Uniform. Sie macht mich irgendwie an.“

Zu gerne ging Jeremy auf ihre Verführung ein, er brauchte jetzt eine Ablenkung.

So vieles war auf ihn eingeprasselt, dass er sich wie in einem Karussell fühlte. „Wirklich? Gibt es einen Grund, dich festzunehmen?“ Er packte ihre Handgelenke.

Begeistert nickte sie. „Ja, bitte, Chief. Handschellen sollen ihren eigenen Reiz besitzen.“

„Ein Rollenspiel kannst du haben, allerdings weiß ich nicht, ob du die geeigneten Utensilien besitzt.“ Er küsste sie leidenschaftlich.

„Fahr nach Hause, ich bin in einer guten Stunde bei dir“, verlangte sie atemlos, als er von ihr abließ. „Aber lass die Uniform an.“

Sofort verzog er das Gesicht, weil er absolut keine Lust hatte, alleine zu sein. Außerdem störte es ihn einfach, wenn sie im Dunkeln durch die Gegend streifte.

„Bitte, Vertrauen funktioniert in beide Richtungen.“ Verliebt musterte sie ihn, bis er unwillig zustimmte.

„Eine Stunde! Jede Minute, die du länger brauchst, werde ich bestrafen.“ Mit der Warnung erhob er sich, um zu seinem Cottage zu fahren. Natürlich konnte er sich denken, was sie plante und um ehrlich zu sein, die Idee gefiel ihm.

Sobald er weg war, stürmte sie ins Bad, um zu duschen, sich gründlich zu rasieren und sich für eine aufregende Session bereit zu machen. Sie zog sich komplett schwarz an, kramte sogar einen Dietrich aus ihrer Werkzeugkiste, anschließend machte sie sich auf den Weg. Während sie die leeren Straßen entlanglief, fühlte sie sich in ihre Rolle hinein, wobei sie zugab, dass es ja nicht das erste Mal war, dass sie in ein Haus einbrach. Nur in dem Fall war es viel reizvoller.

Zuerst umrundete sie vorsichtig das Cottage, suchte nach einer Möglichkeit, ungesehen hineinzukommen, bis sie das angelehnte Fenster im Schlafzimmer bemerkte. Kurz runzelte sie die Stirn, Jeremy sollte nicht so leichtsinnig sein. Darüber wollte sie später mit ihm sprechen, bei ihrem Vorhaben kam ihr das Schlupfloch gelegen, zumal ihr nur noch ein paar Minuten blieben, ehe die Stunde vorbei war.

Kapitel 17 - Glücklicher Alltag

Jeremy hatte sich auch frisch gemacht, ein neues Diensthemd angezogen, jetzt saß er in seinem Wohnzimmer, dabei achtete er auf jedes Geräusch. Um es seiner Liebsten ein wenig einfacher zu machen, war ein Fenster lediglich angelehnt. Ein Lächeln huschte über sein Gesicht, als er daran dachte, dass er sie gleich auf ziemlich lustvolle Weise verhören würde.

Ein leises Schaben verriet ihm, dass sie gerade in sein Haus einbrach. Kurz horchte er auf, sah auf die Uhr, was ihn schmunzeln ließ: Seine Wildkatze war in der Tat pünktlich.

Von Logan wusste er, dass er kaum eine Chance hatte, sich lautlos an sie heranzuschleichen, deshalb schaltete er mit der Fernbedienung die Stereoanlage ein. Die Musik übertönte seine Schritte perfekt.

Eilig lief er zum Schlafzimmer, riss die Tür auf und sprang mit einem Satz auf sie zu. Durch seine Ausbildung schaffte er es, sie direkt am Arm zu packen.

Kate schrie erschrocken auf, sie hatte gerade den Kleiderschrank geöffnet und die Schublade mit dem Spielzeug gefunden. Da laute Opernarien, die eine Sängerin im Wohnzimmer schmetterte, erklangen, hatte sie sich völlig sicher gefühlt. Auf keinen Fall wäre sie auf die Idee gekommen, dass es ein Ablenkungsmanöver darstellte.

„Wen haben wir denn hier?" Jeremy ließ seine Stimme extra dunkel klingen, gleichzeitig zerrte er sie unsanft zur Tür, wo er das Licht einschaltete. „Die kleine Einbrecherin, die mir das letzte Mal durch die Lappen gegangen ist."

Sofort fand sich Kate in ihre Rolle, wild kämpfte sie gegen seinen Griff an, aber er zog ihr Handgelenk mit Leichtigkeit auf ihren Rücken, sodass sie gezwungen war, sich still zu verhalten. „Lass mich los, Bulle."

„Du solltest höflicher sein, immerhin habe ich dich bei einem Einbruch ertappt." Er betrachtete sie anzüglich. „Es wäre doch schade, dich für immer hinter Gittern verschwinden zu sehen, oder?" Genüsslich strich er mit den Fingerspitzen über ihren Hals, ehe er sie zum Schrank brachte.

„Du hast kein Recht ...", begann sie schnippisch, bis er ihr mit der freien Hand den Mund zuhielt.

Kurz musterte er den Inhalt seiner Schublade, ehe er einen Knebel hervorzog, den er ihr anlegte. „Ich kann machen, was ich will. Wer sollte mich denn aufhalten?" Sein Lachen klang ziemlich gemein, sodass sie ihn mit ihrem Blick fast tötete. „Mir gefällt es, dich in meiner Gewalt zu haben. Du dachtest wohl, dass du einfach so davonkommst, nachdem du mir das letzte Mal über tausend Euro geklaut hast, was?" Er brachte sie in die Küche, wo er sie auf einen Stuhl drückte, den er extra in die Mitte des Raumes gerückt hatte. Mit einem Lächeln nahm er die Handschellen von seinem Gürtel, hielt sie ihr kurz vors Gesicht, bevor er ihre Hände damit hinter der Rückenlehne fesselte. Jetzt zog er sich einen zweiten Küchenstuhl heran, setzte sich rittlings darauf, um sie eindringlich zu betrachten. „Ich weiß, dass du mir gerne eine Beleidigung entgegenschleudern würdest. Spar es dir, es bringt dir nur eine äußerst unangenehme Befragung ein."

Kate rieb vorsichtig die Schenkel aneinander, das Spiel heizte ihr ein, wobei sie natürlich überlegte, wie sie ihm entkommen könnte. Andererseits wollte sie das ja gar nicht. Bösartig knurrte sie in den Knebel, gleichzeitig bemerkte sie, dass sie anfing zu sabbern. Eilig schluckte sie, das war ihr doch zu peinlich.

„Möchtest du mir sagen, was du gesucht hast?“ Jeremy ließ seine Stimme sanft klingen.

Sofort schüttelte sie heftig mit dem Kopf, was ihn zum Lachen brachte.

„Da du dir mein spezielles Spielzeug angesehen hast, weiß ich es ja schon. Sollte ich vielleicht annehmen, dass du gar nicht zurückgekommen bist, um mich erneut zu bestehlen? Wolltest du gefasst werden?“ Zärtlich strich er mit dem Handrücken über ihre Wange, anschließend packte er ihren Hals. „Du stehst auf harte Spielchen, richtig, kleines Dreckstück?“

Wieder knurrte sie etwas in den Knebel, das niemand verstehen konnte. Ihre Augen blitzten ihn bösartig an, gleichzeitig spürte sie, dass die Feuchtigkeit in ihr Höschen sickerte.

„Ich nehme dir den Ballknebel ab, aber ich will keinen Laut hören, verstanden?“ Eindringlich musterte er sie, löste den Griff an ihrer Kehle, als sie zaghaft nickte, erst danach nahm er ihr den Knebel ab. „Jetzt erwarte ich eine ehrliche Antwort: Weshalb bist du zurückgekommen? Hast du wirklich erwartet, dass ich erneut so viel Bargeld im Haus habe?“

Sie spuckte aus, gleichzeitig verzog sie vor Abscheu das Gesicht.

Die Scharade hätte Jeremy ihr fast abgenommen, nur der gierige Schimmer in ihren Augen verriet sie. „Benimm dich!“, herrschte er sie an, dabei zog er ein Taschentuch aus der

Hosentasche. Langsam wischte er den Speichel von seinem Hemd, während er sie mit einem Blick betrachtete, der sie schlucken ließ. „Ist das deine Antwort? Überleg es dir besser."

Wütend strampelte sie mit den Beinen. „Mach mich los und lass mich gehen. Du hast kein Recht, mich hier festzuhalten."

„So? Denkst du das? Du bist bei mir eingebrochen, zum zweiten Mal." Geschmeidig stand er auf, holte ein Seil und eine Schere, anschließend fesselte er ihre Fußgelenke an den Stuhl. „Wir wollen ja nicht, dass du auf dumme Gedanken kommst." Süffisant grinste er sie an. „Ich kann tun, was immer ich will. Wer sollte mich aufhalten?" Mit den Worten schnitt er ihren Pulli auf, bevor er auch ihren BH zerschnitt. Achtlos schob er die Stofffetzen zur Seite.

„Bist du wahnsinnig?" Kate starrte ihn entsetzt an, gleichzeitig versuchte sie alles, um freizukommen.

„Ich hole mir jetzt mein Geld zurück", erklärte er lächelnd. „Da ich davon ausgehe, dass du es ausgegeben hast, wirst du es abarbeiten." Die Schere warf er auf den Boden, ehe er beide Hände auf ihre Brüste legte. „Das fühlt sich verdammt gut an."

Wieder begehrte Kate auf, nur fiel es ihr enorm schwer, in ihrer Rolle zu bleiben. Leise stöhnte sie auf, als er sich vorbeugte, um sie fest in die Brustwarze zu beißen. Schnell unterdrückte sie den Drang, sich ihm entgegenzubiegen. „Fass mich nicht an, Bulle", zischte sie, dabei hörte man die Erregung in ihrer Stimme.

Jeremy lachte gemein auf. „Das gefällt dir doch, gieriges kleines Dreckstück." Erneut beugte er sich vor, saugte an ihrem Nippel, ehe er schmerzhaft hineinbiss. In seinen Augen glitzerte es, als er in die Hosentasche griff, um eine fiese Klemme herauszuziehen. Er hielt sie vor ihr Gesicht. „Danach sehnst du dich. Gib es einfach zu."

Sofort wehrte sie sich noch heftiger gegen die Fesselung. „Wag es dich!"

Ohne auf sie zu achten, legte er die Klammer an, genoss ihr leises Zischen, als das harte Metall in ihr weiches Fleisch schnitt. Gemächlich zog er eine weitere Metallklammer aus seiner Tasche, die er auf der anderen Seite anlegte. Sanft streichelte er sie, umkreiste ihre Nippel, um ihr ein wenig den Schmerz zu nehmen. „Das gefällt mir."

Kate wollte ihm eine Beleidigung entgegenspucken, bekam aber nur ein heiseres Stöhnen heraus. Sie war so heiß. Vorsichtig presste sie die Schenkel aneinander, bewegte sich so, dass die Naht der Jeans an ihrem Lustpunkt rieb.

Natürlich hatte Jeremy es sofort gesehen. „Ich wusste doch, dass dich das anmacht. So haben wir beide unseren Spaß." Er stellte sich hinter ihren Stuhl, bog ihren Kopf zurück. „Gib es einfach zu. Vielleicht mache ich es dir leichter, sobald du ehrlich bist."

Schwer schluckend sah sie ihn nur an. Sie fühlte sich ihm ausgeliefert, das Rollenspiel heizte ihr mehr ein, als sie jemals gedacht hätte und sie sehnte sich danach, ihn in sich zu spüren. „Lass mich gehen", brachte sie hervor, doch die Sehnsucht hörte man gut heraus.

„Nur, wenn du mir mein Geld zurückgibst." Er überlegte kurz, legte seine Handfläche auf ihre Kehle, ehe er den Kopf schüttelte. „Nein, auch dann nicht. Du hast eine Strafe verdient, Bitch." Vorsichtig drückte er zu, behielt sie allerdings genau im Blick. Sehr deutlich spürte er, wie sie erneut schluckte, fühlte, dass ihr Puls langsam anstieg, während er ihr den Atem nahm.

Kate erkannte in seinen Augen, dass er besonders in dem Moment auf sie aufpasste, sodass sie sich völlig auf sein Spiel einließ. Obwohl seine Hand, es ihr immer schwerer machte, Luft zu holen, flößte er ihr trotz allem Vertrauen ein, außerdem kochte die Lust in ihr. Ein Laut entkam ihr, der sich verdächtig nach einer rolligen Katze anhörte, woraufhin sie fast gelächelt hätte. In dem Punkt musste sie sich nicht mehr zurückhalten.

Jeremy erlaubte ihr, wieder normal zu atmen. „Ich glaube dir nicht, dass du so kalt bist." Er beugte sich von hinten über sie, öffnete ihre Jeans und schob seine Finger bis zu ihrer Scham. „Keine Unterwäsche? Was soll ich denn davon halten? Gib es zu, dass du von mir erwischt werden wolltest!" Sanft bewegte er seinen Zeigefinger, reizte ihre Klitoris, sodass sie lediglich leise stöhnen konnte. Einen Moment gönnte er ihr, verwöhnte sie, bis er seine Hand zurückzog, um schmerzhaft an den Klemmen zu ziehen.

„Du Schwein", zischte Kate ihm zu, obwohl sie sich ihm entgegenbog. „Du bekommst doch keinen hoch ohne so einen Schweinkram." Fast hätte sie bei den Worten gelacht.

Jeremy trat in ihr Sichtfeld, hockte sich vor sie, dabei zeigte er ein wirklich fieses Grinsen. „Bettelst du etwa darum, dass ich dir beweise, was ich im Bett draufhabe?"

Sofort schüttelte sie den Kopf. „Ich schlafe mit keinem Bullen. Ihr seid Abschaum."

Heiser lachte er. „Die Gesellschaft sieht das ein wenig anders, außerdem wirst du tun, was ich dir sage. Dir bleibt kaum eine Wahl." Schnell löste er das Seil, hob sie mit einem Arm so an, dass er ihr die Jeans von den Hüften streifen konnte. „Was willst du tun? Mich zu Tode starren?"

„Das ist eine Vergewaltigung", stieß sie lüstern hervor.

Lachend schüttelte Jeremy den Kopf. „Eher eine Belohnung, die du dir noch nicht verdient hast, Miststück. So nass, wie du bist, sehnst du dich doch danach, hart genommen zu werden." Er fesselte ihre Fußgelenke wieder an den Stuhl, dieses Mal allerdings auf eine Weise, dass sie weit offen vor ihm saß. Anschließend ging er ins Schlafzimmer, um mit dem Rohrstock zurückzukommen.

Gierig leckte Kate sich über die Lippen, jetzt, wo sie wusste, dass sie masochistisch veranlagt war, mochte sie den Stock mehr, als sie je gedacht hätte. „Willst du mich verprügeln? Sehr männlich", höhnte sie.

Jeremy packte erneut ihre Kehle, gleichzeitig beugte er sich zu ihrem Ohr. „Wenn ich mit dir fertig bin, wirst du mich anbetteln, bei mir bleiben zu dürfen." Sein Atem fächerte über ihre Wange, was sie wieder aufstöhnen ließ.

Bevor sie antworten konnte, schlug er leicht auf ihre Oberschenkel. Sofort erschien eine rote Strieme und sie stieß gepresst die Luft aus. Eindringlich musterte er sie, holte den Vibrator, den er genau an ihrem Lustpunkt platzierte. „Zuckerbrot und Peitsche, damit akzeptiert sogar ein kleines Dreckstück wie du ihren Platz." Er wartete einen Augenblick ab, ehe er mit dem Rohrstock eine weitere Spur auf ihrem Schenkel hinterließ.

Mit aller Macht unterdrückte Kate eine Bewegung, auf keinen Fall wollte sie riskieren, dass der Freudenspender sich verschob, dazu fühlte es sich einfach zu gut an. Bei jedem Schlag schrie sie leise auf, bis sich Lust und Schmerz vermischten. Vorsichtig schob sie ihr Becken vor, hieß den Stock willkommen, während sie die Stimulation genoss. Stöhnend legte sie den Kopf in den Nacken, schloss die Augen, gleichzeitig gab sie sich ihrem Gefährten hin.

Jeremy betrachtete seine Katze mit Stolz, als sie sich ihm dermaßen offen präsentierte. Immer wieder verhinderte er, dass sie kam, indem er den Rohrstock auf ihre Oberschenkel treffen ließ. Eine rote Strieme nach der anderen erschien, was seinen inneren Sadisten zutiefst befriedigte. „Willst du mir weiterhin weismachen, dass du hergekommen bist, um mich zu beklauen?"

Kurz öffnete sie die Augen, schenkte ihm einen vor Lust verhangenen Blick, anschließend schüttelte sie den Kopf. „Nein, ich wollte dich", gab sie heiser zu.

Zufrieden nickte er. „Du sollst mich haben." Er schlug zuerst die rechte Klammer ab, woraufhin sie laut fauchte, nur um im gleichen Augenblick zu schnurren. Der Vibrator verwandelte die Pein sofort in brennende Gier, trotzdem nahm er die zweite Klemme vorsichtig ab. Auf keinen Fall würde er sie überfordern. Zart rieb er über den roten Nippel, saugte leicht daran, anschließend setzte er einen Schlag genau auf die Spitze.

Kate schrie auf, bäumte sich ihm entgegen, während sie die Augen aufriss. Es tat verdammt weh, dennoch liebte sie, was er da mit ihr anstellte. „Zeigst du mir endlich, was du drauf hast?" Es fiel ihr enorm schwer, in ihrer Rolle zu bleiben.

Jeremy verkniff sich ein Lächeln, löste die Handschellen ebenso wie das Seil, schaltete den Vibrator aus, um sie in sein Schlafzimmer zu tragen. Hier warf er sie unsanft auf das Bett, riss ihr die übriggebliebenen Stofffetzen vom Körper, anschließend streifte er die Uniform ab. Mit einem Satz war er über ihr, packte ihre Handgelenke, um sie über ihrem Kopf festzuhalten, während er ungestüm in sie eindrang. „Ich beweise dir, dass ich genau der Mann bin, nach dem du dich sehnst." Er raunte ihr die Worte nur zu, als er sie hart rannahm.

Kate liebte es, wenn er keine Rücksicht auf sie nahm, sondern sich holte, was er haben wollte. Auffordernd drückte sie sich ihm entgegen, öffnete sich für ihn. „Zeig es mir, Bulle."

Immer wieder stieß er in sie, trieb sie beide auf einen gigantischen Orgasmus zu, der sie in ihren Grundfesten erschütterte. Angestachelt von ihrem Spiel dauerte es nicht lang, bis sie den Höhepunkt erreichten. Mit einem dunklen Grollen kam er, riss sie mit sich in einen feurigen Abgrund, in dem die Lust jeden Gedanken verschlang.

„Das war toll", murmelte Kate, als sie sich an ihren Gefährten kuschelte.

Schmunzelnd zog Jeremy sie an sich, gleichzeitig breitete er die Bettdecke über sie beide. „Ja, obwohl ich kaum auf Dirty Talk stehe, aber jetzt hat es gepasst."

Dem stimmte sie gähnend zu. „Normalerweise mag ich Beschimpfungen gar nicht. Allerdings bist du in einem Bereich geblieben, der mich angemacht hat."

„Lass uns schlafen, der Tag war aufregend genug." Auch er fühlte sich erschöpft, zumal er immer noch nicht genau wusste, was er von dem halten sollte, was er gehört hatte. Es würde bestimmt eine Weile dauern, ehe er verinnerlicht hatte, dass es magische Wesen gab.

~~°~~

„Wir müssen uns überlegen, ob wir zusammenziehen. Es ist überflüssig, zwei Mieten zu zahlen", bemerkte Jeremy, als sie am kommenden Morgen frühstückten.

Kate streckte sich genüsslich. „Du hast recht. Dualseelen trennen sich niemals freiwillig."

„Gut, ich schlage vor, dass du zu mir ziehst. Ich komme erst in einem Vierteljahr aus dem Mietvertrag heraus." Im Augenblick stürzte er sich auf die organisatorischen Dinge, um sich nicht mit den neuen Erkenntnissen auseinandersetzen zu müssen.

Sofort schüttelte sie den Kopf. „Das ist unklug, weil mir das Cottage gehört. Ich werde mein Zuhause auf keinen Fall verkaufen." Sie lächelte ihn spitzbübisch an. „In mehr als dreihundert Jahren ist es einfach, ein kleines Vermögen anzuhäufen."

Verstehend nickte er, daran hatte er gar nicht gedacht. „Was machst du eigentlich, wenn die Leute bemerken, dass du nur sehr langsam alterst?" Er trank einen Schluck Tee. „Ihr könnt ja wohl kaum jedem die Erinnerung nehmen, dem ihr begegnet, richtig?"

„Natürlich ist das unmöglich. Ich ziehe weg. Wir haben ein gutes Netzwerk, einige Fälscher, die uns neue Identitäten verschaffen, und überall auf der Welt Helfer. Um mein Eigentum kümmert sich die Regierung, bis ich in der Lage bin, als mein eigener Erbe Anspruch zu erheben. Oder sich eine andere Möglichkeit ergibt." Sie zuckte leicht mit den Schultern. „Ja, ich weiß, das ist illegal, aber eine Alternative gibt es leider nicht. Ich möchte verhindern, als Versuchskaninchen im Labor zu enden."

Das verstand er gut, zumal er sie vor allen Gefahren beschützen würde. „Gut, ist es denn für dich in Ordnung, wenn ich bei dir einziehe?" Jetzt hielt er die Luft an.

„Natürlich, hast du etwa geglaubt, dass ich getrennte Wohnungen haben will?“ Sie schüttelte den Kopf. „Wir gehören zusammen, egal was passiert.“

Erleichtert lächelte er sie an. „Tut mir leid, aber ich fühle mich etwas überfahren. Gestern Morgen habe ich mich noch geweigert, an irgendetwas Übersinnliches zu glauben und heute bin ich mit einem magischen Wesen liiert.“

Sanft streichelte sie ihm über den Arm. „Ich kann mir vorstellen, dass es ein Schock für dich ist. Umso glücklicher bin ich, dass du mich trotzdem willst.“ Zärtlich küsste sie ihn.

„Ich könnte dich niemals wegjagen, du würdest ein Stück meines Herzens mitnehmen.“ Liebevoll strich er ihr eine Strähne aus dem Gesicht. „Außerdem habe ich es genossen, als du in deiner Form als Katze auf meinem Schoß gesessen hast. Du bist wirklich außergewöhnlich niedlich.“

Lachend verwandelte sie ihren Fingernagel in eine Kralle. „Vertu dich nicht, ich kann auch anders.“

Sofort küsste er ihren Handrücken. „Das ist doch bei uns allen so.“

Sie beendeten ihr Frühstück, anschließend machten sie sich für den Tag fertig, ehe sie seine Kleidung, das Spielzeug sowie einige Bücher zu ihrem Cottage brachten. Da er einen familiären Notfall vorgeschoben hatte, nutzten sie ihren Wagen und verzichteten darauf, jetzt schon irgendwelche Möbel zu ihr zu bringen.

„Was machen wir mit dem restlichen Tag?“ Kate blickte ihn verliebt an.

„Worauf hast du Lust? Die Möglichkeiten sind leider eingeschränkt, jedenfalls, wenn wir hierbleiben.“ Kurz blitzte es in seinem Gesicht auf. „Wir könnten aber auch nach Athlone oder runter nach Baltimore fahren.“

Der Gedanke war in der Tat verlockend, zumal sie sich dort nicht im Haus aufhalten mussten, trotzdem schüttelte sie den Kopf. „Das halte ich für zu gefährlich. Du willst deinen Job bestimmt behalten. Ich schlage vor, wir nutzen die Zeit, um uns auszuruhen und morgen gehst du wieder zum Dienst. Du kannst ja sagen, dass die Situation sich als schnell lösbar entpuppt hat.“

Missmutig stimmte Jeremy ihr zu, andererseits war es nicht seine Art, sich auf diese Weise Freizeit zu erschummeln, sodass die zwei Tage auf seinem Gewissen lasteten. „Du hast recht, Kätzchen.“ Er stutzte. „Ist es in Ordnung, dass ich dich so nenne?“

„Ja, absolut, besser als Schatzihasi oder Schnutziputz. Benutz niemals einen so idiotischen Kosenamen, darauf reagiere ich allergisch.“ Sie lehnte sich lachend an ihn. „Wir können immer noch nach Athlone fahren oder eine andere Tour machen, sobald du Urlaub hast.“

Seufzend stimmte er ihr zu. „Nur wird das eine Weile dauern. Trotzdem stimme ich dir zu, es ist falsch, dass ich einen Notfall vorschiebe.“ Zärtlich nahm er sie in die Arme, um sie zu küssen. Dieses Mal verhielt sich seine Kleine verantwortungsbewusster als er.

„Egal, Hauptsache wir sind zusammen. Du vergisst, dass wir ziemlich viel Zeit haben, falls du dich dafür entscheidest, dich wandeln zu lassen.“

Mit dem Thema wollte Jeremy sich noch nicht auseinandersetzen. „Bitte, das ist wirklich zu früh für mich. Um ehrlich zu sein, schaffe ich es kaum, mir vorzustellen, Mäuse zu jagen und ein Fell zu bekommen.“ Er schüttelte sich leicht, für ihn als Menschen hörte es sich eklig an, sich auf diese Weise zu ernähren.

„Es liegt vollkommen in deiner Hand, ob du dich verwandeln lassen willst oder es ablehnst. Darüber hinaus treibt niemand uns“, stimmte Kate zu. Für sie war die Welt wieder rosarot, zumal sie nie damit gerechnet hätte, dass es so einfach über die Bühne ging. „Sollen wir eine Runde Scrabble spielen“, schlug sie vor.

Erstaunt musterte er sie. „Ist das dein Ernst? Ich meine, du erzählst mir gerade, dass mich jemand in einen Gestaltwandler umwandeln kann, und schlägst keine Minute später Scrabble vor?“

Mit einem unschuldigen Schulterzucken lächelte sie ihn an. „Tut mir leid, aber Fang die Maus besitze ich derzeit nicht.“

Bei der Antwort musste er laut lachen, das sah seiner Kleinen so ähnlich, einfach zum Alltag überzugehen. Kurz dachte er nach, dann nickte er leicht. „Du hast ja recht, es hat sich zwischen uns nichts geändert, im Gegenteil, da können wir genauso gut ein normales Gesellschaftsspiel spielen.“

Sie holten noch ein paar Snacks, Getränke, ehe sie sich einen harten Kampf lieferten, bei dem Kate weit vorne lag. Sie freute sich diebisch, dass sie ihren Partner immer wieder besiegte, was auch daran lag, dass sie bereits wesentlich länger auf der Welt war als er.

Jeremy zeigte sich als sportlicher Verlierer, trotzdem ärgerte es ihn, dass er so gar kein Bein auf den Boden bekam. „Hey, das Wort treuzlässig gibt es nicht“, beschwerte er sich, als sie ihn herausfordernd ansah.

„Natürlich, das ist die Mischung aus treu und zuverlässig.“ Ohne eine Miene zu verziehen, hielt sie seinem Blick stand. „Kennst du das etwa nicht? Gut, ich gebe zu, dass es eher vor hundert Jahren modern war.“ Jetzt zuckte es verdächtig um ihre Mundwinkel.

Mit einem Satz sprang Jeremy zu ihr, zog sie in seine Arme, um sie zu küssen, bis sie beide atemlos waren. „Willst du die Antwort noch mal überdenken?“ Seine Stimme klang dunkel, was ihr sofort eine Gänsehaut über den Rücken jagte.

„Nein, ich bleibe dabei. Es gibt treuzlässig genauso wie alswies und wierum.“ Bei den Wortkreationen biss sie sich auf die Lippen, um nicht laut loszulachen. Es tat so gut, ihn einfach auf die Schippe nehmen zu dürfen.

„Bettelst du etwa gerade darum, dass ich dir den Hintern versohle? So dreist hat mich noch niemand angelogen.“ Er schmunzelte leicht, gleichzeitig strich er über ihren Po, der jetzt nur von Leggins bedeckt wurde.

„Vielleicht?“ Sie lächelte ihn verführerisch an. „Eventuell möchte ich dich auch nur necken.“ Glücklich schlang sie die Arme um seinen Hals.

Jeremy zog sie fest an sich, auf keinen Fall wollte er sie jemals freiwillig gehen lassen.

Sie beendeten das Spiel, um gemeinsam das Abendessen zu kochen, wobei die gesamte Küche von ihrem Lachen erfüllt war. Immer wieder gaben sie sich die verrücktesten Tipps, wie man Chili con Carne zubereiten konnte.

„Glaub mir, es schmeckt besser, wenn wir ein wenig Maus reingeben“, behauptete Kate grinsend.

Sofort schüttelte Jeremy abwehrend den Kopf. „Auf gar keinen Fall! Ich bin für die klassische Variante mit Rindfleisch und Paprika.“ Er schnappte sich das Fleischmesser, woraufhin sie ihm leicht auf die Finger schlug.

„Das ist ein Messer um Fleisch zu schneiden“, bemerkte sie ernst.

Seufzend nickte er. „Du hast recht, aber deine Sonderzutaten kommen trotzdem nicht ins Essen.“

Kurz tat sie so, als ob sie darüber nachdenken müsste, ehe sie laut lachend nach der Zwiebel griff. „Die müssen auf jeden Fall rein." Sie hielt das Gemüse hoch.

„Ja, da stimme ich dir zu, außerdem sollten wir Chilischoten zufügen. Ich mag es scharf." Bei der Bemerkung ließ er seinen Blick genüsslich über ihre Figur schweifen.

„Hey, konzentrier dich aufs Kochen. Den Nachtisch gibt es später." Sie schlug sich leicht auf den Hintern, den sie ihm entgegenstreckte.

„Darauf kannst du dich verlassen." Jeremy knurrte die Antwort nur, ehe er sich ein Messer schnappte, um die Zutaten kleinzuschneiden. Es machte ihm enorm Spaß, mit seiner Partnerin etwas zuzubereiten. Das hätte er sich niemals träumen lassen, früher war er schnell genervt, sobald jemand die Küche auch nur betrat.

Sie ließen es sich schmecken, räumten auf, anschließend sah Kate ihn bedauernd an. „Bist du sehr böse, wenn ich jetzt einfach nur kuscheln will? Die letzte Zeit hat mich gefordert und ich bin vollgefuttert."

Lachend hob er sie auf seine Arme, um sie zur Couch zu tragen. „Du sprichst mir aus der Seele, Kätzchen. Mir steht der Sinn genauso danach, Faultier zu spielen."

Gemeinsam suchten sie einen Film aus, den sie beide noch nicht kannten, anschließend lehnte sich Kate eng an ihren Gefährten. Sie genoss es, keine Geheimnisse haben zu müssen. In der Mitte des Actionfilms schlief sie glücklich ein.

Jeremy betrachtete sie, strich sanft über ihre Stirn, wobei er über die letzten Stunden nachdachte, besonders darüber, was er erfahren hatte. In der Tat fühlte er sich erleichtert, dass er kein psychisches Problem hatte, andererseits wehrte sich sein Verstand noch ein wenig. Immer wieder war er versucht, sich einzureden, dass er sich den gestrigen Tag nur eingebildet hatte. Endlich schob er die belastenden Gedanken von sich, egal, was sie war, er liebte sie. Das war alles, was zählte.

~~°~~

Die folgende Wochen vergingen völlig normal, keine besonderen Vorkommnisse. Auf der Arbeit stoppte Jeremy einen jungen Kerl, der meinte, die Straße sei eine Rennbahn, schlichtete eine Prügelei im Pub und erledigte seinen Job. Er freute sich darauf, nach der Schicht zu seiner Liebsten zurückzukehren, wobei er feststellte, dass die Gefühle sich noch vertieften. Sie hatten seine Möbel in ihr Cottage gebracht, einen guten Platz für seine Bogen gefunden und im Garten gab es die Möglichkeit dem Sport nachzugehen. Selbst auf seinen Joggingrunden begleitete Kate ihn, nur dass sie dabei öfter auf ihre Katzengene zurückgriff, um ihn anzuspornen. Während er meistens ziemlich ausgepowert war, tänzelte sie um ihn herum, um ihn zu necken.

Mittlerweile hatte er sich daran gewöhnt, dass sie sich immer mal wieder verwandelte, anschließend ließ sie sich von ihm streicheln, rollte sich auf seinem Schoß zusammen oder ging für ein paar Stunden ihre eigenen Wege. In der Zeit vermisste er sie enorm, nur wollte er sie auf keinen Fall einsperren.

Kate genoss es, ihre zweite Natur ausleben zu können, ohne sich verstecken zu müssen. Sie liebte es, mit ihrem Gefährten zusammenzuleben und kümmerte sich selbstverständlich auch wieder um ihr Geschäft. Chris hatte anstandslos bezahlt, sodass sie sich nach einem neuen Auftrag umsahen. Niemals hätte sie gedacht, dass ein normaler Alltag sie dermaßen erfüllte.

„Lass uns zum Shannon gehen", schlug sie eines Abends vor.

Irritiert sah Jeremy von seinem Buch auf. „Jetzt? Es ist kurz vor Mitternacht, also stockdunkel."

Begeistert nickte sie. „Ja, genau die ideale Zeit. Es sieht uns keiner, darauf kommt es an. Ich möchte dir Celina und ihre süße Tochter Rubina vorstellen."

Langsam legte er seinen Roman zur Seite. „Du redest von der Nixe, die ich schon einmal beobachtet habe? Die sich bei deinem Cousin gemeldet hat?" Neugierig betrachtete er sie, bisher hatte er außer ihr keine paranormalen Wesen mehr gesehen.

„Genau die. Es wird Zeit, dass du ein paar Leute aus meiner Welt kennenlernst." Sie nahm seine Hand, um ihn von der Couch zu ziehen. „Los jetzt."

Sie zogen ihre Jacken und Schuhe an, schnappten sich eine Taschenlampe, ehe sie sich auf den Weg zum Fluss machten.

Kapitel 18 - Ein fieser Verdacht

Am Ufer rief Kate leise nach den Nixen, woraufhin Jeremy zweifelnd das Gesicht verzog. „Bist du sicher, dass sie dich unter Wasser hören können?“

„Dazu sind wir durchaus in der Lage. Unser Gehör ist genauso fein wie das der Gestaltwandler, sonst würden wir ja ständig Gefahr laufen, entdeckt zu werden“, ertönte hinter ihm eine Stimme, die ihn sofort in ihren Bann zog.

Wie verzaubert drehte er sich um, ging einen Schritt auf den Shannon zu, bis seine Liebste ihn am Arm festhielt.

„Mist, ich hab ja völlig vergessen, dass ihr Normalen ziemlich heftig auf die natürliche Tonlage der Nixen reagiert.“ Kate kniff ihn hart in den Arm, woraufhin er sich ein wenig schüttelte, sie aber wieder klar ansah.

„Was war das denn?“ Irritiert trat er eilig zurück, als er bemerkte, dass er fast in den Fluss gefallen wäre.

Celina kicherte leise. „Das ist die Gefahr, wenn man sich mit unserer Art auseinandersetzt. Tut mir leid, ich werde dafür sorgen, dass du nicht in meinen Bann gerätst.“ Sie sprach mit völlig veränderter Stimme, sodass er sie neugierig musterte.

„Ich dachte, nur Sirenen können die Menschen dermaßen bezirzen.“

Die Nixe lachte hell auf, woraufhin auch Rubina ihren Kopf aus dem Wasser streckte. „Was glaubst du, was sie sind? Es ist nur ein anderer Begriff für ein und dasselbe Wesen. Aber ich möchte mich von Herzen entschuldigen. Meine Tochter hat dich in Schwierigkeiten gebracht." In ihren Augen erkannten sie, dass es ihr ehrlich leidtat.

Augenblicklich winkte Jeremy ab. „Nein, es war ein Segen, sonst würde ich immer noch denken, dass ich irre werde." Er schmunzelte, als er ihr von seinen Sorgen erzählte. „Jetzt steht keinerlei Geheimnis mehr zwischen meiner Katze und mir." Zärtlich legte er einen Arm um seine Kleine, anschließend zog er sie fest an seine Seite.

„Das freut mich. Entschuldige trotzdem, dass ich nicht sofort daran gedacht habe, dass meine Stimme dich in meinen Bann zieht." Sie lächelte ihn an. „Du bist genau der Richtige für Kate. Sie braucht jemanden, der in der Lage ist, sie zu kontrollieren." Auf das empörte Fauchen reagierte sie nur mit einem Schulterzucken. „Was? Wir kennen uns schon sehr lange, außerdem hast du die Weicheier ziemlich schnell abgeschossen."

Dem stimmte sie verlegen zu. „Ja, aber Jeremy ist meine Dualseele, das ist noch mal was ganz anderes." Verträumt lehnte sie an ihm. „Ich danke dir von Herzen, ohne deine Anzeige müsste ich ihn weiterhin belügen. Darüber hinaus kann ich ihm jetzt jeden meiner Freunde vorstellen."

„Gibt es weitere magische Lebewesen in deinem Umfeld?" Der Polizist suchte nach den passenden Worten, zumal er niemanden aus Unwissenheit beleidigen wollte.

Leises Gelächter erklang aus dem Fluss. „Oh, ja, wir haben eine richtige Clique, die aus paranormalen Wesen besteht", erklärte Celina bereitwillig. „Darunter ist auch ein Grogoch, ein Leprechaun und eine Sheerie."

Ungläubig betrachtete Jeremy die Nixe. Fast hätte er widersprochen, aber weshalb sollte es diese Geschöpfe nicht geben?

An Gestaltwandler hatte er letzten Monat genauso wenig geglaubt. „Was macht ihr so? Ich meine, es ist doch bestimmt schwierig, gemeinsame Unternehmungen zu planen, wenn ihr im Wasser bleiben müsst." Die gesamte magische Welt interessierte ihn brennend, wobei ihm der Gedanke kam, dass er sie zukünftig in seine Ermittlungen einbeziehen könnte. Die Idee strich er sofort wieder, weil er niemals in der Lage wäre, seinen Leuten zu erklären, woher er die Informationen besaß.

Celina lächelte ihn an, kam zum Ufer und stand kurz darauf vor ihm. Ihr Fischschwanz hatte sich in Beine verwandelt, sobald sie den Boden berührte, außerdem trug sie jetzt moderne Kleidung. Nur ihre Haut schimmerte leicht, was allerdings kaum auffiel. „Wir können den Fluss jederzeit verlassen. Eure Legenden weisen meistens Fehler auf."

Auch Rubina kam zu ihnen, woraufhin sie einen gemeinsamen Spaziergang unternahmen.

„Wir gehen niemals in den Ort, da wir es vermeiden, Menschen zu begegnen. Meine Tochter hat ihre Stimme manchmal nicht im Griff, das ist sehr gefährlich. Darüber hinaus müssten wir wegziehen, sobald wir ein bestimmtes Alter erreicht haben, was uns enorm schwerfällt, weil wir an unseren Fluss gebunden sind." Celina seufzte leise. „Es ist leichter, sich von den Normalen fernzuhalten."

Das verstand Jeremy sofort, trotzdem tat ihm die Nixe leid. „Das heißt aber auch, dass ihr ständig auf der Hut seid, oder?"

Rubina nickte, gleichzeitig senkte sie beschämt den Kopf. „Ich bin zu unvorsichtig, doch das liegt nur daran, dass mich die Menschenwelt so interessiert. Immer erfinden sie etwas Neues, Spannenderes. Obwohl ich erst neunzig bin, hat sich die Welt außerhalb des Shannons so sehr verändert. Zuerst die Boote, von einfachen Fischerbooten zu den Yachten und Hausbooten." Ihre Augen glitzerten vor Begeisterung. „Am liebsten würde ich alles erkunden, mir die gesamte Technik erklären lassen."

Celina legte einen Arm um ihre Schultern. „Das wirst du auch, aber vorher musst du deine Fähigkeiten kontrollieren können. In jeder Situation! Auf keinen Fall wollen wir den Normalen schaden." Sie seufzte leise. „Ich verstehe, dass du ungeduldig bist, deine Zeit kommt noch, versprochen."

Jeremy lächelte, ihm kam die kleine Nixe wie ein Kind vor, das unbedingt erwachsen werden wollte.

Sie verabschiedeten sich kurz nach ein Uhr, anschließend machten sie sich auf den Weg nach Hause.

„Danke für dein Vertrauen." Jeremy küsste seine Liebste stürmisch, nachdem sie sich für die Nacht fertiggemacht hatten.

Kate lachte leise. „Du hast einen Eid geschworen, erinnerst du dich? Außerdem möchte ich, dass du meine anderen Freunde ebenso kennenlernst. Sie gehören fest zu meinem Leben." Sie kuschelte sich eng an ihn. „Sie helfen, wenn sie dazu in der Lage sind", bemerkte sie mit einem schelmischen Lächeln.

„Daran musste ich auch kurz denken, aber wie soll ich das den Kollegen erklären?" Er seufzte, die magischen Wesen würden ihre Arbeit so viel leichter machen.

„So wie Kim und ich es tun. Wir suchen so lange, bis wir die Beweise haben, die wir vorlegen können." Sie gähnte herzhaft, schloss die Augen und schlief ein.

Jeremy dachte noch über die neuen Möglichkeiten nach, dabei ging es ihm nicht um seine Karriere, sondern wirklich darum, den Opfern zu ihrem Recht zu verhelfen.

Zu viele Täter kamen davon, weil ihnen einfach die richtigen Hinweise fehlten. Abgesehen von den Fehlern, die immer mal wieder vorkamen. Auch ihm fielen die Lider zu, zumal er am kommenden Tag die ungeliebte Frühschicht hatte.

~~°~~

„Du strahlst wie ein Atomkraftwerk", bemerkte Kim am nächsten Morgen, als die Freundinnen sich im Büro gegenübersaßen. „Obwohl kein Auftrag für uns in Sicht ist. Nicht mal eine langweilige Observation, weil jemand eifersüchtig ist." Sie seufzte leise, da es ihr so gar nicht lag, herumzusitzen.

„Das Leben ist toll!" Kate strahlte Kim an. „Gestern waren wir bei den Nixen, sie mögen Jeremy." Für sie war es enorm wichtig, dass auch ihre kleine Gruppe außergewöhnlicher Wesen ihren Seelengefährten akzeptierten.

„Ich bin ja schon ein bisschen neidisch", gab der Rabe zu. „Mein Freund nervt mich immer mehr. Er will, dass wir zusammenziehen, heiraten, eine Familie gründen." Sie seufzte.

Gerade als Kate antworten wollte, klingelte es an der Tür. Gut gelaunt ging sie hin, um zu öffnen, denn es konnte nur ein Klient sein, die Post war bereits da gewesen. Ihr Lächeln breitete sich aus, als sie Jeremy sah, der vor ihr stand. „Hey, so süß von dir, dass du mich besuchen kommst." Erst jetzt bemerkte sie Steven, der mitgekommen war. „Braucht ihr unsere Unterstützung?"

Ernst schüttelte er den Kopf. „Nein, wir sind hier, um dich zu verhaften." Zu gerne würde er ihr die Prozedur ersparen, zumal er sicher wusste, dass sie nicht die Schuldige war. Leider sah er keinen Weg, deshalb kam er auch selbst zu ihr.

„Das ist ein Scherz, oder?" Kate lachte leise, weil sie tatsächlich glaubte, dass die beiden Jungs sie auf den Arm nehmen wollten.

Steven sah sie traurig an. „Ich glaube an deine Unschuld, genau wie Jeremy, aber wir müssen dich mitnehmen." Er deutete auf den Dienstwagen, der hinter ihm parkte. „Erspar es uns, dich in Handschellen abzuführen, bitte."

„Kannst du mir erklären, was los ist?" Ihre Stimme bekam einen ärgerlichen Unterton, als sie sich an ihren Gefährten wandte.

„Im Revier wird Steven dir alles erzählen. Ich bin nur anwesend, weil ich mich über das Gesetz hinwegsetze. Normalerweise dürfte ich gar nicht hier sein." Jeremy seufzte, während er sie zärtlich musterte. „Ich bin mir sicher, dass du unschuldig bist, komm trotzdem freiwillig mit."

Der jüngere Beamte belehrte sie über ihre Rechte, die auch beinhalteten, dass ein Schweigen gegen sie verwendet werden würde.

Sie nahm ihre Jacke, übertrug Kim die Führung der Detektei, anschließend ging sie mit den beiden Männern, wobei sie sich überhaupt keinen Reim auf die Sache machen konnte. Im Auto versuchte sie, eine Antwort zu bekommen, aber die Polizisten wichen ihr erneut aus.

Seufzend wartete sie ab, bis sie in einem Verhörraum saß, dabei überkam sie ein ganz mieses Gefühl.

Steven und Darren setzten sich zu ihr.

„Dir ist klar, dass alles, was du sagst, gegen dich verwendet werden darf und wird?" Darren blickte sie unglücklich an. Auch ihm war es unangenehm, sie als Verdächtige zu sehen.

„Ja, ich kenne die Gesetze, aber jetzt möchte ich endlich wissen, was hier los ist. Für einen Scherz geht ihr zu weit." Wütend starrte sie die beiden Männer an.

„Glaub mir, dass es mir lieber wäre, wenn es sich um einen Jux handeln würde, egal, wie sauer du dann bist", bemerkte Steven leise. „Wir haben Rita Gordon tot in ihrem Wohnzimmer aufgefunden. Ihr wurde die Kehle durchgeschnitten. Auf dem Messer hat die Spurensicherung deine Fingerabdrücke gefunden."

Bei der Erklärung schnappte Kate erschrocken nach Luft. „Das ist unmöglich. Ich war nie in ihrer Wohnung." Sie überlegte kurz, nicht mal als Katze hatte sie sich hineingewagt, allein wegen der ekligen Parfümwolke. „Was für einen Grund gibt es, weshalb ich sie umbringen sollte?"

Jetzt zuckten beide mit den Schultern. „Das Motiv ist unklar, allerdings ist der Beweis ziemlich belastend." Steven legte einen Plastikbeutel auf den Tisch, in dem ein blutiges Fleischmesser war.

„Das gehört mir", gab Kate beklommen zu. „Aber gestern war ich die gesamte Nacht mit Jeremy zusammen." Ihr war überhaupt nicht aufgefallen, dass das Messer weg war. Was wohl auch daran lag, dass sie in der letzten Zeit vermehrt Gerichte mit Hackfleisch gekocht hatten oder die Schnitzel direkt fertig aus der Metzgerei holten.

„Der Gerichtsmediziner datiert ihren Tod drei Tage zurück. Da hatte Jeremy Nachtschicht." Steven zuckte unglücklich mit den Schultern. „Hast du ein Alibi?" Hoffnung klang in seiner Stimme mit.

„Nein, ich war zu Hause, habe gelesen." Seufzend ließ sie den Kopf hängen. „Ich möchte telefonieren, das steht mir zu, richtig?"

Sofort stimmte Darren zu, woraufhin er ihr ein Telefon brachte.

Kurz überlegte sie, wen sie am besten anrufen sollte, dann entschied sie sich für ihren Bruder Sean, der Rechtsanwalt war. Kim würde von alleine herausfinden, was passiert war und die entsprechenden Schritte gehen. Zum Glück hatte sie die Nummer im Gedächtnis, sodass sie ihn um Hilfe bitten konnte.

„Du wartest mit deiner Aussage, bis ich da bin, Kleine. Ich mache mich sofort auf den Weg. Keinesfalls sagst du etwas, woraus sie dir einen Strick drehen können." Sean klang gefasst, aber sie kannte ihn gut genug, um zu wissen, dass er sich große Sorgen um sie machte.

„Niemand wird versuchen, mich in eine Falle zu locken. Davies ist nicht mehr da. Der neue Chief ist mein Seelengefährte, wie du weißt." Sie atmete durch, zumal es ihr auch ziemlich missfiel, ins Gefängnis zu müssen, nur bei Mord gab es keine Ausnahmen.

„Ich fahre sofort los. Behalte einen kühlen Kopf, wir holen dich da raus." Damit legte ihr Bruder auf und sie wurde zu einer Zelle gebracht.

„Wir werden dich verlegen, weil das hier nur eine Ausnüchterungszelle ist", bemerkte Jeremy, als er zu ihr trat. Er hatte auf dem Gang gewartet, jetzt musterte er sie auf eine Art, wobei er hoffte, dass sie die Tragweite verstand. Auf keinen Fall wollte er, dass sie ins Untersuchungsgefängnis kam, zumal er kaum einen Weg sah, ihre Unschuld zu beweisen. Die Spurensicherung hatte keine weiteren Spuren gefunden, die auf einen anderen Täter hinwiesen. Es gab nur eine Möglichkeit: Sie musste sich schnellstmöglich verwandeln.

„Steven wird dich gleich hinbringen." Er beugte sich zu ihr, woraufhin sein Kollege ihn sofort von ihr wegzog.

„Du solltest Abstand halten, du kennst die Regeln." Verlegen sah Steven seinen Vorgesetzten an, dennoch wollte er verhindern, dass ihm irgendetwas untergeschoben wurde.

Jeremy nickte leicht. „Ja, allerdings werde ich mich von meiner Freundin verabschieden dürfen, oder? Du kannst dich ja versichern, dass ich ihr nicht meine Pistole zuschmuggele." Ironie troff aus seiner Stimme, sodass der Kollege sich sofort abwandte.

Zärtlich küsste er sie, nahm sie fest in die Arme. „Verwandele dich. Wir treffen uns später zu Hause", flüsterte er ihr zu, dabei war er so leise, dass niemand ihn hören konnte. Zum Glück hatte sie ihm von ihrem exzellenten Gehör erzählt.

Kate blickte ihn liebevoll an, als er von ihr abließ. „Mein Bruder kommt her, ich bin überzeugt davon, dass er euch helfen wird, den richtigen Täter zu finden." Sie tippte Steven leicht auf die Schulter. „Kann ich vorher bitte zur Toilette?"

Der junge Polizist nickte und deutete mit dem Kinn in die Richtung, in der die Waschräume lagen. „Es tut mir wirklich leid", murmelte er. Ihm war die gesamte Situation enorm peinlich, andererseits durfte er sich nicht von seinen persönlichen Gefühlen leiten lassen. Niemand wusste, was in einem anderen Menschen vorging.

Eilig verschwand Kate in einer der Kabinen, sah sich kurz um, nur um festzustellen, dass die Fenster vergittert waren. Das sollte jetzt ihr kleinstes Problem sein. Sie legte die Kleidung ab, ging auf die Knie und leitete die Verwandlung ein. Das blaue Flackern stellte zwar eine Herausforderung dar, aber sie hoffte, dass sie weit genug von der Tür zum Flur weg war. Wahrscheinlich würde niemand etwas mitbekommen, zumal sie wohl kaum damit rechneten, dass sie versuchte, von hier aus zu fliehen. Wie gut, dass sie sich bisher kooperativ verhalten hatte.

Zu ihrem Glück gab es einen Spalt unter der Trennwand, der so groß war, dass sie in die angrenzende Kabine schlüpfen konnte. Mit klopfendem Herzen wartete sie an die Wand gekauert, bis es vor der Tür laut wurde.

Steven klopfte, fragte, ob alles in Ordnung sei. Als keine Antwort kam, betrat er den Waschraum. Er hämmerte an die Kabinentür. „Kate, mach keinen Mist. Komm raus." In seiner Stimme hörte man deutlich, dass er sich um sie sorgte. Offensichtlich vermutete er, dass sie sich etwas antat. Mit einem gezielten Tritt öffnete er die Tür, nur um für einen Moment irritiert auf die Kleidung zu starren.

Jetzt brach im wahrsten Sinne des Wortes die Hölle los. Der Polizist rief nach Verstärkung, gleichzeitig durchsuchte er die Sachen, die auf dem Spülkasten lagen. Die Kollegen stürmten herein, nur Jeremy hielt sich zurück. Egal, was passierte, er würde sich von den Toiletten fernhalten, damit kein Verdacht auf ihn fiel.

Während Darren und Steven hektisch durch die Wache liefen, um in jedem Winkel nach ihr zu suchen, schlüpfte Kate ungesehen aus dem Raum. Sie schlich sich in Richtung Ausgang, wo sie sich neben einen Schrank drückte. Hier musste sie warten, bis sich die Gelegenheit bot, endgültig zu entkommen, obwohl bestimmt niemand vermutete, dass sie die kleine Katze war.

Endlich kam Steven angerannt. „Wir müssen die Umgebung absuchen", rief er.

„Ich bleibe an meinem Schreibtisch, auf keinen Fall möchte ich mir nachsagen lassen, dass ich ihr geholfen habe.“ Jeremy zuckte leicht mit den Schultern. „Ich übergebe dir das Kommando. Am besten du rufst Tom zur Verstärkung. Darren bleibt hier, um sicherzustellen, dass ich nicht involviert bin.“

Etwas überfordert nickte Steven, anschließend gab er seinem Kollegen den Auftrag Tom anzurufen. Hektisch lief er raus, dabei ließ er die Tür offen stehen.

Das war die Chance, auf die sie gewartet hatte, blitzschnell rannte sie aus der Wache, sprang über einen Gartenzaun und fegte durch einen Vorgarten, bevor sie das Tempo drosselte. Jetzt war sie in Sicherheit, sodass sie sich Zeit lassen konnte.

Jeremy atmete unhörbar auf, gleichzeitig sortierte er ein paar Papiere. „Dumme Sache“, murmelte er.

„Das kannst du laut sagen. Wir kennen Kate seit Jahren, nie hätte einer von uns angenommen, dass sie zu einem Mord fähig ist.“ Er hob abwehrend die Hände, als sein Boss die Stirn runzelte. „Wir wissen, dass sie der Frau nichts angetan hat, nur spricht alles gegen sie.“

„Da stimme ich dir zu, andererseits fehlt das Motiv. Weshalb sollte sie ausgerechnet Rita umbringen?“ Er glaubte fest an ihre Unschuld, obwohl er im Moment keine Ahnung hatte, wo er die Beweise oder auch nur eine Spur des echten Täters herbekam. Eventuell musste er mit den möglichen Gründen anfangen? Nachdenklich zog er einen Zettel zu sich, um aufzuschreiben, was seine Kleine dazu veranlasst haben könnte. Eifersucht schloss er aus, da er einen großen Bogen um die Frau machte, sobald er sie traf. Gier kam genauso wenig infrage, Kate besaß mehr Geld als jeder, den er kannte. Für geisteskrank hielt er sie keineswegs, ebenso durfte er übermäßige Aggressivität ausschließen. Vielleicht hatte Rita seine Gefährtin angegriffen, weil sie geholfen hatte, ihren Sub ins Gefängnis zu bringen? Sofort strich er auch die Begründung durch. In dem Fall hätte sie ihm die Wahrheit gesagt. Seufzend knüllte er das Blatt Papier zusammen, um es in den Mülleimer zu werfen.

„Wir bekommen sie da raus." Darren sah ihn mit einem Blick an, der ihm wohl Hoffnung machen sollte, aber völlig daneben ging.

Grimmig nickte er. „Darauf kannst du dich verlassen."

~~°~~

Kate schlüpfte durch die Katzenklappe in ihr Cottage und atmete durch. In was für einen Mist war sie bloß geraten? Kurz überlegte sie, sich zu verwandeln, verzichtete aber, weil ihr klar war, dass die Garda in ihrem Zuhause als Erstes nach ihr suchen würde.

Unruhig lief sie durch ihre Wohnung, dabei dachte sie über den Fall nach. Der Täter musste einen Grund gehabt haben, weshalb er ausgerechnet ihr die Schuld in die Schuhe schob. Leider fiel Michael aus, denn der saß im Gefängnis. Jetzt wünschte sie sich, dass Kim hier wäre, allerdings brachte sie das auch kaum weiter, da sie sich nur in der menschlichen Form austauschen konnten.

Müde legte sie sich auf die Couch, im Moment blieb ihr nichts anderes übrig, als abzuwarten.

Die Ruhe währte nur kurz, da nach einer knappen halben Stunde die Tür aufging und Steven zusammen mit Jeremy hereinkam. „Fehlt etwas?", wollte der junge Polizist wissen.

Ihr Liebster zuckte leicht mit den Schultern.

„Ich bin unsicher, allerdings ist es unwahrscheinlich, dass sie völlig nackt durch Portumna rennt, von niemandem gesehen wird, um dann in unser Zuhause einzubrechen." Er deutete mit einer Handbewegung an, dass Steven sich umsehen sollte. „Versichere dich bitte selbst, dass die Fenster zu sind."

Sofort kam er der Aufforderung nach. „Du hast recht, es sieht auch nicht danach aus, als ob sie sich hektisch angezogen hätte." In der Tat lagen keine Kleidungsstücke herum, genauso wenig gab es irgendeinen anderen Anhaltspunkt, dass jemand auf der Flucht hierher gekommen war.

Gemeinsam gingen sie ins Schlafzimmer, wo Jeremy den Kleiderschrank öffnete. „So weit ich es sehe, ist alles da." Er sah seinen Kollegen an. „Tut mir leid, aber ich kann es nicht mit Sicherheit sagen. Ich kenne nicht jedes Stück Kleidung, das meiner Freundin gehört." Er schenkte Steven ein verrutschtes Lächeln. „Glaub mir, ich habe auch keine Erklärung. Im Augenblick mache ich mir allerdings große Sorgen um sie. Es ist viel zu kalt, außerdem wird sie verängstigt sein."

Darin stimmte Steven ihm zu. „Trotzdem ist es mehr als seltsam, dass sie so einfach verschwinden konnte." Er atmete durch. „Du weißt, dass du es melden musst, sollte sie bei dir auftauchen?"

Sofort nickte Jeremy. „Natürlich, oder denkst du, dass ich meinen Job aufs Spiel setze? So lange kennen wir uns noch nicht, aber ich bin kein grüner Junge, der die rosarote Brille aufhat."

Die Männer verließen das Haus, woraufhin Kate wartete, bis sie den Motor des Dienstwagens hörte, anschließend verwandelte sie sich. Sie zog sich einen Jogginganzug über, verzichtete auf Unterwäsche für den Fall, dass sie gezwungen war, überraschend in ihre Tierform zu wechseln.

Verwirrt rieb sie sich über das Gesicht, ehe sie überlegte, was sie tun sollte. Egal was kam, sie musste auf ihr Handy verzichten, das war ihr klar, trotzdem wollte sie Kontakt mit ihrem Bruder und mit Kim aufnehmen. Unruhig wanderte sie durch die Räume, nur sah sie keine andere Möglichkeit, außer auf Jeremy zu warten. Immerhin wusste er, dass sie in Sicherheit war.

Die Zeit bis zu seinem Feierabend zog sich in die Länge, vor allem weil Kate immer wieder darüber nachgrübelte, wer hinter dem Mord steckte. Wer würde ihr eine so gemeine Tat anhängen?

Kapitel 19 - Ermittlungen

Als sie die Haustür hörte, versteckte sie sich schnell im Schlafzimmer, dabei hoffte sie, dass Jeremy dieses Mal tatsächlich ohne Begleitung kam. Leider durfte sie kaum ausschließen, dass sie ihn überwachten.

„Blacky? Kätzchen, wo bist du?“

Seine leise Frage verriet ihr, dass er nicht alleine war. Vorsichtig, um kein Geräusch zu machen, zog sie sich aus, räumte den Jogginganzug weg, legte sie sich unter die Bettdecke, wo sie sich verwandelte. Der dicke Stoff würde das blaue Flackern abdecken und für das seltsame Summen musste ihr Gefährte eine Erklärung finden. Mit ein wenig Glück bekam es niemand mit.

Kurz darauf lief sie zu ihm in die Küche, wo auch Steven saß, der sich aufmerksam umsah.

„Los, durchsuch die Räume, das ist dein Job. Anschließend trinken wir einen Kaffee.“ Jeremy gab ihm einen leichten Schubs, ehe er Kate auf seine Arme hob. Zärtlich streichelte er das kleine Kätzchen, dabei fühlte er sich erleichtert, dass er seinen Kollegen seine Allergie verschwiegen hatte. Zum Glück waren sie noch nicht so gut miteinander bekannt, dass sie Privates teilten.

„Du hast recht, es gibt keine Spur von ihr.“ Steven ließ sich auf einen Stuhl fallen, den sein Chef ihm anbot, ehe er dankbar eine Tasse Kaffee entgegennahm.

„Ich kann mir einfach keinen Reim auf die Sache machen. Sind wir alle irre geworden?" Er seufzte, trank einen Schluck und sah Jeremy verzweifelt an. „Ich weiß, dass ich an die Beweise glauben müsste, aber ich schaffe es nicht, Kate mit einem Mord in Verbindung zu bringen."

„Das ist auch richtig so, denn es fehlt das Motiv. Darüber hinaus kenne ich meine Kleine, sie ist kaum in der Lage, jemandem wehzutun." Er setzte sich mit der Katze auf dem Arm an den Küchentisch.

„Hast du eine logische Erklärung für das, was passiert ist? Waren wir wirklich so blind, sie zu übersehen?" Plötzlich weiteten sich Stevens Augen. „Bitte sag mir nicht, dass du irgendwelche Mittel in die Getränke gemischt hast."

Bei der Unterstellung lachte Jeremy laut auf. „Was hätte es gebracht? Ihr habt Tom dazugeholt, er stand definitiv nicht unter Drogen, außerdem hat in der Zeit, die wir auf der Wache waren, niemand etwas getrunken. Dazu wurde es zu hektisch." Er schüttelte ernst den Kopf. „Du kannst gerne eine Blutprobe abgeben. Halluzinogene lassen sich auch später noch nachweisen."

Entschuldigend blickte Steven ihn an. „Tut mir leid, aber ich greife nach jedem Strohhalm. Keine Ahnung, wie ich das dem Staatsanwalt beibringen soll."

„Wir einigen uns darauf, dass die Verdächtige entkommen ist. Wahrscheinlich waren ein paar der Gitterstäbe vor dem Toilettenfenster locker", schlug Jeremy vor. „Die Kleider verschweigen wir vorerst. Keiner von uns kann es erklären, nicht mal ich."

Unwillig stimmte der junge Polizist ihm zu, zumal er keine andere Möglichkeit sah. Niemand würde ihm glauben, dass die Gefangene nackt durch die Stadt gelaufen war, ohne

Aufmerksamkeit auf sich zu ziehen. Darüber hinaus wusste er ja, dass das Gitter bombenfest saß, immerhin hatte er es selbst überprüft. „Danke für den Kaffee, ich mache mich mal auf den Weg."

Die Männer verabschiedeten sich und sofort verwandelte sich Kate zurück. Mit Tränen in den Augen klammerte sie sich an ihren Gefährten. „Ich habe niemanden umgebracht." Flehend sah sie ihm ins Gesicht.

„Das weiß ich, Kätzchen. Ich vertraue dir." Jeremy zog sie fest an sich. „Wir müssen enorm vorsichtig sein. Darren sitzt in einem Zivilfahrzeug vor dem Haus, um dich zu schnappen, falls du herkommen solltest."

Kate schloss kurz die Lider, aus dem Schlamassel kam sie nur schwer heraus.

„Kannst du bitte meinen Bruder anrufen? Er soll sich mit uns treffen." Sie schrieb ihm die Nummer auf, ehe sie sich umdrehte, um sich im Schlafzimmer ihren Jogginganzug überzuziehen, den sie geistesgegenwärtig in den Schrank gelegt hatte.

„Natürlich, allerdings gehe ich davon aus, dass sie die Leitung überwachen. Ich werde dich nicht erwähnen." Er lächelte ihr zu, anschließend holte er sich das Telefon. „Guten Abend, hier ist Jeremy Doyle, der Freund Ihrer Schwester. Ich wollte Ihnen mitteilen, dass sie flüchtig ist."

„Das sind schlechte Nachrichten, damit verschlechtert sie ihre Lage. Danke für die Information. Wissen Sie, wo sie sich derzeit aufhält?" Sean spielte instinktiv mit, zumal er sich bereits dachte, dass Kate sich verwandelt hatte.

„Nein, tut mir leid. Ich halte mich von dem Fall verständlicherweise fern. Ich habe mich nur verpflichtet gefühlt, Sie zu informieren." Angestrengt überlegte er, wie er die Sprache auf ein Treffen bringen konnte. Den Anwalt jetzt einzuladen, würde die Kollegen nur misstrauisch machen, falls sie das Telefon abhörten.

„Dürfte ich mich bei Ihnen umsehen? Vielleicht bemerke ich etwas, was uns weiterbringt? Selbstverständlich bin ich daran interessiert, meine Schwester zu finden, damit wir die leidige Sache aus der Welt schaffen können."

Fast hätte Jeremy bei den Worten laut aufgeatmet, doch er hielt sich gerade so zurück. „Das ist kein Problem, ich bin nur morgen ab fünf Uhr im Dienst. Sie könnten auch gleich noch herkommen."

„Danke für Ihr Verständnis. Ich bin in zehn Minuten bei Ihnen."

Die Männer verabschiedeten sich und Jeremy legte auf. „Er kommt her." Kate war in der Tür stehen geblieben, um aufmerksam zuzuhören, jetzt setzte sie sich neben ihren Liebsten. „Ich habe keine Ahnung, was für ein Mist das ist." Erschöpft kuschelte sie sich an ihn.

„Gibt es vielleicht irgendjemanden, den du ins Gefängnis gebracht hast, der sich rächen will?" Das war die einzige logische Erklärung, die ihm einfiel.

„Das sind einige, nur traue ich niemandem zu, einen fremden Menschen zu ermorden. Dazu kommt, dass derjenige ja von dem Auftrag in der Tankstelle wissen müsste." Seufzend dachte sie an die vielen Fälle, die Kim und sie gelöst hatten. „In den letzten Jahren haben wir etliche Ausreißer eingefangen, ein paar Fremdgeher entlarvt, kleinere Diebstähle aufgedeckt. Also keine Straftat, die einen Mord rechtfertigen würde. Portumna ist eine ziemlich friedliche Stadt."

Das hatte ihr Liebster ja auch bereits mitbekommen.

„Der Einzige, der mir in den Sinn kommt, ist Michael, aber der ist hinter Gittern." Wieder überlegte sie. „Was ist eigentlich mit Rita gewesen? Sie war doch diejenige, die ihn angestachelt hat. Konntet ihr da keine Anstiftung beweisen?" Über die ganze Aufregung, dass sie ihren Gefährten über die magische Welt aufklären musste, hatte sie den Punkt völlig vergessen, zumal der Auftrag für sie abgeschlossen war.

„Nein, sie hat fast alles abgestritten, bis auf die Tatsache, dass der Kerl ihr Sub war. Allerdings hat sie ihn schleunigst fallen gelassen, als er verhaftet wurde." Jeremy runzelte die Stirn, weil da etwas an ihm nagte, was er nicht zu fassen bekam. „Irgendjemand erzählte letztens, dass sie ihm wohl einen Brief geschrieben hat, in dem sie ihm mitteilte, dass er sie in Zukunft in Ruhe lassen sollte."

Jetzt horchte auch Kate auf. „Kann es sein, dass Michael aus dem Gefängnis heraus einen Killer beauftragen konnte?"

Langsam schüttelte ihr Liebster den Kopf. „Das ist mehr als unwahrscheinlich. Aber ich überlege noch, woher ich das weiß und weshalb es mir in Erinnerung geblieben ist." Da war etwas, das wusste er sicher. Plötzlich spannte er sich an. „Das ist es. Als er den Brief bekam, ist er völlig ausgerastet. Er fing eine Schlägerei an, schrie herum, dass er sich rächen wird. Einer der Mitinsassen stand ihm zur Seite, hat ihn allerdings auch noch angestachelt."

In dem Moment klingelte es an der Tür.

Sofort sprang Kate auf, rannte ins Schlafzimmer, wo sie ihre Sachen abstreifte, um sie in den Kleiderschrank zu werfen, ehe sie sich unter die Decke legte. Jetzt horchte sie, wer hereingekommen war. Erst als sie die Stimme ihres Bruders erkannte, atmete sie auf. Eilig zog sie sich an, ging ins Wohnzimmer zurück und schlang ihre Arme um seinen

Hals. Tränen rannen ihr über die Wangen. „Ich stehe das nicht durch“, bemerkte sie weinend. „Immer auf der Hut sein, ständig darauf gefasst zu sein, dass man mich schnappt.“ Sie zitterte leicht.

„Ganz ruhig, wir werden dich da rausholen. Zur Not bringe ich dich nach Deutschland oder in die Staaten.“ Sean drückte sie fest an sich, dabei musterte er Jeremy, der sich ein wenig im Hintergrund hielt.

Vorsichtig löste Sean den Klammergriff seiner Schwester, schob sie ein Stückchen von sich, anschließend deutete er auf die Couch. „Setzen wir uns besser.“

„Ich hole dir einen Tee“, damit war Kate aus dem Raum. Sie eilte in die Küche, wo die Gardinen zugezogen waren, was ihr deutlich vor Augen führte, dass sie sich ziemlich leichtsinnig benahm. Seufzend bereitete sie den Tee zu, ehe sie sich zu den Männern setzte. „Es ist so schön, dich endlich mal wiederzusehen. Ich hätte mir nur gerne andere Umstände gewünscht.“ Liebevoll betrachtete sie ihren Bruder. „Ihr habt euch bekannt gemacht?“

Jetzt lachte Sean auf. „Die Frage kommt reichlich spät, aber ja.“ Er musterte sie besorgt, man merkte ihr deutlich an, dass sie durch den Wind war. „Wer hat ein Interesse daran, dich aus dem Verkehr zu ziehen?“ Sachlich kam er direkt auf den Punkt.

„An der Sache knabbern wir auch. Sobald wir das wissen, können wir nach Verbindungen und Beweisen suchen.“ Jeremy seufzte leise. „Gerade eben haben wir darüber gesprochen, dass es jemanden im Gefängnis gibt, der Michael bei einem Wutausbruch angestachelt hat.“ Kurz erzählte er, was ihm eingefallen war. „Das ist nicht viel, aber unter Umständen ein Anfang.“

Sean nickte. „Kannst du herausfinden, wer das war und ob er noch sitzt?“ Er drehte sich leicht zu Kate, die sich wieder an ihren Gefährten lehnte. „Bitte Kim, ihre Freunde einzusetzen. Irgendwer muss etwas wissen.“

„Das hat sie bestimmt schon getan, nur darf ich sie ja nicht besuchen. Ich traue mich genauso wenig, mein Telefon zu benutzen. Wahrscheinlich überwachen sie sämtliche Telefonate, die von meinem Handy ausgehen.“ Sie kämpfte erneut mit den Tränen.

„Ja, das denke ich auch, ebenso werden sie die eingehenden Anrufe in deiner Detektei überprüfen. Deshalb übernehme ich es, mit Kim zu sprechen. Erstens kenne ich sie seit vielen Jahren, was die hiesige Garda leicht herausfinden kann und zweitens ist es meine Pflicht als Anwalt, eigene Nachforschungen anzustellen.“ Er lehnte sich etwas zurück. „Ich weiß, wie schwer es dir fällt, dich einfach herauszuhalten, nur ist das aktuell die beste Lösung. Es wäre eine Katastrophe, wenn sie dich erwischen.“

Missmutig stimmte Kate ihm zu, denn falls man sie einfing, musste sie erklären, wie sie entkommen war. Außerdem hatte sie den Verdacht mit der Flucht noch mehr auf sich gelenkt.

„Finden wir keine Beweise, gehe ich mit dir ins Ausland“, versprach Jeremy zärtlich. „Ich bekomme auch einen anderen Job.“

Erleichtert küsste sie ihn. „Das ist so süß von dir, aber ich möchte nicht für etwas gejagt werden, das ich niemals tun würde. Da läuft ein Mörder frei herum.“

„So weit sind wir noch nicht“, blockte Sean ab, ihm gefiel der Gefährte seiner Schwester. „Wir sollten Logan dazuholen. Die Wächter haben viel mehr Möglichkeiten.“

Fast hätte Kate sich vor die Stirn geschlagen, an ihren Cousin hatte sie überhaupt nicht gedacht. „Das ist die Lösung. Sie bekommen das Schwein ganz bestimmt.“ Lächelnd kuschelte sie sich an Jeremy, denn das war ein echter Lichtblick. „Ich bin aber auch dumm, dass ich die vergesse, die uns am besten helfen können.“

Sanft streichelte er sie. „Du warst ziemlich durch den Wind, verständlicherweise.“ Er atmete ebenfalls auf, zumal er bereits einiges von Logan selbst wusste. Plötzlich runzelte er die Stirn erneut. „Wir müssen uns etwas einfallen lassen, wie wir dich satt bekommen. Steven ist clever, er wird den Kühlschrank im Auge behalten. Außerdem sollten wir schleunigst Katzenfutter kaufen.“

Grummelnd stimmte sie ihm zu. „Richtig, aber glaub nicht, dass ich das Zeug esse. Da ernähre ich mich lieber von Mäusen.“ Sie schüttelte sich vor Ekel.

Sean nickte leicht. „Ja, da gebe ich dir recht. Allerdings ist es nicht ungewöhnlich, dass ein Besitzer, der seine Katze liebt, sie auch mit Tatar oder Mett füttert. Brot sollte genauso wenig ein Problem darstellen, das werden sie kaum abwiegen.“ Er zwinkerte den beiden zu. „Vielleicht ist Jeremy ja einer der verfressenen Sorte.“

Begeistert kicherte Kate. „Ganz bestimmt, er verputzt tatsächlich riesige Portionen.“ Lachend betrachtete sie ihren Freund, es tat ihr gut, für einen Moment die bedrohliche Lage zu vergessen.

„Du kannst auch immer zu mir ins Hotelzimmer kommen. Ich esse im Restaurant und bestelle mir trotzdem etwas ins Zimmer.“ Sean lächelte sie liebevoll an. „Sie müssen erst einmal nachweisen, dass du dort warst.“

In dem Fall besaßen sie einen großen Vorteil, da Kate sich jederzeit verwandeln konnte, auch um sich zu ernähren.

„Gut, ich gehe jetzt besser, da wir uns ja offiziell noch gar nicht kennen. Außerdem schaue ich bei Kim vorbei und rufe Logan an.“ Sean verabschiedete sich, anschließend machte er sich auf den Weg, um den echten Täter zu finden. Für ihn stand fest, dass sie in Kürze erfolgreich sein würden. Die Wächter hatten schon weitaus ausgefuchstere Gegner überführt.

Kate lehnte sich an ihren Partner. „Ich hätte nie gedacht, dass es so nervenaufreibend ist, von euch gejagt zu werden“, murmelte sie.

„Für manche ist es ein Kick, nur du bist zu ehrlich, Kätzchen.“ Jeremy drückte sie an sich, auf keinen Fall ließ er zu, dass seine Kollegen sie tatsächlich einsperrten. Er wusste genau, dass sie ihre Freiheit brauchte, allein schon, um sich zu verwandeln. „Versprich mir, dass du vorsichtig bist. Keine Alleingänge.“ Eindringlich sah er sie an.

Zaghaft nickte sie. „Aber ich könnte doch als Katze ...“

Sofort schüttelte er energisch den Kopf. „Glaub mir, solltest du dich in Gefahr begeben, wirst du mindestens eine Woche nicht mehr sitzen können, außerdem gibt es für lange Zeit keinen Höhepunkt.“

Entsetzt zuckte sie zurück. „Das ist ein Scherz von dir, oder? Es geht um mich, da muss ich irgendetwas beitragen.“ Allein der Gedanke, dass sie untätig herumsaß, während alle anderen auf der Jagd nach dem Mörder waren, stieß sie ab. Noch nie war sie dermaßen auf die Hilfe ihrer Freunde angewiesen gewesen.

Jeremy packte sie an den Schultern, drehte sie so, dass er ihr direkt in die Augen sehen konnte. „Ich lasse es keinesfalls zu, dass du dich in Gefahr bringst, verstanden? Es ist gut möglich, dass der Killer dich auch beseitigt, wenn er feststellt, dass du erfolgreich geflohen bist. Immerhin hat er es darauf angelegt, dass du eingesperrt wirst."

Daran hatte sie überhaupt nicht gedacht, sodass sie leicht nickte. „Es fällt mir nur so unendlich schwer, mich zurückzuhalten. Es ist doch mein Geschäft, solche Sachen aufzuklären", bemerkte sie kleinlaut.

Jetzt musterte er sie mit einem ironischen Lächeln. „Wie viele Morde hast du bereits aufgeklärt, sagst du?"

Verlegen zuckte sie mit den Schultern. „Gar keinen, aber es ist kein großer Unterschied. Verbrecher wollen alle nicht geschnappt werden." Selbst in ihren Ohren klang die Erwiderung dünn. Seufzend gab sie nach. „Ich halte mich zurück, allerdings suche ich in meiner Gestalt als Katze nach dem Mistkerl."

Mit einem unguten Gefühl im Bauch stimmte er zu. In ihrer Tiergestalt würde der Mörder sie wohl kaum erkennen, zumindest hoffte er es.

~~°~~

Am kommenden Morgen ging Jeremy wie immer zur Wache, dabei überlegte er, ob er sich vielleicht beurlauben lassen sollte, nachdem er herausgefunden hatte, wer der Mann im Gefängnis war. Aktuell gab es kaum etwas für ihn zu tun, außer an seinem Schreibtisch herumzusitzen. Jede Aktion seinerseits machte ihn verdächtig, seine Freundin zu decken.

Am Arbeitsplatz angekommen, schlug er die Zeit tot, indem er Berichte schrieb. Endlich war es spät genug, sodass er den Gefängnisdirektor anrufen konnte. „Guten Morgen, Jeremy Doyle, Chief Superintendent von Portumna. Ich ermittle in einem Mordfall und benötige Informationen über Michael Collins. Mit wem hat er Kontakt, gibt es Auffälligkeiten?" Er entschied sich für die Wahrheit, nur die Tatsache, dass er für den Anwalt der Verdächtigen fragte, ließ er unter den Tisch fallen.

„Ihnen auch einen schönen Tag, Chief Doyle. Collins ist ein sehr schwieriger Gefangener, er zettelt ständig Streit an, prügelt sich und wir sind gezwungen, ihn oft in Einzelhaft zu stecken." Der Mann seufzte leise. „Ich schicke Ihnen einen detaillierten Bericht per Mail."

Das war klar, da er am Telefon kaum sicherstellen konnte, dass am anderen Ende tatsächlich einer der Polizisten von Portumna saß.

„Ich danke Ihnen", damit verabschiedete sich Jeremy, gleichzeitig musste er ein Lächeln unterdrücken, denn das war einfacher gegangen als vermutet.

Steven musterte ihn von der Seite. „Weshalb werde ich den Verdacht nicht los, dass du eine Spur hast?" Auch er kämpfte gegen ein Schmunzeln an.

Jeremy zuckte mit den Schultern. „Keine Ahnung, ich versuche lediglich, zu helfen. Der Einzige, der eine Verbindung zu Kate und Rita hat, ist nun mal Michael. Gestern Abend ist mir eingefallen, dass jemand erzählt hat, wie sehr sich der Kerl sogar im Knast daneben benimmt."

Zustimmend nickte Steven. „Ja, Tom hat das im Pub aufgeschnappt. Er hat dort Derek getroffen, der Vollzugsbeamter ist."

Jetzt wusste er auch wieder, weshalb er von der Schlägerei erfahren hatte.

„Du fängst aber keine Beweise ab, oder?" Eindringlich sah ihn sein Kollege an, gleichzeitig hob er abwehrend beide Hände. „Tut mir leid, ich weiß gerade nicht, was ich tun soll."

„Kein Wunder, es ist eine sehr schwierige Situation. Beruhige dich, der Bericht vom Gefängnis kommt per Mail. Ich möchte ihn nur lesen." Jeremy holte tief Luft. „Ich bin an der Wahrheit interessiert, egal, wie sie aussieht. Denkst du wirklich, dass ich mit einer Mörderin zusammen sein will?"

Steven stimmte ihm leise zu, obwohl ihm der Gedanke missfiel, dass Kate tatsächlich jemanden umgebracht hatte. Mittlerweile war sie zur Fahndung ausgeschrieben, außerdem wurden sie von den Kollegen aus Dublin unterstützt.

Die Mail kam und die beiden Polizisten stürzten sich direkt darauf. Für Jeremy war es wichtig, den Namen des Verbündeten herauszubekommen, der leider nicht erwähnt wurde, sodass er sich seufzend zurücklehnte.

„Für mich sieht es so aus, als ob du auf der richtigen Spur bist", bemerkte Steven erleichtert. „Er hat sich Rache geschworen, an Rita und an Kate." Nachdenklich rieb er sich über das Kinn.

„Ich nehme unbezahlten Urlaub", stieß Jeremy jetzt hervor. „Im Grunde dürfte ich nicht mal diese Mail lesen. Ich muss mich komplett aus dem Fall heraushalten, da bleibe ich lieber zu Hause."

Nachdenklich stimmte Steven ihm zu. „Verstehe ich sehr gut, ich werde alles tun, was in meiner Macht steht, um ihre Unschuld zu beweisen."

„Danke, ich bin telefonisch zu erreichen, falls ihr Fragen habt. Solltet ihr Kate finden, sag mir bitte Bescheid." Er packte seine Sachen und verließ das Revier mit gemischten Gefühlen.

„Ist was passiert?“ Kate kam aus dem Schlafzimmer, als er leise nach ihr rief.

Sofort schüttelte er beruhigend den Kopf. „Nein, ich habe unbezahlten Urlaub genommen. Ich möchte verhindern, dass jemand mir etwas unterschiebt oder ich in den Verdacht gerate, in die laufenden Ermittlungen einzugreifen.“ Er lächelte leicht. „Wahrscheinlich würde Steven sogar verschweigen, dass ich mit dir liiert bin. Ich will ihn nicht in Versuchung führen. Die Lage ist für alle sehr schwierig.“

Kate schmiegte sich in seine Arme. „Konntest du denn irgendetwas über Michael herausfinden?“

Seufzend verneinte er. „Leider ergab der Bericht aus dem Gefängnis keine weiteren Spuren. Was ich gelesen habe, war uns bereits bekannt.“ Er schob sie ein kleines Stückchen von sich. „Ich gehe mich umziehen.“ Langsam ging er ins Schlafzimmer, streifte die Uniform ab und schlüpfte in Freizeitkleidung. Es nagte an ihm, dass er den Namen des Verbündeten nicht herausgefunden hatte.

„Ich wüsste gerne, ob Kim etwas in Erfahrung gebracht hat“, bemerkte Kate, als sie in der Küche saßen, um zu frühstücken.

Vor Dienstbeginn bekam Jeremy in der Regel nichts herunter, zumindest wenn er zur Frühschicht musste.

„So wie ich sie kenne, wird sie heute im Laufe des Tages hier aufschlagen, darüber hinaus rechne ich mit deinem Bruder. Sie werden uns auf dem Laufenden halten.“ Er köpfte geschickt ein Ei.

Der Tag zog sich für die zwei in die Länge, zumal sie unter Strom standen. Jederzeit konnte auffliegen, dass Kate sich im Cottage aufhielt, was auch Jeremy schaden würde. Außerdem lief ein Mörder frei herum. Kurz versuchten sie, sich mit einem Spiel abzulenken, doch beiden fehlte die Konzentration.

Kate horchte immer wieder, ob sich jemand ihrem Zuhause näherte, während Jeremy sein Handy kaum aus den Augen ließ.

Endlich klingelte es an der Haustür.

Bevor er die Tür öffnete, huschte sie ins Schlafzimmer, um sich notfalls zu verwandeln. Allerdings erkannte sie Logan an der Stimme, woraufhin sie erleichtert aufatmete. Sofort kam sie in die Küche, wo sie zuerst ihre Verwandten begrüßte, ehe sie auch Steward und Patricia umarmte. „Wow, was für eine Ehre, dass der Boss der Wächter uns besuchen kommt." Scherzhaft boxte sie ihm auf den Oberarm. „Darf ich dich mit meiner Dualseele Jeremy bekanntmachen?" Sie deutete stolz auf ihren Gefährten.

„Schön, dich kennenzulernen. Wir sollten die Vorstellungen auf später verschieben, denn es gibt Neuigkeiten." Stew lächelte den Polizisten bedauernd an. „Ich hätte dich gerne unter anderen Umständen kennengelernt."

Dem stimmte Jeremy sofort zu. „Was hast du? Ist es etwas, das meine Kleine entlastet?"

Patricia nickte. „Jede Menge, nur können wir es aktuell nicht beweisen." Sie seufzte leise. „Ein Mann namens Bert Tavish hat Rita Gordon umgebracht. Er wurde von Michael Collins dazu aufgefordert. Dieser hat ihm die Hälfte seines Diebesgutes aus einem Einbruch in eine Tankstelle versprochen." Sie holte tief Luft. „Leider ist der Kerl komplett von der Bildfläche verschwunden."

„Woher weißt du das? Hat Michael eine Aussage gemacht? In dem Fall müsste es doch reichen, um mich zu entlasten", rief Kate aufgeregt, dabei rutschte sie unruhig auf dem Stuhl herum.

„Schön wäre es, nein, er hat uns nur stumm angelächelt. Aber ich habe besondere Kräfte." Sie schmunzelte, als sie den verständnislosen Blick von Jeremy sah. „Ich kann Gedanken lesen und ich binde dir keinen Bären auf." Jetzt lachte sie laut auf, als er sie noch verwirrter ansah.

In der Tat hatte er in dem Augenblick überlegt, ob sie ihn auf den Arm nehmen wollte. „Tut mir leid, ich bin ziemlich neu in eurer Welt", gab er leise zu.

Patty winkte schmunzelnd ab. „Ist völlig in Ordnung."

„Unsere Leute schwärmen gerade aus, um diesen Bert zu finden." Stew übernahm das Wort, doch Jeremy hob leicht die Hand.

„Wieso durftet ihr überhaupt mit Michael reden? So wie ich es verstanden habe, hat er ja sogar abgelehnt, mit euch zu sprechen." Für ihn waren aktuell viel zu viele Punkte unverständlich.

„Mein Großvater ist der Oberste Richter der magischen Welt. Ihm stehen Türen offen, die du dir nicht mal vorstellen kannst." Wieder lachte Patty. „Außerdem besitzen wir Paranormalen die unterschiedlichsten Gaben. Einige können die Normalen beeinflussen."

Daran hatte er natürlich nicht gedacht, sodass er jetzt verstehend nickte. „Gut, aber was hilft es uns, den Mann zu finden? Er wird kaum einen Mord gestehen."

„Auch dafür haben wir jemanden." Stew lächelte ihn freundlich an. „Ein Freund von mir hat eine Hexe als Seelengefährtin. Sie ist in der Lage, Reue in den Herzen der

Menschen zu wecken. Danach wird er sich sogar freiwillig stellen."

Kate atmete erleichtert auf. „Das klingt zu schön, um wahr zu sein." Sie lehnte sich an ihren Gefährten. „Alles wird gut, hörst du."

Jeremy brummte nur leise.

„Wir müssen ihn erst finden, Kleine. David ist mit den restlichen Leuten bereits auf der Suche. Wir hoffen, dass er noch in Irland ist." Logan blickte sie ernst an. „Vielleicht ist es besser, wenn du für einige Zeit ins Hauptquartier kommst?"

Sofort schüttelte sie abwehrend den Kopf. „Das ist lieb von dir, aber ich lasse mich nicht einsperren. Ich bin unschuldig. Außerdem trenne ich mich nicht von Jeremy." Allein bei dem Gedanken, von ihrem Gefährten für ein paar Wochen oder länger getrennt zu sein, wurde ihr schlecht.

„Er ist selbstverständlich auch eingeladen. Überleg es dir, es ist angenehmer, als hier in dem Cottage eingesperrt zu sein." Joleen betrachtete sie besorgt. „Die Zwillinge und ich halten uns jeden Tag dort auf, sodass wir Zeit miteinander verbringen können."

„Falls ich mit euch komme, werden die Kollegen sofort aufmerksam. Es besteht kein Grund für mich, jetzt wegzufahren", warf Jeremy ein.

Stew zuckte leicht mit den Schultern. „Das ist kein Problem, weil wir speziell gesichert sind. Sie bekommen keinen Durchsuchungsbefehl für unser Hauptquartier. Dafür gibt es einige Abkommen zwischen den Normalen und uns."

„Außerdem ist dann sichergestellt, dass Bert dich nicht auch noch umbringt. Er ist ein Mörder, der aus Geldgier getötet hat. Wer sagt uns, dass er dich verschont", bemerkte Logan in Richtung seiner Cousine.

Kate dachte einen Moment nach. „Das ist aber unlogisch, denn damit beseitigt er die Hauptverdächtige und es ist möglich, dass sie ihm auf die Schliche kommen."

„Trotzdem halte ich es für besser, euch in Sicherheit zu bringen." Stew blickte jetzt bittend auf Jeremy.

„Lass uns ein wenig Zeit, bitte. Ich werde später mit Kate reden." Irgendwas lag seinem Kätzchen auf der Seele, weshalb sie unbedingt hierbleiben wollte, das war ihm klar. Bestimmt würde sie ihm ihre Bedenken unter vier Augen mitteilen.

„Gut, solltet ihr euch entscheiden, zu uns zu kommen, ist hier die Adresse." Logan reichte ihm einen Zettel. „Die Jungs wissen Bescheid, also einfach klingeln."

„Danke." Jeremy steckte das Blatt Papier ein, anschließend sah er in die Runde. „Können wir irgendetwas tun?"

Bedauernd zuckte Stew mit den Schultern, während der Rest den Kopf schüttelte. „Es hängt jetzt alles daran, den Mörder schnellstmöglich zu finden."

„Was passiert, wenn er verschwunden bleibt? Vielleicht ist ihm etwas zugestoßen?" Bei der Vorstellung hielt Kate die Luft an. Auf keinen Fall wollte sie in den kommenden Jahren auf der Flucht sein, aber noch weniger würde sie ins Gefängnis gehen.

„Gute Frage, sollte es zutreffen, dass er tot ist, lassen wir uns eine andere Lösung einfallen. Nur glaube ich, dass er quicklebendig ist und dann fangen wir ihn." Patty lächelte sie zuversichtlich an. „Die Wahrheit kommt immer ans Licht. Einige von uns durchsuchen gerade den Tatort nach weiteren Spuren."

Dankbar nickte Kate ihr zu. „Was heißt, dass wir wieder Beweise für die Beweise finden müssen. Falls der Kerl verschwunden bleibt." Sie war davon überzeugt, dass die

Wächter etwas fanden, nur musste es entsprechend in eine Geschichte eingefasst werden.

„Ehe ich es vergesse, ich soll dir von deinem Bruder sagen, dass er heute nicht mehr herkommt. Es zieht zu viel Aufmerksamkeit auf euch, wenn auf einmal etliche fremde Leute herkommen“, bemerkte Logan.

Gegen ihre aktuelle Stimmung lachte Kate bei der Begründung auf. „Klar, es sind ja auch jetzt kaum Unbekannte im Cottage.“ Sie verdrehte die Augen. „Zum Glück lebt Jeremy noch nicht so lange hier, sodass der Überwachungsposten bestimmt annimmt, dass es sich um Freunde oder Verwandte handelt, die zur Unterstützung herbeigeeilt sind.“

Es klingelte, woraufhin sie erschrocken zusammenzuckte, bevor sie ins Schlafzimmer huschte, um sich unter der Bettdecke zu verwandeln.

Kapitel 20 - Auf der Flucht

Gelassen öffnete Jeremy die Haustür. „Was kann ich für dich tun, Tom?“ Erstaunt musterte er den Kollegen.

„Es tut mir leid, nur kommt es uns komisch vor, dass plötzlich so viele Leute bei dir auftauchen. Darf ich mit deinem Besuch sprechen?“ Es war ihm offensichtlich peinlich, seinen Chef dermaßen zu beobachten, aber es gehörte zu seinem Job.

„Selbstverständlich, komm rein. Magst du einen Kaffee?“ Höflich lud er den Polizisten ein, hereinzukommen.

Dankbar nickte Tom, der sich in der Küche umsah. „Entschuldigen Sie die Störung ... “, begann er, doch die kleine Gruppe winkte schon ab.

„Wir wissen, wer Sie sind. Ich bin Kates Cousin, Logan O’Grady, das ist meine Frau, außerdem hat uns noch ein guter Freund sowie seine Ehefrau begleitet. Steward und Patricia McFlann. Die beiden sind ausgezeichnete Detektive. Wir werden Kates Unschuld beweisen.“ Der Jaguar lächelte den verschüchterten Polizisten an.

„Heißt das, dass der Chief Ihnen Informationen gegeben hat?“

Bei der Frage schlug sein Chef ihm leicht gegen den Hinterkopf. „Was sollte ich denn weitergegeben haben? Es ist bekannt, dass meine Freundin auf der Flucht ist, etwas anderes weiß ich auch nicht.“

Stew lachte leise.

„Es ist unnötig, dass Jeremy uns Details verrät. Wir sind gut mit dem Rechtsanwalt Sean O'Grady befreundet. Alles, was wir wissen müssen, erfahren wir von ihm. Es ist wohl kaum illegal, Hilfe anzunehmen, oder?"

Sofort hob der Polizist abwehrend die Hände. „Natürlich nicht, bitte, ich versuche nur, meinen Job zu machen. Niemandem gefällt es, dass ausgerechnet die Freundin vom Chief verdächtigt wird." Er zuckte mit den Schultern.

„Das verstehen wir gut. Allerdings wissen Sie jetzt, warum wir hier sind, darüber hinaus sehen Sie sicher ein, dass wir uns noch öfter bei Jeremy treffen. Wahrscheinlich kommt auch Rechtsanwalt O'Grady regelmäßig her. Für uns ist es zu umständlich, nach Hause, in die Nähe von Ballygannon zu fahren", erklärte Patty freundlich.

Bei der Antwort weiteten sich Toms Augen. „Sie gehören zu den Söldnern, die von der gesamten Welt angefordert werden, sobald eine Regierung ein Problem hat?" Natürlich hatte er von den Leuten gehört, zumal sie eine Berühmtheit darstellten.

„Ja, ich bin sogar der Chef. Für uns ist es eine Ehrensache, weil die Verwandte unseres Kumpels hier involviert ist." Stew nickte ihm leicht zu.

Jeremy verkniff sich eine Bemerkung, trotzdem sah er von seinem Kollegen zu der kleinen Gruppe.

„Es tut mir leid, dass ich gestört habe." Eilig verabschiedete Tom sich, vor allem, da er sich bewusst war, dass die Söldner wirklich viel Macht hatten. Es war ein gewagtes Unterfangen, sich gegen sie zu stellen.

Jeremy brachte ihn zur Tür, hob im Vorbeigehen Kate auf seine Arme, die laut schnurrte, und beruhigte den verschüchterten Mann. „Es ist völlig in Ordnung, dass du nachgeschaut hast. Vergiss nicht, Steven zu informieren." Er nickte dem Kollegen zu, ehe er die Haustür verschloss.

„Warum habt ihr euch zu erkennen gegeben? Ist es nicht besser, unerkannt zu bleiben?" Natürlich hatte er auch bereits von den legendären Söldnern gehört.

„Wieso? Wir haben ihm eine Erklärung geliefert, weshalb wir hier sind. Dabei ist es hilfreich, dass uns unser Ruf vorauseilt." Logan lehnte sich bequem zurück, anschließend streckte er die Hand aus, um über Kates seidiges Fell zu streicheln. „Außerdem sind wir bekannt dafür, dass wir für Gerechtigkeit sorgen. Deine Kollegen werden die Hilfe zu schätzen wissen."

Da stimmte Jeremy ihm sogar zu. „Du hast recht, ich dachte nur, dass ihr euch niemals zeigt, um eure Identitäten zu schützen."

Die Wächter lachten auf.

„Dann müssten wir Sturmhauben tragen und das ist unbequem." Joleen lächelte ihn vergnügt an. „Unser Elbenmagier hat uns mit einem Zauber versehen, der dafür sorgt, dass die Menschen nach einiger Zeit vergessen, wer wir sind. Daher ist es unnötig, sich zu verstecken."

Interessiert betrachtete Jeremy sie. „Das heißt, ihr seid nicht gezwungen umzuziehen?"

„Nein, das wäre auch ziemlich umständlich, oder? Aber bevor du fragst, Rian ist kaum in der Lage, alle Paranormalen zu verzaubern. Das geht über seine Kräfte. Es ist ein Privileg für uns Wächter." Logan zuckte verlegen mit den Schultern.

„Es ist einfach zu aufwändig, das gesamte Hauptquartier verschwinden zu lassen. So denken die Menschen nach ein paar Jahren, dass sie uns gerade erst kennenlernen. Das allgemeine Wissen über uns als Söldner dürfen sie ruhig behalten." Patty trank einen Schluck ihres Tees. „Gut, ich schlage vor, dass wir uns auf den Weg machen, dabei sagen wir Sean Bescheid, dass er sich nicht länger fernhalten muss.“

Zustimmend murmelte der Rest, ehe sie sich verabschiedeten.

„Macht euch keine Sorgen, wir bekommen den Mistkerl.“ Logan schlug Jeremy herzhaft auf die Schulter.

„Dein Wort in Gottes Gehörgang“, bemerkte er bedrückt. Für ihn sah es alles andere als rosig aus. „Im Prinzip wissen wir ja, wer es wirklich war, nur müssten wir es beweisen, ohne die Paranormalen in die Pfanne zu hauen.“

„Richtig, aber das ist bei uns ständig der Fall.“ Joleen knuffte ihn leicht in die Seite. „Sobald wir losgeschickt werden, geht es darum, entweder durchgeknallte Wesen einzufangen, was wir natürlich vertuschen, oder Verbrechen aufzuklären. Du siehst, wir stehen sehr oft vor diesem Problem.“

Jetzt wurde ihm auch bewusst, was Kate und Kim die ganze Zeit geleistet hatten. Es war logisch, dass sie schneller Erfolge nachweisen konnten als die Polizisten, nur mussten sie ebenso die richtige Begründung finden.

„Gut, wir gehen zu unserem Verbündeten zurück, der uns eins seiner Ferienhäuser zur Verfügung gestellt hat. Solltet ihr uns brauchen, ruft an.“ Mit den Worten schob Steward ihm seine Visitenkarte hin.

„Danke für alles.“ Jeremy schluckte, zumal er mit so einer starken Unterstützung niemals gerechnet hatte.

Die vier winkten ab.

„Das ist selbstverständlich, Kate gehört zur magischen Welt.“ Logan schlug ihm leicht auf die Schulter. „Wir holen sie da raus, versprochen.“

Seufzend nickte Jeremy, der es noch nicht so ganz glauben konnte.

„Es ist eine Schande, dass ich nicht mit meinen Freunden sprechen kann“, bemerkte Kate, als sie sich wieder zurückverwandelt hatte und im Jogginganzug im Wohnzimmer saß.

Fragend blickte Jeremy sie an. „Warum willst du mit ihnen reden? Gibt es etwas, was sie tun können?“

„Eventuell, zumindest halten sie die Augen auf. Jedes Wesen unserer Welt hat ein anderes Netzwerk, ist mit unterschiedlichen Paranormalen verbunden.“ Sie seufzte leise. „Wahrscheinlich geht mir nur die Untätigkeit auf die Nerven. Kim hat bestimmt alle in Alarmbereitschaft versetzt.“ Sie lehnte sich an ihren Liebsten.

„Weshalb willst du nicht zu den Wächtern? Für mich hört sich das nach einer guten Lösung an.“ Er strich ihr leicht über den Rücken.

Kate biss sich auf die Lippe, so ganz genau wusste sie es selbst nicht. „Es ist ein Gefühl, dass ich besser hierbleibe.“ Vorsichtig musterte sie ihren Gefährten. „Es wird dir missfallen.“

Jetzt hob er eine Augenbraue. Was hatte sein Kätzchen sich ausgedacht?

„Ich könnte mich in der Umgebung zeigen und damit den Mörder vielleicht herauslocken.“ Sie überlegte einen Moment. „Ihr streut das Gerücht, dass es entscheidende Erkenntnisse gibt.“ Als sie die pure Panik in seinem Gesicht erkannte, brach sie ab.

„Ich erlaube es keinesfalls, dass du den Köder für einen Killer spielst. Bist du wahnsinnig geworden?“ Jeremy musste sich beherrschen, um nicht zu schreien. Allein die Vorstellung trieb ihm den Schweiß auf die Stirn. „Darüber hinaus wird er erst recht untertauchen, sollten wir verlauten lassen, dass wir neue Hinweise gefunden haben."

Über die Aussage dachte Kate eine ganze Weile nach, ehe sie ihm missmutig zustimmte. „Aber irgendwie kann ich bestimmt helfen. Versteh mich bitte, es geht um mein Leben." Sie schluckte schwer.

„Deshalb ist es am besten, wenn du dich ruhig verhältst. Wir gehen nach Ballygannon und überlassen den Rest deinem Cousin. Die Wächter sind bekannt dafür, dass sie jedes Verbrechen aufklären." Kurz kam ihm der Gedanke, dass er die Macht besaß, sie zu zwingen, nur waren sie nicht in einer Session.

Irritiert musterte sie ihn. „Du kennst sie? Weshalb hast du kein Wort gesagt, als sie mich gezwungen haben, dir von der magischen Welt zu erzählen?"

Leise lachend zog er sie an sich. „Zu dem Zeitpunkt hatte ich enorme Sorgen, du warst völlig aufgelöst, mir wurde erklärt, dass die meisten Fabelwesen wirklich existieren. Glaubst du, dass ich in dem Moment tatsächlich an die berühmten Männer gedacht habe, die in der Nähe von Ballygannon leben? So abgebrüht bin ich nicht, Kätzchen."

Das leuchtete ihr ein, trotzdem hakte sie erneut nach. „Kennen alle Normalen die, wie nennt ihr sie, Söldner?"

Jeremy zuckte mit den Schultern. „Keine Ahnung, ehrlich, aber die Polizisten wissen zumindest, dass es sie gibt. Immerhin werden sie beauftragt, sobald wir an unsere Grenzen stoßen. Allerdings heißt es, dass sie sich eher weniger an die Gesetze halten."

„Klar, wir haben ja auch unsere eigenen."

Das wusste er mittlerweile, sodass sie das Thema wechselten. „Pass auf, wir überschlafen den Vorschlag von Steward. Morgen reden wir noch einmal darüber, ob wir ihre Einladung besser annehmen." Jeremy würde sie am liebsten sofort ins Auto packen, nur brauchte er dafür einen Katzenkorb, sonst musste er unweigerlich auffallen. „Da fällt mir ein, ich brauche Katzenfutter, andernfalls glaubt uns niemand, dass hier tatsächlich eine Katze lebt. Mach keinen Unsinn, ich bin einkaufen."

Zu gerne wäre sie mitgekommen, deshalb stimmte sie mürrisch zu. „Ich verwandele mich, anschließend schau ich mich mal um. Vielleicht finde ich eine Spur." Ehe Jeremy sie davon abhalten konnte, sprang sie auf, um im Schlafzimmer zu verschwinden.

Er verstand sie sehr gut, trotzdem sorgte er sich um ihre Sicherheit. Einerseits suchte die gesamte Garda von Irland nach ihr, andererseits war ein Killer auf freiem Fuß, bei dem man unsicher war, was er tun würde. Eilig zog er sich Schuhe und Jacke an, schnappte sich den Schlüssel, um einkaufen zu fahren.

~~o~~

Während ihr Gefährte für die Tarnung sorgte, streifte sie durch Portumna. Kurz überlegte sie, ob sie sich den Tatort ansehen sollte, aber das durfte sie sich getrost sparen. Die Wächter hatten das bereits erledigt. Traurig schlüpfte sie durch die Katzenklappe in ihrem Büro. Wie gerne würde sie die Zeit zurückdrehen und sich jetzt einfach dem Bürokram widmen.

„Hey, Blacky, da bist du ja. Ich hatte schon Sorge, dass Jeremy dich einsperrt."

Kims erfreute Stimme hob ihre Laune sofort. Es tat gut, zu wissen, dass die Freundin ihr Geschäft am Laufen hielt. Sie wurde hochgehoben, nur um im nächsten Moment fest gedrückt zu werden, bis sie leise fauchte.

„Tut mir leid, aber ich habe dich vermisst." Kim setzte sich mit der Katze auf dem Arm in die Besucherecke. „Du suchst bestimmt dein Frauchen, doch sie muss sich verstecken." Gekonnt tat die junge Frau so, als ob sie dem Tier alles erzählte, nur für den Fall, dass jemand sie hören konnte. Natürlich stand auch vor der Tür des Büros ein Wagen der Garda.

Kate schnurrte laut, womit sie die Freundin aufforderte, weiterzureden.

„Es ist zum Mäusemelken, Blacky, ich finde einfach keine Spur. Sie hat niemals einen Menschen umgebracht, egal, was die Garda für angebliche Beweise hat." Sie klang ärgerlich und gleichzeitig verzagt.

Mit einem Satz sprang die Katze von ihrem Schoß, rannte in den Abstellraum, wo ein paar Momente später Kate erschien. Sie winkte ihrer Vertrauten, dass diese näher kommen sollte. „Wir müssen dringend reden", flüsterte sie, als Kim vor ihr stand. „Die Wächter wissen, wer der Täter ist. Nur ist der Kerl verschwunden. Sie sind auf der Suche nach weiteren Hinweisen, um ihre Erkenntnisse zu untermauern."

Erleichtert atmete Kim auf. „Du musst dich sofort zurückverwandeln. Ich besuche dich nach Feierabend." Auch sie wisperte nur. „Auf keinen Fall darf Darren dich hier finden." Als ob ihre Worte den Polizisten herbeigezaubert hätten, klopfte es in dem Augenblick.

„Kim? Ist es in Ordnung, wenn ich reinkomme?"

Eilig zog Kate sich in die Kammer zurück, verwandelte sich, um Darren kurz danach in ihrer Katzenform um die Beine zu streichen.

„Was kann ich für dich tun?“ Kim blickte den Mann kalt an.

„Bitte, mir gefällt es auch nicht, aber die Beweise sind eindeutig. Außerdem ist Kate auf der Flucht, was sie noch verdächtiger macht.“ Er rieb sich seufzend über die Augen. „Sie sollte sich stellen, damit wir den Fall lösen können.“

„Klar, wo ihr so erpicht darauf seid, die Wahrheit ans Licht zu zerren. Wir wissen alle, dass sie sofort verurteilt wird, sobald sie auftaucht“, spuckte Kim ihm entgegen, anschließend nahm sie die Katze auf den Arm. „Was willst du?“

„Darf ich deine Toilette benutzen?“

Spöttisch deutete sie auf die entsprechende Tür. „Du wirst sie da nicht finden“, rief sie ihm hinterher, dabei gab sie sich keine Mühe, um ihren Sarkasmus zurückzuhalten. Kim war unglaublich sauer, dass die Garda dieses dämliche Beweisstück einfach so hinnahm. Innerlich gab sie zu, dass sie ungerecht war, den Leuten dort blieb kaum eine andere Möglichkeit.

„Wir tun wirklich alles, was in unserer Macht steht, um ihre Unschuld zu beweisen. Steven hat uns abgestellt, um das Büro und ihr Cottage zu überwachen, damit er in die richtige Richtung ermitteln kann.“ Traurig sah er sie an. „Niemand glaubt, dass sie zu so einer Tat fähig ist. Vielleicht wurde sie von Rita angegriffen? Oder jemand hat ihr Drogen in ein Getränk gemischt.“

Spöttisch lachte Kim auf. „Das denkst du? Sie ist niemals in der Lage, einen Menschen zu ermorden. Darüber hinaus sehe ich keinen Grund, weshalb sie sich weiterhin mit der Frau abgegeben hätte. Rita ist davongekommen.“ Jetzt blickte sie entsetzt auf den Polizisten, weil ihr die Information einfach herausgerutscht war.

„Was meinst du?“ Aufmerksam betrachtete Darren sie. „Was weißt du über das Opfer?“

Eilig winkte Kim ab. „Ist nur so eine Idee gewesen. Es gibt keine Beweise für ihre Beteiligung an dem Einbruch in der Tankstelle.“ Innerlich betete sie, dass sich ihre Wangen ausnahmsweise nicht rot verfärbten.

„Du lügst.“ Der Polizist sagte ihr die Lüge auf den Kopf zu. „Das wäre ein starkes Motiv. Kate ist dafür bekannt, dass sie Gerechtigkeit über alles schätzt.“

Spöttisch verdrehte der Rabe die Augen. „Klar, weil wir die Vermutung haben, dass Rita Michael angestiftet hat, bringt sie die Frau mal eben um. Das ist Schwachsinn, Darren. Außerdem hat der Kerl abgestritten, dass sie etwas mit dem Überfall zu tun hatte.“

Das entsprach der Tatsache, trotzdem gab es den Bericht aus dem Gefängnis, dass er bittere Rache an beiden geschworen hatte. Nachdenklich nickte der Polizist, anschließend ging er zu seinem Auto zurück.

„Es tut mir so leid“, brachte Kim hervor, doch Kate befreite sich aus ihren Armen, um eilig das Büro zu verlassen.

Sie wollte jetzt nur noch nach Hause, damit hätte sie nie gerechnet. Vor Wut kochend rannte sie die Straßen entlang, lief in ihr Schlafzimmer, wo sie sich verwandelte und sich anzog, ehe sie in die Küche stürmte.

Jeremy, der gerade die Einkäufe verstaute, musterte sie erstaunt. „Was ist passiert? Du bist völlig aufgelöst.“ Sanft zog er sie an seine Brust, dabei bemerkte er, dass sie vor Zorn zitterte.

„Kim ist eine Verräterin. Sie hat Darren ein Motiv geliefert, die blöde Kuh“, stieß sie stinksauer hervor.

Sofort packte er sie an den Schultern, schob sie ein Stückchen von sich, damit er sie besser ansehen konnte. „Weiß er, wo du bist?“

Abwehrend schüttelte sie den Kopf. „Natürlich nicht, so weit ist sie nicht gegangen. Aber sie hat ihm gesagt, dass Rita die Anstifterin des Einbruchs war.“ Tränen sammelten sich in ihren Augen. „Weshalb hat sie das gemacht? Will sie, dass man mich einsperrt?“

Genau in dem Moment klopfte es.

Jeremy deutete mit dem Kinn auf das Schlafzimmer, anschließend ging er zur Tür.

„Bitte, darf ich reinkommen?“ Kim stand vor ihm, dabei erkannte man deutlich das schlechte Gewissen.

Kurz blickte er sie an, bevor er die Haustür einladend öffnete. „Lass uns ins Wohnzimmer gehen.“

Kaum saßen sie, kam auch Kate in das Zimmer geschossen. „Was willst du hier? Hast du Darren schon gesteckt, dass ich mich im Haus verstecke?“

Getroffen zuckte Kim zusammen. „Ich habe einen Fehler gemacht, das ist mir bewusst, aber ich würde dich niemals verraten.“ Beschämt sah sie die Freundin an. „Glaubst du wirklich, dass ich irgendjemandem sage, wo du bist?“

Kate stemmte die Hände in die Seiten, die Wut flaute langsam ab, sodass sie wieder klar denken konnte. Sie ließ sich auf die Couch fallen. „Jetzt haben sie ein Motiv“, bemerkte sie und Hoffnungslosigkeit mischte sich in ihre Stimme.

„Ein ziemlich dürftiges, wenn ich das einwerfen darf. Jeder, der dich kennt, bezweifelt, dass du aus deinem Gerechtigkeitsbedürfnis heraus, einen Menschen tötest.“

Jeremy legte einen Arm um sie. „Außerdem ist es egal, ob sie einen Grund finden oder nicht. Wir wissen ja schon, wer es getan hat. Jetzt müssen wir es mit echten Nachweisen untermauern."

Leise stieß Kate den Atem aus. „Trotzdem bin ich sauer. Wie konntest du so unvorsichtig sein?"

Geknickt ließ Kim den Kopf hängen. „Ich war nervös, weil ich mich fürchte, dass Darren hinter unser Geheimnis kommt. Seit sie dich abgeholt haben, suche ich nach Beweisen, nur komme ich keinen Schritt weiter. Selbst meine Freunde haben niemanden gesehen." Sie holte zittrig Luft. „Verzeihst du mir?"

Jeremy gab seiner Katze einen kleinen Stoß. „Es ist es nicht wert, eine solche Freundschaft aufzugeben. Sie hat einen Fehler gemacht, keinen Verrat begangen."

Kate kam sich in dem Augenblick ziemlich mies vor. Sie hatte überreagiert. Schnell stand sie auf, um die Freundin in ihre Arme zu ziehen. „Es tut mir so leid, dass ich dir unterstellt habe, du würdest dich gegen mich stellen." Eilig strich sie sich die Tränen aus den Augen. „Meine Nerven liegen blank, obwohl erst zwei Tage vergangen sind. Ich weiß nicht, wie ich das länger aushalten soll", gab sie verlegen zu.

Kim streichelte ihr leicht über den Rücken. „Das verstehe ich, außerdem war ich extrem blöd. Gut, Darren glaubt, ein Motiv gefunden zu haben, allerdings hat er mir auch abgenommen, dass es lediglich eine Vermutung von uns ist."

Jeremy betrachtete die Frauen nachdenklich. „Hat er gesehen, dass du hergekommen bist?" Die Frage war höchstwahrscheinlich überflüssig, trotzdem musste er es sicher wissen.

„Ja, natürlich. Ist das ein Problem?“ Erschrocken sah Kim ihn an.

„Ich hoffe nicht.“ Mit den Worten zog der Chief sein Handy zu sich, das auf dem Tisch lag. Eilig wählte er die Nummer vom Revier und wartete, bis Steven sich meldete. „Hey, Kim ist zu mir gekommen, um mir zu erzählen, dass ihr ein Tatmotiv gefunden habt. Ich wollte nur, dass du weißt, was sie mir mitteilt.“

Verstehend nickte Kim, da hatte sie wohl wieder nicht nachgedacht.

„Darren hat mich gerade angerufen, aber ganz ehrlich, ein übersteigerter Gerechtigkeitssinn als Motiv für einen Mord?“

Jeremy hörte die Zweifel des Kollegen deutlich heraus, was ihn aufatmen ließ. „Es ist das Beste, was ihr dem Staatsanwalt präsentieren könnt.“

„Hast du denn wenigstens mehr? Was ist mit den Söldnern, sind sie bereits weitergekommen?“ Jetzt bekam Stevens Stimme etwas Lauerndes.

Sein Boss lachte leise. „Das solltest du sie selbst fragen. Mir haben sie nur versichert, dass sie alles tun, um Kates Unschuld zu beweisen.“ Noch nie war es ihm so schwergefallen zu lügen, nur durfte er ihn auf gar keinen Fall einweihen.

„Ich glaube kaum, dass sie mit mir reden.“ Seufzend verabschiedete sich Steven von ihm.

„Damit weiß er, weshalb du sofort losgerannt bist. Das sieht jetzt zwar so aus, als ob ich mich einmische, aber immerhin besser, als wenn sie annehmen, dass Kate hier ist.“ Jeremy lehnte sich zurück.

„Es tut mir so leid.“ In Kims Augen schimmerten die Tränen. „Vielleicht sollte ich mich künftig raushalten. So wie es aussieht, verursache ich nur Probleme.“ Sie knabberte enorm daran, dass ihr ausgerechnet bei der Suche nach den Beweisen für die Unschuld ihrer Freundin, ein Fehler nach dem anderen unterlief.

„Red keinen Quatsch. Hätte ich nicht übermäßig doof reagiert, wärst du wohl kaum hergekommen." Kate drückte sie an sich.

„Aber gerade in dem Fall bekomme ich keine vernünftigen Ergebnisse. Meine Gedanken drehen sich ständig im Kreis." Sie sah ihre Vertraute fast flehend an. „Ich möchte dich so gerne raushauen."

„Du bist emotional verwickelt, da ist es viel schwieriger ein Verbrechen aufzuklären, als wenn man ihm neutral gegenübersteht", bemerkte Jeremy ruhig. Ihm tat die Kleine leid, zumal man ihr ansah, dass sie mit seiner Liebsten litt.

„Kann ich irgendwie helfen, ohne noch mehr Chaos anzurichten?" Sie richtete ihren Blick bittend auf Jeremy.

„Halt einfach die Augen und Ohren offen. Wir sind aktuell auf der Suche nach Bert Tavish. Er ist rothaarig, ungefähr einsachtundachtzig groß, hat eine Narbe auf dem Kinn, seine Nase ist offensichtlich mehrfach gebrochen, darüber hinaus ist er ziemlich ungehobelt." Der Polizist überlegte, ob er unter Umständen ein Detail vergessen hatte. „Er ist der echte Täter."

Kim runzelte die Stirn, während sie nachdachte, ob ihr der Typ schon mal aufgefallen war. „Ich sage sofort meinen Freunden Bescheid, dass sie nach ihm Ausschau halten sollen. Außerdem werde ich erneut nachfragen, ob irgendwer etwas gesehen hat." Sie drückte Kate an sich, anschließend machte sie sich auf den Weg.

„Ich fühle mich fürchterlich“, gab Kate leise zu, als sie sich an ihren Gefährten schmiegte. „Noch nie habe ich dermaßen die Nerven verloren. In dem Augenblick hat es sich angefühlt, als ob meine beste Freundin mich verraten würde.“

„Deshalb ist es vielleicht besser, die Einladung der Wächter anzunehmen.“ Jeremy suchte nach weiteren Argumenten, um seine Liebste zu überreden, nur wusste er, dass er auf Granit biss.

„Tut mir leid, aber ich komme mir dann vor, als ob ich feige bin.“ Sie schüttelte den Kopf. „Hier kann ich mit meinen Leuten reden, mich erkundigen, ob sie neue Ergebnisse vorweisen können. Außerdem bin ich imstande, selbst auf Erkundung zu gehen. Im Hauptquartier gibt es nur eins für mich: Herumsitzen.“

Seufzend gab er nach, zumal er sie gut verstand, er würde sich genauso wenig verstecken wollen.

Kapitel 21 - Freiheit

„Wir haben ihn!“ Sean hatte gerade auf einem Sessel Platz genommen, als er mit der fantastischen Nachricht herausplatzte. Auch er war den kompletten Tag auf der Suche nach dem Verbrecher gewesen, sodass er beruhigt aufgeatmet hatte, als Logan ihn anrief.

Sofort besaß er die ungeteilte Aufmerksamkeit seiner Schwester. „Ist das wirklich wahr? Kein dummer Scherz?“ Sie konnte es kaum glauben, dass es so schnell gegangen war.

„Traust du mir so etwas Fieses zu? Nein, er hat sich in einem Bordell in Athlone aufgehalten. Die Wächter bringen ihn gerade ins Hauptquartier.“ Ein breites, erleichtertes Schmunzeln erschien auf seinem Gesicht.

„Dann bin ich in Sicherheit? Ich darf wieder normal auf die Straße gehen?“ Hoffnungsvoll sah Kate von einem zum anderen.

Augenblicklich hob ihr Bruder die Hand. „Ein wenig Zeit musst du ihnen schon noch geben. Sie holen morgen die Hexe Aislinn aus Dingle, die den Mann dazu bringen kann, sich zu stellen.“ Er zuckte leicht mit den Schultern. „Niemand weiß, wie lange es dauert, bis er bereit dazu ist. Deshalb halten sie ihn bei sich fest. Natürlich auch, um zu verhindern, dass er sich etwas antut.“

Enttäuscht ließ Kate sich in die Polster sinken, sie hatte tatsächlich gedacht, dass der Spuk sofort ein Ende hatte. „Gut, ein paar Tage mehr oder weniger, darauf kommt es wohl kaum an, richtig?“

Zustimmend nickte Jeremy ihr zu. „Es ist verdammt schnell gegangen, besonders in Anbetracht der Umstände, dass wir so gar keine Spur von dem Kerl besaßen.“

„Du kennst die Möglichkeiten der magischen Wesen nicht. Für mich hat es ziemlich lange gedauert“, bemerkte Kate motzig. Ihr war bewusst, dass sie sich ungerecht benahm, trotzdem sehnte sie sich danach, dass ihre Unschuld bewiesen wurde.

Sean schnalzte missbilligend mit der Zunge. „Du bist undankbar. Weißt du eigentlich, wen Stew um Hilfe gebeten hat? Abgesehen von Ronwe, seinem Schwiegervater.“

Zaghaft verneinte sie. „Woher soll ich das wissen? Ich war abgeschottet.“ Zickig hielt sie seinem Blick stand, bis Jeremy sie zwang, ihn anzusehen.

„Wir alle verstehen, dass du unter Strom stehst, aber übertreib es nicht. Dein Bruder hat Himmel und Hölle in Bewegung gesetzt, um dir zu helfen.“ Eindringlich sah er sie an, woraufhin sie beschämt den Kopf senkte.

„Tut mir leid“, nuschelte sie. „Wen hat er denn gebeten?“ Die Neugierde siegte.

„Alfar, zum Beispiel.“

Bei dem Namen weiteten sich ihre Augen. „Die Elfenkönigin? Meisterin der Magie?“

Sean nickte leicht. „Genau die. Sie ist die Patentante von Aislinn, der Hexe. Aber Rian hat ebenso seine Späher ausgesandt. Das Drachenvolk ist auf Jorgans Bitte losgezogen. Sogar Azrael hat sich eingemischt.“

Jetzt blieb Kate der Mund offen stehen. „Der Erzengel?“

Jeremy sah den Rechtsanwalt ebenso ungläubig an. „Ihr könnt Kontakt zu den himmlischen Mächten aufnehmen? Und sie antworten euch, so richtig?“

Lachend verneinte Sean. „Nur unsere Erdenengel Lea und Helena können das. Aber auf ihre Gebete hat er sofort reagiert. Gut, ich gebe zu, dass wir den Kerl auch ohne seine Unterstützung gefunden hätten. Trotzdem bin ich enorm beeindruckt.“

Dem pflichtete Kate leise zu. „So wichtig bin ich doch gar nicht“, murmelte sie, während sich ein warmes Gefühl in ihr Herz schlich.

„Azrael sieht es anders. Er hat gesehen, wie du all die Jahre für Gerechtigkeit gesorgt hast. Deshalb meinte er, du hast es auf keinen Fall verdient, weiterhin unter Verdacht zu stehen.“

Ungläubig sah sie ihren Bruder an. „Du hast mit ihm gesprochen?“ Sie drehte sich leicht zu ihrem Gefährten. „Das ist sogar für uns magische Wesen etwas Besonderes“, erklärte sie leise.

„Ja, habe ich. Er ist wirklich sehr sympathisch.“ Sean schmunzelte, zumal er es selbst kaum glauben konnte, dass er mit dem Erzengel persönlich Kontakt hatte.

„Ich möchte nach Ballygannon.“ Kate sah von einem zum anderen. „Ich will dabei sein, wenn der Kerl bereut, was er getan hat.“

Verstehend nickten die Männer.

„Das sollte kein Problem sein, da sie ja auf deinen Besuch warten.“ Sean lächelte leicht, auch ihm war ein Stein vom Herzen gefallen, als die Nachricht kam, dass sie Bert gefunden hatten.

„Gut, ich besorge gleich morgen eine Transportbox für Katzen.“ Jeremy seufzte gespielt, ehe er leise lachte.

„Weshalb? Ich bin unschuldig, wir können es beweisen. Deine Kollegen werden das Hauptquartier niemals betreten.“ Verständnislos blickte Kate ihren Liebsten an.

„Du vergisst, dass ich dich normalerweise sofort ins Gefängnis bringen müsste“, bemerkte er vorsichtig. „Falls ich meinen Job behalten will, darf niemand erfahren, dass ich dich die ganze Zeit gedeckt habe.“ Er hoffte, dass sie ihn verstand, denn auf Dauer fand er die Vorstellung, von ihrem Geld zu leben, alles andere als toll.

Nachdenklich nickte sie. „Daran hab ich überhaupt nicht gedacht. Tut mir leid. Natürlich lasse ich mich in die Box stecken, obwohl das echt unbequem ist.“

„Hör auf zu jammern“, wies Sean sie mitleidslos zurecht. „Dich wollte noch keiner kastrieren.“

Bei den Worten zuckte sogar Jeremy zusammen, nur seine Kleine lachte auf.

„Stimmt, das hatte ich ja fast vergessen“, bemerkte sie vergnügt. „Sean wurde von Tierfängern gefangen, die sich zur Aufgabe gemacht hatten, Streuner einzufangen, um sie zu kastrieren und zu chippen. Sie versuchen auch heut noch dafür zu sorgen, dass die Straßenkatzen sich nicht ungehindert vermehren.“

Der Polizist riss die Augen auf. „Was hätte das mit dir angestellt? Ich meine, wärst du als Mann dann genauso ...“ Er ließ die Frage im Raum stehen.

Ernst nickte Sean. „Ja, genau, was uns als Tier zugefügt wird, müssen wir als Menschen ebenfalls erleiden. Wir besitzen zwar eine enorme Heilkraft, aber Körperteile nachwachsen zu lassen, da hört unsere Macht auf.“

Tadelnd sah Jeremy auf seine Gefährtin. „Das ist alles andere als witzig“, mahnte er, da sie immer noch lachte.

„Doch ist es, weil wir ihn vorher gewarnt haben, nur musste er ja trotzdem einer Katzendame nachstellen.“ Jetzt hielt sie nichts mehr, sie kugelte sich regelrecht vor Lachen. „Außerdem konnten meine Eltern ihn rechtzeitig aus dem Tierheim abholen.“

Wieder blickte der Polizist zu seinem zukünftigen Schwager. „Sie redet von einer Gestaltwandlerin, oder?“, wollte er verunsichert wissen.

„Natürlich, glaubst du, ich besteige eine echte Katze?“ Sean verdrehte die Augen. „Wir behalten unseren Verstand.“

Das wusste Jeremy ja, trotzdem war er unsicher, welche Verhaltensweisen sie annahmen und welche nicht.

„Lasst uns das Thema bitte wechseln, es war alles andere als lustig.“ Er sah seine Schwester mit einem bösen Blick an, woraufhin sie sofort abwehrend die Hände hob.

„Du hast damit angefangen.“ Kate fühlte sich befreit, außerdem hatte sie das Verlangen zu lachen. Schon bald wurde hoffentlich ihre Unschuld bewiesen, sodass sie außer Gefahr war.

„Was haltet ihr davon, dass wir uns etwas zu essen bestellen, ich brauche eine Portion Fastfood, nach der ganzen Aufregung.“ Jeremy blickte von einem zum anderen.

Sean stimmte ihm begeistert zu. „Gute Idee, ich könnte ein halbes Schwein auf Toast vertilgen.“

„Vielfraß“, bemerkte Kate lachend. „Ich wusste ja, dass du aus der Art geschlagen bist. Du siehst zwar aus wie ein Kater, bist aber in Wirklichkeit eine Mischung aus Faultier und Marder.“

Sean betrachtete sie. „Ganz schön frech, nur was will man von einer Katze wie dir auch anders erwarten. Du glaubst bestimmt immer noch, dass du zu den Göttern gehörst, oder?“

Jeremy lehnte sich bequem zurück, für ihn war es erfrischend zu sehen, dass die Geschwister sich genauso neckten, wie er es mit den seinen tat.

„Ich? Nein, so wichtig nehme ich mich nicht. Andererseits bin ich eine reinrassige nordeuropäische Hauskatze.“ Sie verkniff sich das Lachen.

„Klar! Dass ich das völlig vergessen habe. Das macht dich zu was? Es gibt tausende von uns.“ Sean setzte sein Pokerface auf, was er allerdings nur ein paar Momente lang durchhielt. „Du solltest etwas Respekt vor deinem älteren Bruder zeigen“, mahnte er, ehe er sie lachend an sich zog.

Jeremy holte einige Speisekarten von Restaurants, die auch lieferten. „Worauf habt ihr Lust?“

Sofort schnappte Sean sich die Flyer, um sie durchzublättern. „Burger gehen immer“, murmelte er.

„Da gebe ich dir ausnahmsweise mal recht“, stimmte Kate ihm zu, während ihr Liebster nur gutmütig nickte.

Sie bestellten, anschließend erzählten die Geschwister weitere Anekdoten über ihre Familie.

„Meine Eltern betreiben in Deutschland ein Hotel, solltest du also mal Urlaub machen wollen, ist das kein Problem“, bemerkte Kate mit einem leicht wehmütigen Blick.

Sofort wurde ihr Gefährte aufmerksam. „Was steckt dahinter? Hast du Stress mit ihnen? Streit?“

„Nein, im Gegenteil, ich kann nur für die nächsten Jahre nicht zu ihnen fahren. Ich habe einige Zeit dort gelebt, wegen mir sind sie in den Schwarzwald gezogen.“ Traurig seufzte sie. „Durch die Arbeit können sie nur bedingt reisen.“

Sean legte einen Arm um seine Schwester. „Es gibt mittlerweile die Möglichkeit, per Video Kontakt aufzunehmen."

„Das weiß ich, aber es ist etwas anderes, als sie endlich mal persönlich zu sehen. Wir haben regelmäßig Facetime." Sie verdrehte die Augen. „Nur weil du lumpige fünfzig Jahre älter bist, hast du wohl kaum das Recht, mich für dumm zu halten." Hart hieb sie ihm den Ellenbogen in die Seite. Sie hasste es wie die Pest, wenn jemand ihre Intelligenz anzweifelte.

„Au, so war das nicht gemeint." Mit einem Schmunzeln rieb Sean sich über die getroffene Stelle. „Es hätte ja auch sein können, dass dir durch deine Arbeit zu wenig Zeit bleibt."

Jetzt bekam sie ein schlechtes Gewissen, weil sie tatsächlich einen ganzen Monat hatte verstreichen lassen. „Du hast gewonnen. Ich rufe sie gleich in der Frühe an, ehe wir zu den Wächtern aufbrechen."

Das Essen wurde geliefert und sie verbrachten einen vergnüglichen Abend, bis Sean sich verabschiedete. Am nächsten Morgen wollten sie gemeinsam ins Hauptquartier fahren, es gab keinen Grund, Sprit zu verschwenden.

~~°~~

„Du hättest dich echt mal beeilen können", maulte Kate, als sie sich im Wohnzimmer der Wächter auf einen Sessel fallen ließ. Ihr waren die fast drei Stunden Fahrt wie eine Ewigkeit vorgekommen.

„Tut mir leid, Schwesterlein, ich besitze keine technische Ausstattung wie unser Cousin", antwortete Sean ruhig. „Auf eine Kontrolle durch die Behörde hatte ich auch keine Lust. Es reicht, dass Jeremys Kollegen uns abwechselnd verfolgt haben."

In der Tat war ständig ein Auto der Garda hinter ihnen hergefahren, jeweils von der zuständigen Dienststelle, da sie durch mehrere Grafschaften mussten. Jeremy hatte Steven selbstverständlich informiert, dass er den Söldnern einen Besuch abstatten würde, trotzdem war sein Kollege aufmerksam geblieben.

Vorsichtig streckte sie sich. „Tut mir leid, ich fühle mich nur, als ob ich in einem zu engen Bett gelegen hätte."

Jetzt lachte ihr Liebster auf. „Der Korb ist so groß, dass bequem zwei von deiner Sorte reinpassen. Übertreibst du nicht ein wenig?"

Logan, der sich zu ihnen gesetzt hatte, lächelte breit. „So kennen wir sie, die Dramaqueen." Er hielt ihrem biestigen Blick stand, woraufhin sie den Kopf abwandte.

„Ärgert sie nicht noch, sie hat genug mitgemacht", ergriff Joleen ihre Partei. „Keiner von uns mag Käfige, egal, wie sie aussehen."

„Verständlich, wie geht es weiter?" Jeremy kam auf den Punkt, zumal er die blöde Sache gerne abschließen wollte.

„Ich habe nach eurem Anruf mit Stew gesprochen, er hat zugestimmt, dass Kate sich mit Bert unterhalten darf. Er glaubt, dass wir ganz normale Söldner sind, daher sitzt er in einem unserer Büros fest." Logan strich sich über die Lider. „Es ist extrem gefährlich, deshalb wird mich David unterstützen. Wir begleiten dich, das ist Voraussetzung."

Augenblicklich begehrte Jeremy auf. „Glaub nicht, dass du mich von ihr trennen kannst", knurrte er leise.

„Du kommst natürlich mit. Alles andere würde deine Gefährtin auch nicht wollen", beruhigte Joleen ihn sofort. „Kein Wort über die magische Welt, er denkt, dass wir eben die Söldner sind, die für verschiedene Regierungen arbeiten, das muss so bleiben."

Kate nickte zustimmend. „Ich will ihm nur in die Augen blicken und ihm sagen, was er mir angetan hat. Wahrscheinlich interessiert es ihn keinen Deut, aber ich brauche es für mich."

Nachdenklich betrachtete Logan seine Cousine. „Vielleicht verstärkt es auch seine Reue, wenn Aislinn mit ihm fertig ist."

In dem Augenblick ging die Tür auf und eine junge Frau erschien, die die Gruppe freundlich anlächelte. „Habe ich da gerade meinen Namen gehört?"

Hinter ihr kam ein großer Mann in den Raum, der eine Dominanz ausstrahlte, die sogar Kate für einen Moment verstummen ließ. Er hatte irgendetwas Majestätisches an sich.

„Willkommen, wir warten schon sehnsüchtig auf euch. Aber zuerst möchtet ihr vielleicht was trinken?" Joleen zeigte auf die gut gefüllte Bar, wo auch ein Samowar stand.

„Einen Tee nehme ich gerne", bemerkte Aislinn, während ihr Begleiter auf den Whiskey deutete.

„Für mich bitte etwas Stärkeres. Bei eurer Auswahl bin ich kaum in der Lage, zu widerstehen." Sein Lächeln war charmant, trotzdem war sich jeder bewusst, dass man ihn besser nicht ärgerte. „Ich bin übrigens Liam, Aislinns Ehemann."

Eine kurze Vorstellungsrunde folgte, bei der Logan den beiden auch mitteilte, dass Kate vorher mit Bert sprechen wollte.

„Das ist gut, wenn du erlaubst, werde ich dabei sein, dann kann ich deine Worte mitbenutzen. Er wird seine Taten viel stärker bereuen, weil du involviert bist." Die Hexe lächelte ihr erfreut zu, denn das machte ihre Aufgabe um einiges einfacher.

„Sicher, ich möchte lediglich mit dem Thema abschließen können, dazu benötige ich das Gespräch mit ihm." Sie zuckte leicht mit den Schultern.

Aislinn betrachtete sie einen Moment. „Das verstehe ich, als man mich entführt hat, fühlte ich mich auch befreit, weil ich mit den Männern zum Abschluss reden durfte."

„Wir sollten loslegen. Je eher der Kerl sich stellt, desto schneller ist die Kleine wieder frei", bemerkte Logan, der unruhig auf seinem Platz herumrutschte. Er war nicht gerade für seine Geduld bekannt.

„Lass sie doch wenigstens austrinken", tadelte Joleen ihn. „Auf ein paar Minuten mehr oder weniger kommt es kaum an." Immerhin hatten sie eine Strecke von über dreihundert Kilometer hinter sich.

Kate und Aislinn unterhielten sich leise, während Liam sich mit Jeremy austauschte. Es war sofort klar, dass sie auf der gleichen Wellenlänge schwammen, sodass sie beschlossen, Kontakt zu halten.

Nachdem sie die Gläser ausgetrunken hatten, holte Logan David und gemeinsam gingen sie zu dem Büro, in dem der Kerl festgehalten wurde.

Kate bemerkte mit Genugtuung, dass er lediglich mit einem Campingklo vorlieb nehmen musste, darüber hinaus gab es einen Stuhl, einen Tisch sowie ein Feldbett.

„Natürlich darf er sich täglich waschen, außerdem bekommt er ausreichend zu essen und zu trinken", erklärte David auf ihren Blick hin.

Bert hob den Kopf, um seine Besucher anzusehen, doch in seinem Gesicht erkannte man nur Abscheu. „Das hier ist gegen jedes Gesetz. Ich werde euch verklagen. Ihr haltet mich widerrechtlich fest, meine Schuld habe ich abgesessen."

Vorwurfsvoll musterte er die Männer, die ihn eingefangen hatten.

„Reg dich ab, wir wissen, dass du Rita Gordon umgebracht hast, um es Kate in die Schuhe zu schieben." David lehnte sich gelassen an die geschlossene Tür. „Du wirst es in Kürze sogar gestehen." Kalt lächelnd ließ er eine Beleidigung an sich abperlen.

„Du hirnloser Idiot, wieso sollte ich für etwas geradestehen, was ich nie getan habe?" Bert spuckte auf den Boden. „Lasst mich frei, sofort."

Kate trat vor, sah ihm direkt in die Augen. „Du wolltest, dass man mich einsperrt, damit Michael Collins seine Rache bekommt. Ist dir bewusst, was du mir angetan hast? Ich wurde gejagt, musste mich verstecken, immer in Angst, dass die Garda mich einfängt." Irgendwie hoffte sie, dass er auch nur einen Funken Reue erkennen ließ, nur wurde sie bitter enttäuscht.

„Was willst du von mir, du Schlampe? Ich kenne dich nicht mal. Außerdem weiß ich nichts von einer Rita. Michael hat manchmal von ihr gequatscht, aber mir ist es gleich gewesen. Sie war genauso eine Schlampe, wie du es wahrscheinlich bist."

Empört schnappte sie nach Luft, woraufhin Jeremy ihr eine Hand auf die Schulter legte. „Er bereut es nicht, egal, was du ihm sagst." Vorsichtig sorgte er dafür, dass seine Kleine ein Stückchen zur Seite rückte, damit Aislinn sich den Kerl vornehmen konnte.

Die Hexe stellte sich direkt vor ihn, sah ihn eindringlich an, während sie in Gedanken alle seine Missetaten aufzählte.

„Was glotzt du so dämlich? Noch nie einen echten Mann gesehen? Dein Stecher sieht jedenfalls aus, als ob er mit goldenen Löffeln gefüttert wurde“, höhnte Bert, doch plötzlich bekamen seine Iriden einen glasigen Ausdruck.

Aislinn nickte dem Rest zu, anschließend verließen sie den Raum. „Es wird voraussichtlich nicht lange dauern. Es gab genug, was ich ihm vorwerfen durfte.“ Sie lächelte leicht, weil sie an die Zeit denken musste, die sie hier im Hauptquartier verbracht hatte. Damals entdeckte sie ihre wahren Kräfte, die sie bis heute weiterentwickelt hatte. Deshalb sah man in den Augen der Verbrecher sofort, ob der Zauber wirkte. Eine Entwicklung, die erst seit einigen Monaten aufgetaucht war.

„Danke, du hast mich aus einer Zwangslage gerettet. Wie kann ich das wieder gutmachen?“ Kate umarmte die Hexe, anschließend sah sie die Frau fragend an.

Aislinn schmiegte sich lächelnd an ihren Gefährten. „Es ist schon in Ordnung. Ich helfe gerne.“ Sie zwinkerte ihr zu. „Tue Gutes und Gutes kommt zu dir zurück. Nach dem Motto lebe ich. Außerdem habe ich erfahren, dass sogar Azrael sich für dich eingesetzt hat, weil du für Gerechtigkeit sorgst.“

Jeremy legte einen Arm um Kate, zog sie gleichzeitig an sich. „Du denkst zu gering von dir, Kätzchen. Deine Arbeit hat vielen geholfen.“

Dankbar lehnte sie sich an ihn.

„Wir haben euch Zimmer fertig machen lassen“, teilte David ihnen jetzt mit. „Oder wollt ihr wirklich noch nach Hause fahren?“

„Das ist lieb. Wir bleiben gerne über Nacht.“ Aislinn lächelte den Werwolf an.

„Wir sollten ins Wohnzimmer gehen, auf dem Gang ist es extrem ungemütlich“, bemerkte Joleen, die zu ihnen getreten war. „Außerdem brennt Patricia darauf, dich zu begrüßen.“

Sofort strahlten Aislinns Augen, denn während ihres Aufenthalts hier waren sie gute Freundinnen geworden.

„Das schreit doch nach einer Party, richtig?“ Logan zwinkerte seiner Ehefrau zu. „Das ist die Gelegenheit, um mal wieder Cocktails zu mixen.“

Bei dem Vorschlag nickte Joleen begeistert, da sie früher als Barkeeperin gearbeitet hatte. Manchmal fehlte es ihr tatsächlich.

Zuerst zeigten die Wächter ihren Gästen die Zimmer, wo sie sich ausruhen oder frischmachen konnten, anschließend trafen sie sich zu einem gemeinsamen Abendessen im Esszimmer.

~~°~~

„Hier hat sich überhaupt nichts verändert“, bemerkte Aislinn lächelnd, als die Wächter sich beim Essen gegenseitig auf den Arm nahmen.

Stew, der neben ihr saß, betrachtete seine Leute mit Stolz, dann überlegte er einen Moment. „Doch, die Welpen sind erwachsener geworden“, erklärte er mit einem Blick auf Lawrence und Dean.

Kate hatte den Platz zwischen Jeremy und Logan bekommen, wo sie es genoss, dass das Leben um sie herum tobte. „Das würde Kim enorm gefallen“, bemerkte sie wehmütig. Ihr fehlte die Freundin, da sie sich in den letzten hundert Jahren nur selten für längere Zeit getrennt hatten.

„Auf Dauer wäre es mir zu viel Trubel“, gab ihr Gefährte ehrlich zu, wobei der Jaguar augenblicklich zustimmte.

„Ja, deshalb haben wir auch unser eigenes Cottage. Für eine Weile war es super, hier unter den Brüdern zu hausen, aber mittlerweile genießen wir die Ruhe genauso." Er zog Joleen kurz an sich, dabei quetschte er seine Tochter Maggi zwischen ihnen ein.

„Papa! Pass doch auf", protestierte das Mädchen sofort.

„Was sagtest du von Abgeschiedenheit?", neckte Kate ihn, woraufhin er nur die Augen verdrehte.

Leichtigkeit lag in der Luft, vor allem, weil die Wächter sich freuten, diesen Fall gelöst zu haben. Immer, wenn einer von ihnen oder dessen Verwandte involviert war, ging es jeden etwas an, da sie wie eine Familie fest zusammenstanden. Eine Besonderheit, die man nur selten in solchen Gruppen fand.

Den Abend ließen sie im Wohnzimmer ausklingen, wo Joleen Cocktails mixte und die Welpen die Musik besorgten, bis David eingriff, da die jungen Wächter sich auf Techno eingeschossen hatten. „Das hält ja kein Mensch im Kopf aus", schimpfte der Werwolf, gleichzeitig sorgte er dafür, dass traditionelle irische Lieder gespielt wurden, die jeder gerne hörte.

Kate lehnte an ihrem Liebsten, während sie die Leute um sie herum beobachtete. Ihr fiel es immer noch extrem schwer zu glauben, dass so viele Persönlichkeiten zu Hilfe geeilt waren. Ein wenig litt sie darunter, dass sie sich nicht bei Alfar, Ronwe und Azrael bedanken konnte, doch die waren unabkömmlich. Bei dem Gedanken seufzte sie leise.

„Was bedrückt dich?", erkundigte Jeremy sich sofort, aber auch Sean horchte auf.

Leicht zuckte sie mit den Schultern. „Ich hätte mich gerne bei allen bedankt. Nur kann ich der Feenkönigin oder dem Engel schlecht eine Karte schicken, richtig?"

Lea drehte sich zu ihr um, da sie sie gehört hatte. „Unser geschätzter Erzengel hört dich. Er weiß, wie dankbar du ihm bist“, versicherte sie ihr.

„Ich werde Alfar deinen Dank ausrichten. Immerhin ist sie meine Patentante.“ Aislinn zwinkerte ihr zu. „Allerdings wird sie ihn mürrisch abweisen, so wie ich sie kenne. Sie ist herzensgut, besonders wenn es um Wesen geht, die anderen helfen.“

Verlegen lächelte Kate sie an. „Ich bin keineswegs so gut, wie es dargestellt wird. Glaub mir, ich habe einige Fehler, angefangen von meinem Temperament, der Tatsache, dass ich den Mund nicht halten kann, bis hin zu meinem Dickschädel.“

Bei der Aufzählung nickte Sean zustimmend. „Nicht zu vergessen, deine Unordentlichkeit.“

Jetzt blickte sie ihren Bruder wütend an, denn das ging niemanden etwas an, aber im gleichen Moment lachte sie leise. „Ja, auch die.“ Hier war sie unter Freunden, die gerne wissen durften, dass sie Aufräumen hasste.

Die Stimmung war ausgelassen, sodass sie bis in den frühen Morgen feierten.

~~°~~

„Bert möchte mit dir reden. Der Zauber hat gewirkt“, bemerkte Stew, als sie gerade den Brunch beendet hatten, den Ellie, die Haushälterin, vorbereitet hatte.

Erstaunt blickte Kate ihn an. „Was will er denn von mir? Soll ich ihm Absolution erteilen?“ Spott klang in ihrer Stimme mit. Noch sah sie sich außerstande, ihm tatsächlich zu verzeihen.

„Wahrscheinlich, aber ich denke, es ist wichtig, dass du mit ihm sprichst. Wir müssen ihn dazubringen, sich freiwillig zu stellen. Ein Selbstmord wäre katastrophal.“ Der Gepard ließ die Worte so im Raum stehen, es war ihre Entscheidung, ob sie den Mistkerl besuchte oder nicht.

„In dem Fall statte ich ihm besser einen Besuch ab. Vielleicht kann ich ihn sogar überreden, eine Aussage bei der Garda zu machen.“ Kate trank ihren Tee aus, anschließend machte sie sich mit David, Logan und Jeremy auf den Weg.

Bert sah ihr beschämt entgegen, ehe er sich vor ihr auf die Knie warf. „Es tut mir wahnsinnig leid. Bitte, glaub mir, ich war völlig verblendet. Erst jetzt ist mir klar geworden, was du wegen mir durchgemacht hast. Ganz abgesehen davon, dass ich ein Leben beendet habe.“ Seine Stimme wurde immer leiser, gleichzeitig traten Tränen in seine Augen. „Gibt es etwas, was ich tun kann, um es irgendwie wieder gutzumachen?“ Flehend sah er sie an.

Kate nickte sofort. „Ja, du solltest eine Aussage bei der Garda machen und ihnen die Wahrheit sagen. Ich möchte nicht länger auf der Flucht sein.“

Verstehend senkte er den Kopf. „Das werde ich, versprochen.“

Vor ihr kniete ein gebrochener Mann, der tatsächlich einsah, was er getan hatte. Fast bekam sie Mitleid, doch dann musste sie an Rita denken, die zwar genauso arrogant wie hinterhältig gewesen war, aber einen dermaßen grausamen Tod keinesfalls verdiente. „Stell dich! Danach versuche ich, dir irgendwann zu verzeihen.“ Mit den Worten drehte sie sich um und verließ den Raum.

„Wir bringen ihn sofort nach Dublin. Die Garda dort wird sich freuen.“ David blickte Jeremy bedauernd an. „Portumna ist leider zu weit weg.“

Augenblicklich hob er beide Hände. „Es ist mir egal, wo er sich stellt, Hauptsache, wir können die Sache endlich abschließen.“ Er seufzte leise. „Dürfen wir eure Gastfreundschaft ein wenig länger in Anspruch nehmen? Ich möchte Kate ungern erneut in den Katzenkorb sperren.“

Gutmütig nickte David. „Selbstverständlich, bleibt, solange ihr wollt. Allerdings glaube ich, dass ihr in ein paar Stunden die Nachricht bekommt, dass die Fahndung nach deiner Freundin aufgehoben ist.“

„In dem Fall müssen wir getrennt zurückkehren, sonst wird jedem klar sein, dass ich meine Süße die ganze Zeit gedeckt habe.“ Wieder seufzte Jeremy, dem bewusst war, dass noch so einiges schief gehen konnte.

Logan schlug ihm leicht auf die Schulter. „Ich fahre dich und die Kleine begleitet ihren Bruder. Als ihr Rechtsanwalt ist es logisch, dass er in der Lage ist, sie aufzuspüren. Außerdem hat er wohl kaum die Pflicht seine Klientin auszuliefern.“

Zustimmend nickte Jeremy, dabei erkannte man deutlich, dass er sich auf eine Fahrt mit dem Jaguar freute. „Wie ist der Kerl eigentlich zu dem Messer und dem Fingerabdruck gekommen? Wir hätten doch irgendwelche Einbruchsspuren sehen müssen.“ Nachdenklich musterte er die Gruppe vor sich.

„Das haben wir uns auch gefragt, deshalb hat Patty ihn sich noch einmal vorgenommen.“ David betrachtete Kate ernst. „Du scheinst deine Hintertür immer mal wieder zu vergessen.“

Bei den Worten zuckte sie erschrocken zusammen. „Stimmt, verdammt.“ Bittend blickte sie Jeremy an. „Ich weiß, du hast es oft genug gesagt.“

Er zog sie leicht an sich. „Damit wissen wir, wie er reingekommen ist, doch woher wusste er, dass auf dem Messer ein Fingerabdruck von ihr ist?“

„Er hat euch die ganze Zeit observiert. Seit er aus dem Gefängnis gekommen ist, lag er mehr oder weniger ständig auf der Lauer.“ Jetzt schmunzelte der Werwolf. „Kann es sein, dass ihr beim Kochen enorm viel Spaß hattet?“

Verständnislos stimmte Kate zu. „Ja, aber willst du mir wirklich sagen, dass er uns in der Küche beobachtet hat?“ Erschrocken riss sie die Augen auf. „Dann müsste Darren oder Tom uns auch gesehen haben. Sie waren während meiner gespielten Flucht vor unserem Cottage positioniert.“

Nachdenklich schüttelte David den Kopf. „Nein, ihr hattet das Fenster offen und habt euch gegenseitig geneckt. Das konnte Bert hören, besonders als du deinen Gefährten getadelt hast, dass man mit einem Fleischmesser kein Gemüse schneidet.“

An den Abend erinnerte sie sich noch sehr gut, sodass sie langsam nickte. „Dabei ist es mir normalerweise völlig egal, welches Messer er nimmt“, murmelte sie.

Damit war auch der Punkt abgehakt, jetzt mussten sie nur warten, bis Steven Jeremy anrief, um Entwarnung zu geben.

„Komm lass uns zum Strand gehen“, schlug Jeremy vor, der wusste, wie schwer es seiner Kleinen fiel, einfach abzuwarten.

Glücklich stimmte sie zu und kurz darauf liefen sie eng umschlungen über den Pfad hinter dem Haus.

Kate lehnte sich an ihren Gefährten, während sie auf das Meer hinausblickten. „Ich hoffe, dass ich nie wieder in eine solche Situation gerate“, bemerkte sie schaudernd. „Es war furchterregend, von allen gejagt zu werden. Zum Glück musste ich es nur ein paar Tage aushalten.“ Sie seufzte leise.

„Da gebe ich dir absolut recht. Ich kann mir ebenfalls tausend schönere Dinge vorstellen, als meine Verlobte zu verhaften.“ Er schüttelte sich leicht, als er an den Moment zurückdachte.

„Wie Verlobung? Habe ich da nicht auch ein Wörtchen mitzureden?“ Sie verkniff sich eisern ein Lachen, zumal sie sich dermaßen freute, dass er tatsächlich von einer baldigen Hochzeit sprach.

Verschmitzt verneinte Jeremy. „Nein, du gehörst doch sowieso mir.“

Mit den Worten küsste er sie und Kate wusste, dass sie endlich angekommen war.

Epilog

Nervös lief Kate vor dem Gate auf und ab, während ihr Gefährte sie lächelnd betrachtete. „Es dauert noch, bis alle ausgecheckt haben, du darfst dich gerne setzen." Auffordernd klopfte er auf den Sitz neben sich.

Sie warteten darauf, dass Kates Eltern erschienen, die zur Hochzeit ihrer Tochter kamen. Damit sie dabei sein konnten, hatten sie bis zum Herbst gewartet, denn erst jetzt ging die Saison langsam zurück.

„Glaubst du tatsächlich, dass ich mich wirklich beruhigen kann? Wir haben uns so lange nicht gesehen." Sie drehte den Kopf, weil das schlechte Gewissen an ihr nagte. Es lag nicht nur daran, dass sie aktuell besser vermied, nach Deutschland zu fliegen, nein, es war irgendwie ständig etwas dazwischen gekommen. Meistens hatte sie die Treffen abgesagt.

Noch einmal lief sie ein Stück, nur um im gleichen Augenblick auf eine schwarzhaarige Frau zuzurennen, die sofort die Arme ausbreitete, wobei sie ihren Koffer fallen ließ. „Mum!" Ihr Schrei hallte durch die gesamte Wartehalle, sodass auch Jeremy aufstand.

„Ich habe dich so vermisst." Fest drückte sie sich an die ältere Dame, die nur leise lachte.

„Klar, deshalb hast du ja die letzten Treffen abgesagt." Ein missbilligender Ton schwang in dem Tadel mit.

Verschämt schluckte sie. „Es tut mir leid, ehrlich ...", begann sie, aber ihre Mutter machte bereits eine abwehrende Handbewegung.

„Ich glaube dir, allerdings lebst du dein Leben genau wie wir unseres. Es ist in Ordnung, dass du deinen Weg gehst, meine Süße. Nur übertreib deine Gefühlsausbrüche nicht." Sie drückte ihre Tochter, sah ihr in die Augen, wobei sie stolz lächelte. „Du bist glücklich, nur darauf kommt es an."

Jetzt traten Jeremy und ihr Dad zu ihnen.

„Daddy, es ist so schön, dass ihr gemeinsam hergekommen seid." Sie umarmte auch ihren Vater, der leise brummte.

„Glaubst du, dass wir die Hochzeit unserer einzigen Tochter verpassen? Uns davon abzuhalten, dazu wäre eine ganze Armee nicht imstande." Er strich ihr eine Strähne aus dem Gesicht, anschließend musterte er ihren Gefährten. „Du bist also derjenige, der zu unserer Kleinen gehört?"

Der Polizist nickte leicht. „Ja, ich bin Jeremy. Es freut mich, Sie kennenzulernen, Sir." Der Mann schien eine echte Autoritätsperson zu sein, daher entschied er sich für einen außergewöhnlich respektvollen Ton, gleichzeitig streckte er eine Hand aus.

Mit dröhnendem Lachen zog Jason O'Grady seinen zukünftigen Schwiegersohn in seine Arme. „Herzlich willkommen in der Familie. Ich hab bereits von Sean gehört, dass du unseren Wildfang bestens unter Kontrolle hast." Er klopfte ihm auf die Schulter, ehe er ihn an seine Frau weiterreichte, die ihn eindringlich musterte.

„So glücklich, wie unsere Kleine aussieht, denke ich mal, dass du tatsächlich der Richtige bist, mein Junge." Auch Nancy umarmte ihn.

„Lasst uns nach Hause fahren, die Jungs sind schon da. Außerdem werden Jeremys Eltern heute Abend zum Essen kommen." Kate hakte sich bei ihrer Mutter ein, während sie zum Auto gingen.

Auf der Fahrt von Dublin nach Portumna brachten sie sich gegenseitig auf den neusten Stand, darüber hinaus musste Kate noch einmal von ihrer Verhaftung erzählen.

„Es war wirklich übel und ich habe keine Ahnung, wie einige Leute es durchstehen, ständig auf der Flucht zu sein." Sie seufzte leise, ehe ein glückliches Lächeln über ihr Gesicht huschte. „Aber Jeremy hat mir von Anfang an geglaubt, dass ich unschuldig bin."

~~°~~

„Sie war so aufgeregt, weil ihr herkommt. Ich glaube, ihr ist es völlig gleich, dass sie morgen heiratet", bemerkte Sean neckend, als sie im Wohnzimmer einen Drink zu sich nahmen.

Aufgebracht stieß Kate die Luft aus. „Wie kannst du so etwas behaupten? Ich bin extrem nervös, trotzdem darf ich mich doch auf meine Eltern freuen."

Nancy lachte laut auf. „Es ist wie früher, als wir noch alle zusammen hier gewohnt haben. Manchmal vermisse ich es", gab sie leise zu.

Sofort legte Jason einen Arm um sie. „Wir können jederzeit wieder nach Irland ziehen."

„Auf keinen Fall, dann würde mir das Hotel fehlen." Sie schmiegte sich an ihren Ehemann. „Außerdem braucht ihr Kinder euren Freiraum."

Fröhlich erinnerten sie sich an ihre gemeinsame Zeit, ihr Vater erzählte von den Streichen der Jungs, die Geschwister neckten sich, wobei die Stimmung außergewöhnlich gut war.

Jeremy lehnte sich zurück, während er die Familie seiner Braut betrachtete. Bessere Schwiegereltern hätte er sich kaum wünschen können, wie er in den nächsten Stunden feststellte.

Am späten Nachmittag kamen auch seine Eltern, sodass es recht eng in dem Haus wurde, was der fantastischen Laune keinen Abbruch tat. Seine Leute hatte Kate bereits mehrfach getroffen und sie mochten sich von Anfang an. Natürlich verschwiegen sie ihnen, was genau sie war. Der einzige Wermutstropfen bestand darin, dass seine Schwester es nicht schaffte, von Schottland aus anzureisen. Als Tierärztin war sie zu eingespannt, außerdem gab es noch seine beiden Neffen, die sich ständig irgendwelchen Unsinn ausdachten. Eilig schob er die Gedanken zur Seite, sie würden sie einfach im kommenden Jahr besuchen, dennoch fehlten sie und ihr Mann in der Runde, von den Kindern ganz zu schweigen.

Kurz vor Mitternacht zogen sich alle zurück, wobei Jeremys Leute darauf bestanden in einem Hotel zu übernachten.

Glücklich kuschelte sich Kate an ihn. „Es ist toll, dass unsere Eltern sich so gut verstehen, oder?“

Er nickte leicht, auch ihm war ein Stein vom Herzen gefallen, weil er irgendwie befürchtet hatte, dass irgendetwas Unvorhergesehenes passierte. „Ja, es ist, als ob ein Traum wahr geworden ist.“ Er strich ihr zärtlich über die Wange. „Schade, dass Debby verhindert ist. Sie, Travor und die Kids werden mir fehlen.“

„Wir fahren zu ihr, gleich im kommenden Jahr, versprochen." Kate drückte seine Hand, sie konnte sich gut vorstellen, wie sehr ihm seine Schwester fehlte. Es würde ihr mit ihren Brüdern nicht anders ergehen.

Dankbar nickte er, ehe er leise lachte. „Sie hat mir geschrieben, dass sie mindestens tausend Bilder haben möchte."

Jetzt musste auch Kate schmunzeln. „Dafür sorgt meine Familie schon, sie sind alle begeisterte Hobbyfotografen." Müde schloss sie die Augen, morgen war ihr großer Tag, da sollte sie ausgeschlafen sein.

Jeremy betrachtete sie liebevoll, gleichzeitig dankte er Gott, dass so viele Leute ihnen beigestanden hatten.

~~°~~

„Es ist eine Katastrophe! Unsere Sängerin liegt mit einer Mandelentzündung im Bett", rief Kate ins Telefon, dabei unterdrückte sie ein Schluchzen. Natürlich konnten sie trotzdem heiraten, aber sie hatte extra einen besonderen Song ausgesucht, der ihre Liebe ausdrückte.

„Beruhige dich, Liebling. Ich sage dem Pfarrer Bescheid, damit er die Gemeinde das Lied anstimmen lässt. Er tut uns bestimmt den Gefallen." Jeremy atmete tief durch. Sean war am Morgen ins Schlafzimmer gestürmt, um ihn zu Kim zu bringen, die im Gegenzug zu ihrer Freundin geeilt war. Auf keinen Fall durfte er die Braut vor der Trauung sehen, das brachte Pech. Obwohl er nicht daran glaubte, hielt sich die Familie O'Grady an die Regel, sodass er wohl oder übel mitspielen musste. In der Tat hatte er das Kleid seiner Kleinen noch nicht gesehen.

„Was ist los?“ Logan blickte ihn fragend an, wobei auch die Gespräche zwischen Jason, Sean und Alex verstummten.

Die Männer hatten sich Jeremy angeschlossen, während die Frauen um Kate herumschwirrten.

„Unsere Sängerin hat abgesagt“, bemerkte er, gleichzeitig atmete er erleichtert auf, da sein Vater gerade durch die Tür kam. „Mein Dad ist da, er hat bestimmt eine Idee. Vielleicht ist er in der Lage, Mum zu überreden, für sie einzuspringen. Sie war früher die Solistin im Chor.“ Er lächelte leicht, als er an die vergangenen Zeiten dachte. „Beruhige dich, Kätzchen. Es wird alles gut. Wir sehen uns in fünfzehn Minuten in der Kirche.“

„Oh, du glaubst, dass deine Mutter für euch singt?“ Andrews Miene sagte deutlich, dass er das für ziemlich unmöglich hielt.

„Bitte, Dad, kannst du sie überzeugen? Uns würde das wirklich enorm viel bedeuten.“ Jeremy sah seinen Vater bittend an, woraufhin dieser seufzend zustimmte.

„Ich versuche es, aber mach dir keine allzu großen Hoffnungen.“ Er überlegte einen Moment, dann holte er das Handy aus der Hosentasche. „Sie wird nicht singen, weil sie damals das Solo verpatzt hat“, bemerkte er noch leise, ehe er den Raum verließ.

Das war auch seinem Sohn klar, zumal anschließend der halbe Chor sie beschuldigt hatte, das Konzert verdorben zu haben. Das Unfaire an der Sache war, dass sie keine Schuld traf, sondern die Band, die unaufgefordert angefangen hatte zu spielen. Sie zogen das Tempo dermaßen an, woraufhin sie aus dem Takt kam. Seufzend deutete er mit dem Kinn auf die Tür. „Lasst uns zur Kirche fahren, sonst verpasse ich meine eigene Hochzeit.“

Gemeinsam machten sie sich auf den Weg, dabei war er extrem froh, dass die Jungs ihn begleiteten. In der Tat fühlte er sich enorm nervös.

Vor dem Altar fing er tatsächlich an zu beten, weil er befürchtete, dass Kate es sich im letzten Moment anders überlegte. Ein völlig dummer Gedanke, trotzdem schaffte er es kaum, ihn zu verscheuchen.

Endlich erklang der Hochzeitsmarsch, die Tür ging auf und er betrachtete staunend seine Liebste. Sie sah überirdisch schön aus, besonders das Strahlen in ihrem Gesicht ließ sein Herz höherschlagen.

„Jetzt beneide ich dich fast", flüsterte Logan ihm zu, der als Trauzeuge neben ihm stand. „So glücklich hat sie noch nie ausgesehen."

Jeremy schluckte gerührt, blickte den Jaguar dankbar an, bekam allerdings kein Wort heraus, sondern starrte nur auf seine Braut, die am Arm ihres Vaters auf ihn zuschritt.

Jason legte ihre Hand in seine, gleichzeitig lächelte er ihn an. „Ich bin mir sicher, dass du der Richtige für sie bist, mein Junge." Anschließend ging er zu seiner Frau, die sich heimlich eine Träne aus den Augenwinkeln wischte. Aber auch die Augen seiner Mutter glänzten verräterisch.

Der Pfarrer lenkte sie ab, sodass sie sich zu ihm drehten. Sie hatten sich eine kurze Zeremonie ausgebeten, was berücksichtigt wurde, daher kamen sie relativ schnell zu dem Punkt, an dem das Brautpaar sich das Jawort gab.

Klar und deutlich sprachen beide die Gelübde, ehe sie sich gegenseitig die Ringe ansteckten. Nervös hielt Jeremy die Luft an, gleichzeitig war er gespannt, ob die Gemeinde einspringen musste oder seine Mum über ihren Schatten sprang.

Als die ersten Töne von There is love erklangen, drehte er sich fassungslos um, um auf die Empore zu starren, dabei unterdrückte er mit aller Kraft die Tränen. Dort oben standen tatsächlich seine Mutter und seine Schwester, die diesen wundervollen Song für das Brautpaar sangen. Jetzt erkannte er seinen Schwager, an dessen Seite seine Neffen saßen, die sich breit lächelnd im hinteren Kirchenschiff platziert hatten.

Kate schob ihre Hand in seine, auch sie kämpfte mit ihren Gefühlen. Die Überraschung war absolut gelungen.

Der Schlusssegen beendete die kleine Zeremonie, anschließend bat der Pfarrer, dass die Gemeinde die Brautleute vor der Kirche erwarten sollte. Er hatte deutlich gesehen, dass beide einen Moment für sich brauchten.

Jeremy strich sich vorsichtig die Tränen aus den Augen. „Wusstest du davon?"

„Ja, natürlich, oder glaubst du, dass ich es dir überlassen hätte, einen Ersatz für die Sängerin zu finden?" Sie lachte leise. „Niemals."

Sanft küsste er sie, anschließend nickte er ihr zu, nahm ihre Hand und ging mit ihr aus der Kirche, wo ihre Liebsten sie erwarteten.

Als Erste fiel ihm Deborah um den Hals. „Ich hab dich noch nie so überrascht gesehen. Hast du tatsächlich geglaubt, dass mir mein Job wichtiger ist als die Hochzeit meines Bruders?"

Verlegen zuckte er mit den Schultern. „Na ja, es ist ja nicht so, dass du sonst viel Zeit hast."

Sofort boxte sie ihn hart auf den Oberarm, ehe sie sich zu Kate drehte. „Brüder können eine solche Pest sein." Sie zog ihre frischgebackene Schwägerin an sich. „Es ist toll, dich endlich mal in natura zu sehen, anstatt nur zu telefonieren. Außerdem siehst du umwerfend aus."

Lachend bedankte Kate sich, doch ehe sie ein weiteres Wort mit ihr wechseln konnte, drängten sich auch die restlichen Gratulanten zu ihr.

Überglücklich, überwältigt und voll Zuversicht auf eine wundervolle Zukunft, stand sie neben ihrem Ehemann, der ihre Hand hielt.

„Genau so habe ich es mir vorgestellt. Alle, die wir lieben, sind hier."

Darin gab sie ihm recht, aber das Wichtigste war, dass sie für den Rest ihres Lebens zusammengehörten.

Ende

Leseprobe „Mystic Ireland - vom Leoparden gerettet“

Kapitel 1 - Gefährliche Unternehmung

Trish lugte vorsichtig hinter dem großen Van hervor, um zu sehen die Luft rein war. Sie musste unbedingt ungesehen in das wunderschöne Haus kommen, vor dessen Haustür sie saß. Zu dumm, dass sie als Hermelin mit ihrem weißen Fell am Bauch überall auffiel, doch in ihrer menschlichen Gestalt war ihr Vorhaben schlichtweg unmöglich, zumal sie wusste, dass hier Ethelbert, der Elbe wohnte. Er war einer der Richter des Magischen Rates. Sollte sie erwischt werden, würde sie bestimmt einige Jahrzehnte in der Dämonendimension verbringen müssen.

Ihr Herz schlug ihr bis zum Hals, als sie über den Schotter des Hofes rannte, um an der Vorderseite vorbeizuflitzen.

Sie hatte auf der gegenüberliegenden Seite gewartet, bis der Mann in seinem Sportwagen weggefahren war, sodass sie ihre Chance wahrnehmen konnte. Jetzt musste sie nur einen Weg ins Innere finden. Dort wollte sie sich zurückverwandeln, um nach Beweisen zu suchen.

Flink kletterte sie an der Hausrückseite hoch, nutzte Vorsprünge genauso wie Fensterbänke, bis sie zu einem Fenster kam, das einen Spaltbreit geöffnet war.

Zum Glück war es heute sonnig, daher kam niemand auf die Idee, die Fenster zu verschließen, immerhin war es bereits Ende Oktober.

Mühsam zwängte sie sich durch den Schlitz, dabei ächzte sie leise. Obwohl sie nicht fett war, hatte sie doch in den letzten Monaten einige Kilos zugenommen. Verdammtes Fastfood. Aber was für eine Alternative hatte sie denn, wenn sie sich ständig auf der Flucht befand.

Kurz schnappte sie nach Luft, ehe sie sich vorsichtig in dem Raum umsah. Zum Glück war sie im Arbeitszimmer gelandet, sodass sie jetzt die Verwandlung einleiten konnte. Das war das größte Risiko, nur war sie kaum in der Lage, die Schränke zu durchsuchen, solange sie in der Gestalt des Hermelins blieb.

Es flackerte blau, gleichzeitig ertönte ein leises Summen, während sich ihr Körper verformte. Ihre Schnauze bildete sich zurück, die Krallen zogen sich nach innen, zeitgleich formten sich ihr Gesicht und die Finger. Die gesamte Prozedur dauerte nur ein paar Momente, sodass sie sich jetzt eilig aufrichtete.

Trish lief lautlos zur Tür, öffnete sie einen Spaltbreit, anschließend hielt sie den Atem an, weil sie nicht sicher sein konnte, ob jemand sie gehört hatte. Als es still im Haus blieb, beruhigte sie sich ein wenig, bevor sie zum Schreibtisch ging, um nach Schriftstücken über den Tod ihrer Eltern zu suchen.

Sie unterdrückte einen Fluch, als sie auf eine abgeschlossene Schreibtischschublade stieß. Wieso musste sie auch nackt sein, um sich zu verwandeln? In ihrer Cargohose hätte sie einen Dietrich mitnehmen können, aber so?

Suchend sah sie sich um, bis ihr ein stabiler Brieföffner auffiel, damit konnte sie die Schublade vielleicht aufhebeln. Beherzt nahm sie das Teil und kurz darauf öffnete sich die Lade, allerdings fand sie hier absolut nichts, was sie weiterbrachte. Enttäuscht ließ sie sich auf den Stuhl sinken. Irgendwo sollte doch etwas zu finden sein!

Sie dachte an ihre letzten Einbrüche. Zuerst war sie nach Spanien geflogen, um in die Villa einer Vampirrichterin einzubrechen. Da diese Spezies tagsüber im Haus bleiben musste, hatte sie die Nachtstunden genutzt. Die Frau, die die Vampire im Magischen Rat vertrat, war zum Glück eine unternehmungslustige Dame, sodass es für Trish keine große Herausforderung gewesen war.

In ihrem Arbeitszimmer hatte sie tatsächlich einen Brief gefunden, in dem stand, dass ihre Eltern eine Geheimloge gefährdeten. Es sollte ein Treffen einberufen werden, um zu entscheiden, wie man das Problem lösen wollte.

Das war zwar schon ein Hinweis, nur konnte sie damit unmöglich vor den Magischen Rat treten, zumal sie annahm, dass die Vampire sich mit einer erfundenen Geschichte herausreden würden.

Sie brauchte bessere Beweise, außerdem erfuhr sie durch das Schreiben, dass alle Vertreter dieser seltsamen Gemeinschaft zu einer Abstimmung aufgerufen wurden. Es gab also noch mehr Mitglieder.

Entschlossen stand sie auf, durchkämmte die Schränke, suchte nach möglichen Verstecken, allerdings gab es hier einfach nichts, was sie weiterbrachte. Wenn sie doch nur wüsste, welche Wesen in der Loge waren!

Ein Geräusch ließ sie hochschrecken, kurz lauschte sie, nutzte ihre tierischen Sinne, bis sie eindeutig erkannte, dass der Hausherr wohl zurückgekehrt war.

„Verdammter Mist!“, zischte sie, gleichzeitig leitete sie die Verwandlung ein.

Zu dumm, dass sie nicht daran gedacht hatte, das Fenster weiter zu öffnen, jetzt musste sie sich erneut durch den engen Spalt zwängen, aber die Zeit drängte.

Das blaue Flackern könnte sie zwar verraten, doch darüber durfte sie sich keine Gedanken machen, wenn sie nicht Gefahr laufen wollte, gefasst zu werden.

Ohne nachzudenken, sprang sie auf das Fensterbrett, drückte sich durch den Fensterschlitz und suchte sich gerade den ersten Vorsprung, um die Hauswand herunterzuklettern, als die Zimmertür aufgestoßen wurde.

„Halt stehen bleiben."

Die Worte klangen ihr in den Ohren, als sie bereits das Sims verlassen hatte. Jetzt schlug ihr Herz ihr tatsächlich bis in den Hals, dabei musste sie aufpassen, dass sie keinen Fehler machte. Zwar besaß sie enorme Selbstheilungskräfte, dennoch tat so ein Sturz extrem weh, darüber hinaus könnte es bedeuten, dass der Elbe sie doch noch einfing.

Über ihr wurde das Fenster aufgerissen. „Dort ist es. Fangt es ein!"

Fast hätte sie ihr keckerndes Lachen ausgestoßen, denn hinter Ethelbert erschienen Menschen, die sie an ihren Augen deutlich erkannte. Diese Art war nicht in der Lage, über eine Hauswand zu klettern. Trotzdem blieben sie ihr tatsächlich dicht auf den Fersen.

Als sie auf dem Boden ankam, rannte sie, als ob ihr Leben davon abhängen würde. Ohne anzuhalten, lief sie, verließ den Ort und kroch durch ein Loch in eine alte Scheune, wo sie ihre Sachen versteckt hielt. Hier atmete sie zuerst einmal durch, lauschte, ob sie die Normalen abgehängt hatte, obwohl es mit dem Teufel zugehen müsste, wenn sie immer noch hinter ihr herrannten.

Erst als sie ganz sicher sein durfte, keinen Verfolger mehr zu haben, leitete sie die Verwandlung ein, zog sich an und setzte sich auf den staubigen Schuppenboden.

Dieser Ausflug war völlig ergebnislos gewesen, außerdem hatte er sie in Gefahr gebracht. Sie vermutete bereits, auf der Fahndungsliste der Wächter zu stehen. Nur bisher wusste niemand, was für ein Wesen sie jagten. Jetzt würden sie durch ihre Dummheit nicht nur erfahren, dass es sich bei ihr um eine Gestaltwandlerin handelte, sondern auch noch, in welches Tier sie sich verwandeln konnte.

Entsetzt dachte sie daran, dass die Männer aus Ballygannon einen genauso ausgezeichneten Geruchssinn besaßen wie sie selbst. Sie waren in der Lage, ohne große Mühe zu riechen, wo sie als Hermelin hergerannt war.

Trish hätte sich ohrfeigen können. Weshalb verhielt sie sich so unvorsichtig? Zu allem Überfluss kam die Nervosität zurück, die sie in der letzten Zeit plagte. Sobald das Adrenalin zurückging, setzte diese dämliche Unruhe ein. Fahrig sammelte sie ihre Sachen zusammen, packte die Satteltaschen ihres Motorrades und überlegte, wohin sie als Nächstes fahren sollte. Im Kopf ging sie ihre Liste durch, dabei fiel ihre Wahl auf einen kleinen Ort am Shannon, wo eine Hexe hauste, die ebenfalls einen Sitz im Magischen Rat besaß.

~~°~~

Lorcan raufte sich die Haare, endlich hatte er seinen wohlverdienten Urlaub und dann kam er kaum zur Ruhe. Diese seltsame Nervosität, von der man behauptete, dass sie die Gefährtin ankündigen würde, trieb ihn in den Wahnsinn!

Wenn er wenigstens ein paar Touristen in die Wicklow Mountains führen könnte, wäre er abgelenkt, doch er musste ja für den späten Herbst alle Touren absagen, um Zeit für sich zu haben.

Zum wiederholten Male rannte er durch sein gemütliches Cottage in der Nähe von Laragh. Er hatte sein Zuhause schon vor vielen Jahren hier gebaut, dicht genug an der Siedlung, aber mit ausreichend Abstand, um sich zurückziehen zu können. Nur war ihm im Augenblick weniger nach Einsamkeit zumute.

Sein Blick fiel auf seinen Wanderrucksack, vielleicht sollte er einfach mal wieder eine Wandertour ohne Begleitung unternehmen? Energisch schüttelte er den Kopf. So unkonzentriert, wie er gerade war, würde er nur abstürzen oder sich verlaufen. Mürrisch zog er sich trotzdem die Wanderschuhe an, nahm eine Jacke vom Haken, ehe er der Nase nach lief. Er liebte seine Heimat, besonders Glendalough, das Tal der zwei Seen. Von seinem Haus aus war es allerdings noch ein gutes Stück bis zum Lower Lake.

Hier in seiner direkten Umgebung wuchsen Stechginster, Heidekraut sowie verschiedene Gräser, wobei es rund um den See vermehrt Bäume gab.

Lorcan ging immer weiter, genoss den Wind, der ihm die halblangen Haare aus dem Gesicht wehte und ihm den Geruch der Freiheit entgegentrug. Natürlich wusste er als Wanderführer, wo er auf die Moore stieß und besonders vorsichtig sein musste, sodass er sich darum keine Gedanken machte. Ganz im Gegenteil, seine Überlegungen kreisten um das Gerücht, dass man unruhig wurde, bevor die Seelengefährtin aufkreuzte. Bisher galt es tatsächlich nur als Vermutung, die in den letzten Jahren aufgekommen war. Andererseits woher sollte diese Nervosität sonst kommen?

Am liebsten wäre er vor seinen Grübeleien weggerannt, leider konnte er das nicht. Aufmerksam blickte er sich um, um festzustellen, ob sich noch andere Wanderer in Sichtweite befanden. Zum Glück ließ sich kein Mensch sehen, sodass er sich eilig auszog, seine Kleidung bei einem Ginsterbusch versteckte, ehe er die Verwandlung einleitete. Das blaue Flackern sah man kaum, weil der Sonnenschein das Licht überstrahlte, genauso wenig würde man das Summen hören.

Es dauerte einige Momente, ehe er sich in einen Leoparden verwandelt hatte. Kurz streckte er sich, hob den Kopf in den Nacken, um zu schnuppern, anschließend rannte er los.

In seiner tierischen Gestalt besaß er zwar das Bewusstsein eines Menschen, doch die Gefühle kamen nur gedämpft bei ihm an, sodass er mit der Unruhe besser umgehen konnte. Außerdem liebte er es, auf diese Weise durch die Gegend zu streifen. Natürlich musste er höllisch aufpassen, damit ihn niemand sah. Lorcan zog die Lefzen zu einem Grinsen hoch, als er sich vorstellte, was für eine Panik seine Sichtung auslösen würde. Die Normalen würden sofort Jagd auf ihn machen und darauf verzichtete er liebend gerne.

Eilig schob er seine Grübeleien zur Seite, stattdessen genoss er das Gefühl der Freiheit, während er über die moosbewachsenen Steine rannte.

Viel zu schnell wurde es Zeit für ihn, sich zurückzuverwandeln. Sein Bruder wollte am Nachmittag vorbeikommen, um mit ihm über eine geplante Tour am Wild Atlantic Way zu reden.

Bereits vor einigen Monaten hatten sie sich vorgenommen diese Route in ihr Angebot einzubeziehen, nur gab es bisher keine Möglichkeit.

Ronan war gute einhundert Jahre älter als er und hatte ihn in sein Geschäft geholt, nachdem er von Paris nach Irland zurückgekehrt war. Das war auch schon wieder mehr als ein Jahrzehnt her.

Lorcan sah sich genau um, denn gegen das höchste Gebot der Magischen Welt, der Geheimhaltung, wollte er keinesfalls verstoßen. Wenn es eine Katastrophe darstellte, sollten Menschen ihn in seiner Gestalt als Leopard sehen, bedeutete es seinen Untergang, falls ihn jemand bei seiner Verwandlung beobachtete. Bei einem solchen Verbrechen würde er es mit den Wächtern zu tun bekommen und wahrscheinlich verbannt werden. Bei der Vorstellung schüttelte er sich, schnupperte noch einmal, bevor er sich zurückverwandelte.

Eilig zog er sich an, anschließend ging er zu seinem Cottage zurück, dabei dachte er weiter über den Vorschlag seines Bruders nach. Kurz musste er lächeln, als er sich daran erinnerte, wie oft Ronan ihn dazu bringen wollte, auch als Verkäufer im Laden zu stehen. Zusätzlich zu den geführten Wanderungen boten sie Wanderausrüstungen an, aber es gruselte ihn, wenn er sich vorstellte, irgendwelche Touristen bedienen zu müssen. Ihm reichte es, sie gesund durch die Berge zu bringen.

Als er an seinem Haus ankam, entdeckte er bereits das Auto seines Bruders, was ihm ein Schmunzeln ins Gesicht zauberte. Er liebte ihn und freute sich darauf, eine neue Tour mit ihm zu planen, zumal er in absehbarer Zeit aus Glendalough wegziehen musste. Sein Besitz wurde dann von der Magischen Gesellschaft verwaltet, bis er wieder in Erscheinung treten durfte, so war gesichert, dass er keinen materiellen Schaden erlitt.

Gestaltwandler alterten nur sehr langsam, was nach einigen Jahren auffiel, wenn sie an einem Ort blieben. Das war einer der Nachteile, ein magisches Wesen zu sein.

Lorcan stieß die Hintertür auf, zog Jacke und Schuhe aus, ehe er in die Küche ging, wo es bereits verführerisch nach Kaffee duftete. Selbstverständlich hatte Ronan einen Schlüssel, sodass er nach Belieben kommen und gehen konnte.

„Hey, Bruderherz, ich hab Schokokuchen mitgebracht." Ronan deutete auf einen Kuchen, bei dessen Anblick Lorcan das Wasser im Mund zusammenlief.

„Sag deiner fantastischen Frau bitte, dass sie mir mit dem Prachtstück das Leben gerettet hat. Der sieht lecker aus." Mit einem Grinsen wollte er ein Stückchen vom Rand abbrechen, doch sein Bruder schlug ihm lachend auf die Finger.

„Du kannst es immer noch nicht abwarten, oder?" Ronan schüttelte gespielt streng den Kopf, ehe er sich schmunzelnd an den Tisch setzte. Er schnitt den Schokoladenkuchen an, legte auf jeden Teller ein Stück, anschließend nickte er Lorcan zu. „Lass es dir schmecken."

Das ließ er sich nicht zweimal sagen, im Gegenteil, es kam selten genug vor, dass ihn jemand bediente. Genüsslich kostete er, verdrehte die Augen, gleichzeitig verkniff er es sich, laut zu schmatzen. Der Kuchen war einfach ein Gedicht, trotzdem rutschte er kurz darauf wieder nervös auf seinem Stuhl herum.

„Stehst du immer noch so unter Strom?" Mitleid zeigte sich in Ronans Miene.

Knurrend nickte Lorcan. „Es ist unerträglich. Ich hoffe, dass das bald aufhört." Er atmete tief ein. „Sollte es sich tatsächlich um die Vorankündigung handeln, von der alle sprechen, sei froh, dass du Maya schon im Kindergarten kennengelernt hast."

Dem pflichtete Ronan sofort bei, da er deutlich sah, wie sein Bruder unter der Situation litt. „Gibt es irgendwas, was dich ablenkt? Kann ich etwas für dich tun?"

Genau das liebte Lorcan so an ihm, er kümmerte sich immer um ihn, bot seine Hilfe an, obwohl er es manchmal auch übertrieb, immerhin war er bereits fast dreihundert Jahre auf dieser Welt. Langsam schüttelte er den Kopf. „Nein, ich versuche mich abzulenken, so gut es geht. Außerdem verwandele ich mich oft." Wieder erntete er einen besorgten Blick, sodass er beide Hände hob. „Lass es gut sein, ich bin vorsichtig und achte darauf, nicht gesehen zu werden."

„Können wir mal über das neue Projekt sprechen?" Geschäftsmäßig kam Ronan auf den Grund seines Besuches.

„Du planst, Touren am Atlantik anzubieten, so weit hab ich das schon verstanden. Wer soll sie führen?" Interessiert betrachtete Lorcan ihn, denn die Antwort ahnte er bereits.

Einen Augenblick druckste Ronan herum, bis er ins kalte Wasser sprang. „Du! So langsam wird es Zeit, deine Zelte hier abzubrechen und da ich weiß, dass du Irland noch nicht verlassen willst, bedeutet ein solcher Ortswechsel eine Alternative." Gespannt beobachtete er die Mimik seines Bruders.

Kurz überlegte Lorcan, zumal er ja mit der Aussage gerechnet hatte, außerdem dachte er schon länger daran, was er tun sollte. Ihm war klar, dass er sich nach einer Bleibe umsehen musste, die weit weg lag, weil es auffiel, dass er kaum älter wurde. Er liebte sein Cottage hier in den Wicklow Mountains, das abgeschieden genug lag, sodass er keine lästigen Nachbarn hatte, trotzdem fuhr er oft nach Laragh, um Vorräte einzukaufen oder im Pub zu essen. Darüber hinaus gab es noch seinen Job als Wanderführer. Die Kunden waren begeistert von ihm, daher buchten sie ihn regelmäßig wieder. Am Atlantik könnte er einen anderen Namen wählen und behaupten, er sei sein eigener Verwandter, nachdem sie seinen Tod fingiert hatten.

„Fällt es dir tatsächlich so schwer, die Gegend hier zu verlassen?" Erneut flammte Mitgefühl in Ronans Augen auf. Er selbst wusste, wie hart es war, jedes Mal neu anzufangen, zumal es ihm auch bevorstand.

„Ja, auch, aber das ist es nicht. Irgendwie habe ich das Gefühl, dass es ein Fehler ist, jetzt schon zu gehen." Er zuckte mit den Schultern, weil er keine Ahnung hatte, wie er es erklären konnte. „Es ist so eine Vorahnung."

Ronan lachte leise. „Wir sollten solche Dinge den Feen überlassen! Die besitzen die besseren Antennen." Er schmunzelte, ehe er auf das Thema zurückkam. „Du würdest erst im kommenden Frühjahr wieder arbeiten. Bis dahin kannst du ja hierbleiben."

Zögernd stimmte Lorcan zu. „Du hast recht, ich muss mich um meine Zukunft kümmern." Es war ja nicht so, dass er das Procedere zum ersten Mal durchlief, deshalb wunderte es ihn besonders, dass er es ständig hinausschob. Wahrscheinlich war diese dämliche Unruhe daran schuld, da er kaum klar denken konnte.

„Was ist mit den Wanderungen? Darf ich dich für den Wild Atlantic Way einplanen?"

War ja vorauszusehen, dass Ronan weiterhin auf dem Thema beharrte. Unwillig knurrte Lorcan. „Ich bin unsicher, wie ich mich entscheiden soll. Ich habe dir von Anfang an gesagt, dass ich das nur für dich mache. Mir missfällt die Idee, den

Rest meines Lebens irgendwelche Touristen durch Gegenden zu schleusen, damit die sich wie Abenteurer fühlen können." Offen begegnete er dem Blick seines Bruders.

„Was willst du stattdessen tun?" Ronan nahm sich enorm zusammen, um seine Enttäuschung zu unterdrücken. Für ihn stand Lorcans Glück an erster Stelle.

„Das ist ja das Problem, solange ich von dieser dämlichen Unruhe geplagt werde, kann ich kaum planen." Er fuhr sich durch die schwarzen Haare. „Ich sollte bedenken, dass die Gerüchte wahr sein können. In dem Fall muss ich Rücksicht auf meine Zukünftige nehmen."

Einen Moment schwiegen die Brüder, dachten über die verzwickte Situation nach, wobei jeder zu seinem eigenen Ergebnis kam.

„Ich warte ab, was passiert. Eventuell fahre ich nach Ballygannon, um mit Gerry zu sprechen. Brian sagt, er weiß alles über Medizin, außerdem hat er die Theorie aufgestellt, dass die Nervosität die Gefährtin ankündigt." Lorcan zuckte mit den Schultern, denn diese Lösung gefiel ihm nicht, obwohl Brian sein Cousin war. Ihm missfiel es, wegen einer solchen Lappalie zu einem Arzt zu gehen.

„Die Idee ist perfekt", stimmte Ronan zu. „Vielleicht ist Gerry in der Lage, dir zu raten, wie du mit den Gefühlen umgehen kannst."

Genervt stieß der Leopard die Luft aus. „Ich brauche keinen Seelenklempner, Bruderherz."

„Gut, ich warte noch mit der Planung oder werde vorerst Damon dort einsetzen. Aber du überlegst es dir ernsthaft, versprochen?" Ronan betrachtete ihn eindringlich.

„Natürlich, sonst gibst du ja doch keine Ruhe. Nur eins solltest du langsam einsehen: Ich bin erwachsen." Lorcan lächelte, um den harschen Worten, den Stachel zu nehmen. Trotzdem zuckte sein Gegenüber getroffen zusammen. „Tut mir leid, ehrlich. Ich bin gerade nicht ich selbst. Ich arbeite gerne für dich, nur wird es auch Zeit, mal wieder meinen eigenen Weg zu gehen."

„Ich verstehe dich ja, nur missfällt mir die Idee, dich genauso zu verlieren, wie unsere Eltern. Ich bin ein Familienmensch." Ronan musterte seinen Bruder, für den er sich immer noch verantwortlich fühlte.

Alarmiert hob Lorcan den Kopf. „Ist etwas passiert? Geht es Mom und Dad gut?"

Sofort beruhigte er ihn. „Ja, natürlich, sie sind nur ziemlich weit weg, wenn ich dich daran erinnern darf."

Erleichtert atmete der Leopard aus. „Du hast mich ganz schön erschreckt. Verdammt, du klammerst. Vielleicht wird es Zeit, dass du Nachwuchs bekommst?" Mit seinem Blick forderte er ihn heraus.

„Wir arbeiten dran."

Man sah deutlich in Ronans Gesicht, dass ihm das Thema peinlich war, woraufhin Lorcan ihn genauer betrachtete. „Geht es dir gut? Oder hast du ein Problem?" Wieso kam er erst jetzt auf die Idee, dass sein Bruder ihn eventuell in ganz anderer Hinsicht brauchte? Der Schokoladenkuchen, die Sorge, dass er in ein fremdes Land ziehen könnte und der verzweifelte Versuch, ihn an den Atlantik zu schicken, hätten ihn von Anfang an hellhörig machen sollen.

„Ich weiß nicht weiter. Maya wünscht sich ein Baby, nur bin ich irgendwie noch nicht bereit." Er seufzte leise. „Es hört sich seltsam an, dessen bin ich mir bewusst. Nur fürchte ich mich vor der Verantwortung. Was, wenn ich wieder mit einer Gruppe in die Berge muss? Oder die Kinder kommen später mit und es passiert ihnen ein Unfall."

Fast hätte Lorcan laut gelacht, aber das verkniff er sich besser. „Stattdessen bemutterst du mich lieber?" Neckend sah er ihn an. „Du bist der Inbegriff von Fürsorge und bestimmt ein toller Vater." Die Zweifel standen Ronan ins Gesicht geschrieben, doch sein Bruder schüttelte schon den Kopf. „Feigheit steht dir nicht. Gibt es noch etwas anderes, was dich beschäftigt?"

„Nein, nicht wirklich, nur ist das Leben als Gestaltwandler ziemlich kompliziert geworden. Darf ich es einem Kind antun, später immer wieder umziehen zu müssen. Du weißt selbst, wie schlimm es ist, die Heimat aufzugeben, um woanders neu anzufangen, wenn man sich dort vielleicht sogar unwohl fühlt." Er rieb sich müde über die Augen. „Außerdem ist es möglich, dass sie einen menschlichen Gefährten bekommen oder eine einfache Bindung zu einem Normalen eingehen."

Lorcan verstand die Sorgen seines Bruders sehr gut, trotzdem würde er keine Sekunde zögern, um eine Familie zu gründen, sobald er seine Seelengefährtin gefunden hatte. „Einen Menschen kann man mittlerweile gefahrlos wandeln, wie du genau weißt. Trennungen erleben viele Wesen, nicht nur Gestaltwandler." Er erhob sich, ging auf die andere Seite des Tisches, wo er sich neben ihn setzte, damit er einen Arm um Ronans Schultern legen konnte. „Ich verstehe, dass du Angst hast, zu versagen oder einen Fehler zu machen, aber ich versichere dir, dass du dich gerade verrennst. Niemand ist perfekt, was auch keiner von dir verlangen wird. Deine Kinder werden in Liebe aufwachsen, was die beste Voraussetzung für ihr Glück ist."

Dankbar lehnte Ronan sich an ihn, ehe er leise lachte. „Ich bin eigentlich hergekommen, um nach dir zu sehen, doch jetzt sprichst du mir Mut zu. Vielleicht ist es dieses Gerücht, um die Geheimloge innerhalb der Magischen Welt."

Bei der Bemerkung wurde Lorcan aufmerksam. „Was meinst du? Zu mir dringen gerade nicht viele Neuigkeiten."

Nachdenklich trank Ronan einen Schluck seines Kaffees, dabei überlegte er, was genau ihm zugetragen worden war. „Angeblich haben sich ein paar hochgestellte Wesen zusammengeschlossen, um den Rat zu stürzen. Darunter sind Richter, finanzstarke Industrielle, eben Leute, die genug Einfluss besitzen, um zur Gefahr für unseren Frieden zu werden."

Lorcan stieß erschrocken die Luft aus. Das war eine Nachricht, von der er hoffte, dass es sich tatsächlich nur um ein Gerücht handelte. Er wollte sich nicht mal vorstellen, was passierte, wenn einige Wahnsinnige die Macht an sich reißen würden. „Lass mich raten, sie wollen den Menschen zeigen, dass sie unter ihnen stehen."

„Natürlich, es ist immer dasselbe. Außerdem planen sie, eine Hierarchie unter den Paranormalen einzuführen. Frei nach George Orwell: Alle sind gleich, aber manche sind gleicher als gleich." Wieder seufzte er. „Brian war letzte Woche bei uns zum Abendessen. Die gesamte Erste Einheit ist in Alarmbereitschaft, während die Spione unterwegs sind, um Informationen zu sammeln. Bisher sind ihnen keine eindeutigen Beweise in die Hände gefallen."

Lorcan pfiff durch die Zähne. „Wenn die Wächter losgelassen wurden, ist es mehr als ein Gerücht, oder?"

Langsam schüttelte sein Bruder den Kopf. „Nein, es ist nur eine Vorsichtsmaßnahme und noch sind sie in Ballygannon, aber es herrscht dort eine angespannte Atmosphäre."

Das verstand der Leopard verdammt gut. Unter den Umständen könnte er auch nicht gelassen bleiben. Leider kam es immer mal wieder vor, dass Paranormale größenwahnsinnig wurden. Vor einigen Jahren war es der Anführer der Vampire gewesen, der eine Banshee eingefangen hatte, um über den Tod zu herrschen. Brian hatte ihnen diese Geschichte erzählt, da er zu den Wächtern gehört hatte, die den durchgeknallten Kerl einfangen mussten.

„Mach dir keine so großen Sorgen, erstens ist es bisher ein unbestätigtes Gerücht, zweitens beschützen uns die Männer aus Ballygannon sehr gut und drittens sind wir keine Menschen." Er drückte Ronan an sich. „Es gibt doch immer jemanden, der querschießt."

„Danke, du hast völlig recht. Ich sollte nicht auf den perfekten Augenblick warten." Ronan lächelte leicht. „Manchmal bist du schlauer als ich, kleiner Bruder."

Bei der Bemerkung lachte Lorcan auf. „Manchmal? Du untertreibst."

Die Stimmung war plötzlich viel gelöster, was den Leoparden erleichtert aufatmen ließ, gleichzeitig war er froh, dass er seinem Bruder helfen konnte.

Sie genehmigten sich noch ein Stück Kuchen, anschließend machte Ronan sich wieder auf den Heimweg.

Jetzt musste Lorcan sich erneut der nervenden Nervosität stellen, von der ihn nichts mehr ablenkte. Unruhig lief er durch sein Cottage, dabei dachte er über diese Loge nach. Ob sich wirklich ein paar durchgeknallte Geschöpfe zusammengeschlossen hatten, obwohl die Wächter für Ordnung sorgten?

Seufzend ließ er sich in einen Sessel fallen, gleichzeitig erinnerte er sich an die Männer, die es sich zur Aufgabe gemacht hatten, sie alle zu beschützen. Sein Cousin Brian war einer davon und oft genug beschwerte er sich, dass sie nach all den Jahren immer noch gefürchtet wurden.

In der Tat eilte ihnen der Ruf voraus, dass sie gnadenlos waren, sich kaum um die Hintergründe kümmerten und sehr effizient vorgingen. Deshalb konnte er sich nicht vorstellen, dass jemand den Konflikt mit dieser Gruppe freiwillig suchte.

Natürlich wusste er, dass etliche Behauptungen, die man über die Wächter erzählte, erfunden waren, denn in erster Linie versuchten sie zu helfen, wobei sie vermieden, irgendjemanden zu vernichten. Er runzelte die Stirn, als er an das unfaire Gerücht dachte, mit dem vielen paranormalen Wesen Angst eingejagt wurde.

Erneut sorgte die Unruhe dafür, dass er aufstand, um seine Wanderung wieder aufzunehmen. Er brauchte eine Beschäftigung, das stand mal fest, nur was sollte er tun? Angestrengt überlegte er, bis er beschloss, tatsächlich eine Wandertour zu machen, wofür er am nächsten Tag in Laragh Vorräte einkaufen wollte.

Nervosität hin oder her, er kannte sich in den Wäldern gut genug aus, konnte auf die speziellen Fähigkeiten des Leoparden zurückgreifen, darüber hinaus musste er einfach hier raus. Mit dem Gedanken ging er ins Bett.

~~°~~

Trish lenkte ihr Motorrad durch das Dörfchen Shannonbridge, nachdem sie fast die gesamte Nacht durchgefahren war. Jetzt benötigte sie dringend eine Pause, obwohl sie als Gestaltwandlerin nicht so viel Schlaf brauchte wie ein Normaler. Trotzdem tat ihr langsam alles weh, außerdem sehnte sie sich danach, sich auszustrecken, wenigstens für eine kleine Weile.

Von ihrem Geld, das sie vor einem guten Monat als Kellnerin verdient hatte, blieb ihr nur ein kläglicher Rest, daran änderte auch die Tatsache nichts, dass sie oft genug in alten verlassenen Scheunen übernachtet und auf billiges Fast Food zurückgegriffen hatte.

Seufzend lenkte sie die BMW aus der Ortschaft, um sich nach einer Bleibe umzusehen, die sie umsonst bekam. Hier irgendwo gab es bestimmt einen Stall, den niemand mehr benutzte. Außerdem sollte sie ihre Barschaft aufbessern, was hieß, dass sie einen Job annehmen musste. Jetzt, in der Nachsaison, war das nur eine kleine Herausforderung, da immer noch Touristen nach Irland kamen und somit weiterhin irgendwelche Bedienungen oder Verkäuferinnen gesucht wurden.

Endlich sah sie einen halb zerfallenen Schuppen, der groß genug war, um ihr Motorrad zu verstecken, sodass es keinem auffiel, dass sie dort kampierte.

Trish hob den Kopf, schnupperte, erkundete die Gegend mit ihren tierischen Sinnen, ehe sie abstieg, die BMW in den verfallenen Stall schob, wo sie ihr Bike aufbockte. Sie sah sich kurz um, bemerkte aber, dass es hier genauso aussah, wie in den anderen Schafställen, in denen sie übernachtet hatte. Seufzend holte sie eine Isomatte und den Schlafsack von ihrer Maschine, breitete beides aus, ehe sie sich müde ausstreckte.

Es war nicht das erste Mal, dass sie auf dem Boden schlief, ebenso wenig würde es das letzte Mal sein.

Sie schloss die Augen, zumal sie sicher sein durfte, dass ihr spezielles Gehör sie rechtzeitig weckte, sollte sich jemand dem Schuppen nähern. Morgen wollte sie dann nach einem Job suchen.

Trish erwachte mitten in der Nacht, was sie kaum verwunderte, immerhin hatte sie sich früh hingelegt. Sie streckte sich, stand auf, sammelte ihre Sachen ein, anschließend machte sie sich zu Fuß auf den Weg nach Shannonbridge. Jetzt war die beste Zeit, um sich ein Bild von dem Ort zu verschaffen, da wahrscheinlich keiner der Bewohner mehr wach war.

Die Saison für die Hausboote, die normalerweise den Shannon belagerten, war fast vorbei, sodass sie nur mit vereinzelten Touristen rechnen musste. Falls doch noch eine Ausflugsgruppe unterwegs war, war es auch kein Problem, da diese sie erfahrungsgemäß sofort wieder vergaßen. Zum Glück hatte sie gelernt, sich unauffällig zu benehmen.

Es dauerte nur eine halbe Stunde, bis sie die ersten Häuser erreichte, dabei fiel ihr ein Pub auf, an den ein Lebensmittelmarkt angeschlossen war. Hier würde sie am kommenden Morgen nach einem Job fragen, aber zuerst musste sie sehen, wo sie sich etwas frisch machen konnte.

Sie schlenderte durch den schlafenden Ort, wobei sie sich nicht mal bemühte, leise zu sein, weil die Straßen wie ausgestorben vor ihr lagen. Es gab insgesamt vier Restaurants, ein Bed & Breakfast und zu ihrem Glück auch Sanitäranlagen bei den Anlegeplätzen, wo sie sich später waschen wollte.

Wie gut, dass man hier auf Münzautomaten umgestiegen war, sodass man die Häuser offen ließ. So konnte sie duschen, ohne einen der Bootsbesitzer bezirzen zu müssen.

Zufrieden über ihre Erkundungstour lief sie zurück zu dem Schuppen, wo sie ihre Unterlagen herauskramte. Auf ihrer Liste hatte sie alle Richter vermerkt, dahinter notierte sie, wo sie wohnten. Lediglich die Engel ließ sie aus, weil die erstens keinen Sitz im Rat für sich beanspruchten und zweitens immer auf der Seite der Menschen standen. Die Spezies durfte sie getrost vernachlässigen.

Kurz betrachtete sie die Adresse der Hexe, die sie dieses Mal überprüfen wollte, dabei erinnerte sie sich an die ablehnenden Worte ihres Onkels damals, als ihre Eltern gerade gestorben waren.

Trish hatte sich erleichtert gefühlt, als Jacob ankam, um ihr beizustehen, das gab sie offen zu, doch als sie ihm aufgeregt erzählt hatte, dass es kein Unfall gewesen sein konnte, wurde sie bitter enttäuscht.

Er hatte sie nur mitleidig angesehen und gleichzeitig den Kopf geschüttelt. „Mein liebes Kind, ich kann verstehen, dass du der Wahrheit nicht ins Auge sehen willst, aber es nützt keinem etwas, wenn du aus einem Autounfall einen Mord machst." Er hatte sie in seine Arme genommen, um sie zu trösten.

Niemand glaubte ihr, obwohl es klar auf der Hand lag: Zwei Gestaltwandler wurden an einem Tag von einem Auto überfahren? Das war ja schon ein seltsamer Zufall, zumal es hier ja um besondere Tiere ging. Dass es sich um den gleichen Wagen handelte, machte sie stutzig. Ihre Eltern verhielten sich immer vorsichtig, egal, ob sie in ihrer tierischen Gestalt unterwegs waren, oder als Menschen.

Energisch strich sie sich die Tränen aus den Augen, als sie an den verhängnisvollen Tag dachte. Jeder sprach ihr sein Mitleid aus, viele versicherten ihr, dass sie jederzeit ihre Unterstützung bekommen würden, doch niemand wollte das Offensichtliche sehen.

Es war ihr verdammt schwergefallen, ihr wunderschönes Zuhause in Galway zu verlassen, um auf die Jagd zu gehen, aber was blieb ihr anderes übrig? Obwohl sie das Geld gut gebrauchen konnte, entschied sie sich dagegen, ihr Elternhaus zu verkaufen, stattdessen plünderte sie ihr Konto und das ihrer Eltern. Seitdem war fast ein Jahr vergangen, dabei schrumpften ihre Reserven auf einen kümmerlichen Rest zusammen. Ihr war klar, dass sie nach Hause zurückkehren müsste, um an ihr Erbe heranzukommen, nur befürchtete sie, dass sie mittlerweile auf der Fahndungsliste der Wächter stand.

Trish seufzte leise, weil sie keine Ahnung hatte, in wieweit die Männer aus Ballygannon ihr auf den Fersen waren. Sie wusste nur, dass man einen Einbrecher suchte, der es besonders auf die Mitglieder des Magischen Rates abgesehen hatte. Zu ihrem Pech hatten sie jetzt wohl auch mitbekommen, dass es sich um einen Gestaltwandler handelte, der sich in ein Hermelin verwandeln konnte. Da war die Vermutung, dass sie nach ihr fahndeten, nicht allzu weit hergeholt.

Wieder betrachtete sie ihre magere Beute, die ihr zwar zeigte, dass sie die ganze Zeit recht gehabt hatte, aber weitaus zu wenig beinhaltete, um damit an die Wächter oder an einen der Richter heranzutreten.

Bei dem Gedanken an die beeindruckenden Soldaten aus Ballygannon, lachte sie spöttisch auf. Auch sie glaubten ihr damals kein Wort, sondern schickten sie einfach weg, als ob sie ein kleines dummes Kind wäre.

Sie fühlte einen leichten Triumph, weil sie einer Verhaftung bisher entgehen konnte, allerdings wusste sie, dass sie verdammt vorsichtig sein musste.

~~°~~

Endlich war es spät genug, sodass sie ihre Sachen einpacken und zum Ort rüberfahren durfte, ohne besonders aufzufallen. Sie fuhr direkt zu den Sanitäranlagen am Anlegeplatz, bockte hier ihre Maschine auf, ehe sie sich für ihren Auftritt in dem Laden herrichtete.

Genüsslich ließ sie das warme Wasser auf sich niederprasseln, denn das war in der letzten Zeit tatsächlich Luxus gewesen. Natürlich fand sie immer wieder Gelegenheiten, um sich zu waschen, damit sie nicht wie eine Obdachlose aussah, trotzdem hatte sie solche Selbstverständlichkeiten zu schätzen gelernt.

Eilig spülte sie den Schaum aus den Haaren, dabei überlegte sie, was für eine Geschichte sie dem Ladenbesitzer auftischen sollte. Ihr war klar, dass sie sehr schlecht im Lügen war, deshalb beschloss sie, sich so dicht wie möglich an die Wahrheit zu halten.

Kurz darauf machte sie sich auf den Weg, gleichzeitig hoffte sie, dass sie einen Job bekam.

Der Pub hatte natürlich noch geschlossen, aber der Lebensmittelladen war geöffnet, sodass sie dort ihr Glück versuchte.

„Guten Morgen, was kann ich für Sie tun?" Ein Mann mit einem freundlichen Gesichtsausdruck sah sie erwartungsvoll an.

„Ihnen auch einen schönen Tag, ich bin auf der Durchreise und suche einen Job. Sie brauchen nicht zufällig eine Verkäuferin oder eine Bedienung?" Bei der Frage deutete sie auf den Durchgang zur Kneipe.

Einen Augenblick musterte der Kerl sie eindringlich. „Auf der Durchreise?"

Jetzt setzte Trish ihr strahlendstes Lächeln auf. „Ja, ich wollte unsere tolle Insel mit dem Motorrad erkunden. Viel zu oft verbringen wir unseren Urlaub doch im Ausland, statt das Juwel zu sehen, das direkt vor unserer Nase liegt." Sie zuckte mit den Schultern. „Ich bin Studentin, da lebt es sich nicht so üppig", fügte sie hinzu. Zum Glück sah sie mit ihren einhundertfünfzig Jahren immer noch ziemlich jung aus, was für eine Gestaltwandlerin kein Wunder war.

Bei der Aussage bekam der Gesichtsausdruck des Mannes einen verträumten Touch. „Oh, ja, ich kann mich gut an meine eigene Studienzeit erinnern. Damals wollte ich unbedingt mit meiner Maschine die Route 66 entlangfahren." Er lächelte Trish an. „Hast du Erfahrung als Verkäuferin?"

„Ja, ich jobbe öfter im Service." Jetzt biss sie sich auf die Lippe, denn der schwierigste Teil kam noch. „Ist es möglich, dass ich den Lohn bar bekomme? Auf der Tour ist es immer lästig, erst in eine größere Stadt zu fahren, um flüssig zu sein. Eine Kreditkarte war mir zu gefährlich, es gibt so viele Diebe." Angespannt hielt sie seinem Blick stand, doch mit ihrer Geschichte rannte sie hier offene Türen ein.

„Das kann ich gut verstehen, aber ich muss einen Nachweis haben, dass du volljährig bist.“ Er lächelte und Trish erkannte, dass ihre Bitte, das Geld bar auszuzahlen, ihm entgegenkam, was hieß, dass er sie nicht als Angestellte anmeldete.

„Klar!“ Sofort holte sie ihr Portemonnaie aus der Hosentasche, um ihm kurz darauf den Führerschein unter die Nase zu halten.

„Sehr gut, dann stell deine Maschine mal in den Hof, ehe du mit der Arbeit anfängst.“ Interessiert betrachtete er die BMW durch das Schaufenster. „Da fällt mir ein, wo wohnst du denn?“

Trish machte eine wegwerfende Handbewegung. „Da findet sich was, ich bin gut ausgerüstet.“

Sie wollte gerade gehen, als der Mann sie zurückhielt. „Wir haben hinter dem Haus einen umgebauten Schuppen. Nichts Besonderes, aber besser als auf dem Boden zu schlafen, darüber hinaus gibt es da auch ein Bad.“

„Super, dann muss ich mir keine Pension leisten. Das passt perfekt, danke.“ Jetzt strahlte sie ihn richtig an, denn mit so viel Glück hatte sie nicht gerechnet. Unter den Umständen konnte sie sich nach Feierabend direkt auf die Suche nach dieser Hexe machen, außerdem stockte sie somit ihre Barschaft auf. Es lief verdammt gut!

Eilig schob sie ihre Maschine in den Hof, wo sie bereits von dem Mann erwartet wurde. „Ein schönes Bike“, meinte er bewundernd, ehe er den Schuppen aufschloss.

„Danke, es ist mein ganzer Stolz, ein Geschenk meiner Eltern.“ In ihre Stimme schlich sich ein trauriger Klang, den sie allerdings sofort unterdrückte.

„Ich hoffe, es reicht, sollte etwas fehlen, sag mir Bescheid.“

Ihr neuer Chef deutete in den Raum, anschließend drückte er ihr den Schlüssel in die Hand. „Ach übrigens, mein Name ist Edward, kurz Eddy."

Lächelnd nickte sie ihm zu. „Das ist sehr großzügig." Sie überlegte einen Moment, ehe sie sich für die Wahrheit entschied. „Eddy? Ich werde wahrscheinlich nur für eine Woche oder so hierbleiben."

Er blickte sie verstehend an. „Das ist schade, aber wohl nicht zu ändern. Ich bin schon froh, wenn du mir wenigstens über das Wochenende hilfst. Danach sollte meine Verkäuferin Betty wieder gesund sein." Er deutete auf den Raum vor ihr. „Richte dich ein und komm dann rüber in den Laden, damit ich dir alles zeigen kann."

Erneut lächelte sie ihn dankbar an, wobei sie sich fest vornahm, so lange zu bleiben, wie es ihr möglich war. Sie konnte das Geld verdammt gut gebrauchen, außerdem wollte sie Eddy helfen, er war einer der wenigen, die ihr eine Chance gaben.

Sie sah sich in dem umgebauten Schuppen um, dabei entdeckte sie eine kleine Kochecke, ein Einzelbett, einen Schrank und eine Tür führte in ein Badezimmer. Was für ein Luxus, nachdem sie in den letzten Wochen eher in verfallenen Ställen übernachtet hatte. Am liebsten hätte sie sich auf das Bett fallen lassen, stattdessen räumte sie ihre Satteltaschen aus, machte sich kurz frisch, anschließend ging sie in den Laden rüber.

Den restlichen Tag verbrachte sie unter Eddys Aufsicht, damit er sicher sein konnte, dass sie wusste, was sie tat.

Unter anderen Umständen wäre Trish sogar hiergeblieben, denn der Job gefiel ihr, ihr Chef war anständig und die Bezahlung in Ordnung. Allerdings hatte sie eine Aufgabe zu erledigen, von der sie niemand abhalten würde.

Am Abend lud Eddy sie zum Abendessen ein, das er in seiner Wohnung servierte. Die Gelegenheit, Geld zu sparen, nahm sie sofort wahr, obwohl sie schon mehr bekommen hatte, als erwartet.

Wie selbstverständlich half sie, den Tisch zu decken, ehe sie sich zusammen mit ihrem Gastgeber zum Essen hinsetzte.

„Was hast du denn vor? Einfach so durch Irland cruisen?“ Eddy betrachtete sie neugierig. Er war schätzungsweise knappe fünfzig Jahre älter als sie, sodass die junge Frau ihm gefiel. Deshalb hatte er ihr auch bereits während der Arbeit das Du angeboten.

Trish nickte, gleichzeitig kaute sie an einem Stück Steak. „Ja, ich bin ziemlich planlos unterwegs. Wo es mir gefällt, da bleibe ich, suche mir einen Job und ziehe nach einigen Tagen weiter“, antwortete sie, als sie heruntergeschluckt hatte.

„Beneidenswert, wenn man so frei ist.“ Eddys Augen bekamen einen sehnsuchtsvollen Ausdruck. „Ich habe immer hier in diesem Laden gearbeitet, schon bevor ich ihn geerbt habe“, erzählte er mit einem Schulterzucken.

„Das stelle ich mir ziemlich langweilig vor. Hast du nie daran gedacht, mal auszubrechen? Die Welt kennenzulernen?“ Trish sehnte sich zwar nach einem geregelten Leben, aber das war ihr definitiv zu viel Eintönigkeit. Sie wollte noch einige Dinge erleben, sich verschiedene Länder ansehen, was sogar zwangsläufig auf sie zukam, da sie in absehbarer Zeit Irland wohl verlassen musste.

„Doch, ich hatte früher den Wunsch, mal mit einem Bike rund um den Globus zu fahren." Er lachte, gleichzeitig wischte er mit der Hand durch die Luft. „Wunschträume eines grünen Jungen."

Trish schüttelte heftig mit dem Kopf. „Finde ich gar nicht. Man sollte seinen Träumen folgen, sonst fragt man sich immer, ob man vielleicht etwas verpasst. Am Ende unseres Lebens zählt wohl kaum, wie viel Geld man verdient hat oder was man besitzt, sondern die Momente, in denen man tatsächlich gelebt hat." Bei den Worten kam sie sich ein wenig altklug vor, aber sie war der festen Überzeugung, dass man die Gelegenheiten nutzen musste.

Eddy seufzte. „Da gebe ich dir recht, nur habe ich keine Ahnung, wie ich das anfangen soll. Der Laden ist alles, was ich besitze. Ich kann mir nicht vorstellen, das Geschäft einfach zu verkaufen, zumal ich von irgendwas meine Rechnungen bezahlen sollte." Er lächelte sie an. „Den Mut bringe ich niemals auf, im Gegensatz zu dir", gab er leise zu.

Jetzt war es an Trish, eine wegwerfende Handbewegung zu machen. „So mutig bin ich gar nicht. Ich trage keinerlei Verantwortung. Auf mich wartet kein eigener Lebensmittelladen. Bisher gibt es niemanden in meinem Leben, auf den ich Rücksicht nehmen muss." Wieder wurde ihr bewusst, wie alleine sie im Grunde war, doch sie redete sich ein, dass das der Preis war, den sie für ihre Freiheit bezahlte. Darüber hinaus konnte sie bei ihrem Unternehmen keine Familie brauchen, die sie am Ende nur von ihrem Vorhaben abhalten wollte.

„Was nicht ist, kann ja noch werden", murmelte Eddy, dabei sah er sie auf eine Art an, die sie augenblicklich dazu brachte, zurückzuweichen.

Trish betete, dass er sich jetzt nicht in sie verliebte, nur lag das wohl kaum in ihrer Hand. „Klar, allerdings habe ich Zeit. Ich bin jung, da darf das Familienleben gerne ein wenig warten.“ Sie kicherte leise. „Außerdem gibt es so viel in Irland zu sehen.“

Edward lachte mit ihr, gleichzeitig gab er ihr recht, was sie aufatmen ließ. Hätte er sie angebaggert, wäre sie sofort weitergezogen. Auf einen eifersüchtigen Chef, der jeden ihrer Schritte belauerte, konnte sie getrost verzichten.

„Sag mal, es existiert das Gerücht, dass hier in Shannonbridge eine echte Hexe lebt. Weißt du da mehr drüber?“ Neugierig musterte sie ihn. „Ich liebe solche Geschichten und brenne darauf, unsere Mythen und Sagen zu erforschen.“

Eddy schmunzelte leicht. „Ja, davon habe ich gehört. Mir tut die Frau einfach leid, weil immer wieder so schäbige Sachen über sie verbreitet werden.“ Er überlegte kurz. „Sie ist eigenbrötlerisch und manchmal auch ziemlich unfreundlich, trotzdem glaube ich, dass sie derartige Aussagen nicht verdient hat.“

Zustimmend nickte Trish, obwohl sie es besser wusste. So wie es aussah, kam sie schneller an die Hexe heran, als sie gehofft hatte. „Weshalb ist sie denn so verschrien?“

„Weil sie sich von uns anderen fernhält. Viele denken, dass sie sich für überlegen hält und ich gebe zu, dass sie oft arrogant rüberkommt. Sie lebt in einem Cottage am Rande des Ortes, nicht weit von dem Fort, in dem jetzt ein Restaurant ist.“ Er deutete mit der Hand grob in die Richtung. „Ihre Hütte ist ziemlich gut gesichert, so als ob sie etwas sehr Wertvolles oder ein großes Geheimnis hütet, was die Gerüchte natürlich noch mehr anheizt.“

Trishs Herz klopfte ihr bis in den Hals, ihr Puls raste, denn das musste ein Mitglied der Geheimloge sein, anders konnte sie sich ihr Verhalten kaum erklären. Weshalb sollte eine Hexe bei den Menschen leben, wenn sie diese offensichtlich verabscheute? „Ich dachte, da drüben stehen keine Wohnhäuser“, bemerkte sie, obwohl sie das Haus bereits in der letzten Nacht gesehen hatte, doch jetzt wollte sie auf jeden Fall sichergehen.

„Es gibt auch nur das eine Cottage. Vielleicht hat sie deshalb den Ruf bekommen. Niemand sonst möchte in der Ecke wohnen, weil es angeblich dort spukt.“ Eddy lachte erneut. „Du kennst ja unser Land, es existieren so viele Geschichten, die den Leuten Angst machen sollen.“

Trish nickte ihm vergnügt zu, allerdings mehr, um zu überspielen, dass sie ja die Wahrheit hinter den Mythen kannte. „Was ist es denn hier? Eine Banshee? Sheeries?“

Langsam schüttelte Edward den Kopf. „Nein, man munkelt, dass in dem Gebiet eine Hexe gefangen gehalten wurde. Später hat man sie ins Moor gestoßen, wo sie versunken ist.“ Er sah sie ernst an, dann lachte er wieder. „Wer weiß, was dahintersteckt. Wahrscheinlich ist das nur eine der Geschichten, um die Touristen anzulocken.“

Schnell pflichtete sie ihm bei, wobei ihr Instinkt ihr sagte, dass es hier wohl eher die Wahrheit war.

Gemeinsam erledigten sie den Abwasch, bevor Trish sich für den schönen Abend bedankte. „Es ist wirklich toll von dir, dass du mir diese Chance gibst, obwohl du weißt, dass ich nicht lange bleibe.“

Eddy winkte lachend ab. „Ich brauche jemanden, du stellst dich gut an, da habe ich dich lieber ein paar Tage im Laden, als gar nicht.“ Er stoppte kurz, um sie zu mustern. „Außerdem kann niemand in die Zukunft sehen. Vielleicht entdeckst du ja, dass dir Shannonbridge so gut gefällt, dass du hierbleiben willst."

Jetzt hätte sie beinahe heftig den Kopf geschüttelt, stattdessen lächelte sie nur geheimnisvoll. „Stimmt, wer weiß schon, was passiert." Sie verabschiedete sich endgültig, um in ihr eigenes Reich zu gehen.

Seufzend ließ sie sich auf das Bett fallen, zuerst wollte sie sich ein wenig ausruhen, weil sie sowieso warten musste, bis Eddy sie nicht mehr sehen konnte.

Kurz dachte sie darüber nach, wie es wohl wäre, sesshaft zu sein, einen geregelten Job oder vielleicht sogar einen Partner zu haben. Ob sie mit jemandem wie ihrem Chef glücklich werden würde? Bei dem Gedanken lachte sie leise auf. Nein, er brauchte eine Ehefrau, die ihn im Laden unterstützte und den Haushalt erledigte, außerdem erkannte sie ihren Gefährten auf den ersten Blick, sollte er ihr über den Weg laufen. Die Gabe besaß jeder Gestaltwandler.

Wer ist wer?

Liebe Leserinnen, liebe Leser,

ich freue mich, dass ihr mich wieder nach Irland begleitet habt und vielleicht seid ihr neugierig auf die Geschichten der Wächter geworden. Deshalb habe ich hier eine kleine Auflistung, welcher Wächter in welchem Buch vorkommt und wer er überhaupt ist.

Bitte seht es mir nach, dass ich in diesem Buch nicht wirklich in die Tiefe gegangen bin, wenn es um die Jungs von Ballygannon und ihre Frauen ging.

Die Protagonisten rund um Kate und Jeremy aus „Mystic Ireland - Vom Kätzchen verführt“:

Kate - Gestaltwandlerin Katze - arbeitet als Detektivin

Jeremy - Mensch - Polizist

Kim - Gestaltwandlerin Rabe - beste Freundin von Kate

Steven - Mensch - Kollege von Jeremy

Tom - Mensch - Kollege von Jeremy

Darren - Mensch - Kollege von Jeremy

Die Protagonisten rund um Trish und Lorcan aus „Mystic Ireland - Vom Leoparden gerettet“:

Trish - Gestaltwandler Hermelin - sucht die Mörder ihrer Eltern

Lorcan - Gestaltwandler Leopard - Wanderführer

Jacob - Onkel von Trish - Gestaltwandler

Magdalena - Hexe - Verbündete von Trish

Eddy - Ladeninhaber - hilft Trish

Die Protagonisten rund um Kane und Aine aus „Mystic Ireland - Vom Tiger geliebt“:

Aine - Feuerdämon - wird von Kane gerettet
Kane - Wertiger - unterstützt die Wächter in minderschweren Fällen
Keela - Wertiger - Schwester von Kane
Kiran - Wertiger - Bruder von Kane
Kijartan - Wertiger - Bruder von Kane
Ronwe - Erzdämon - Oberster Richter der Magischen Welt

Die Protagonisten rund um Pearl und Rowan aus „Mystic Ireland - Vom Werwolf entführt“:

Pearl - Mensch – wird von Rowan entführt
Rowan – Werwolf – Anführer der Skibbereen–Wölfe
Malcom – Werwolf – Onkel von Pearl
Magnus – Werwolf – Cousin von Pearl
Eirene – Werwölfin – Cousine von Pearl
Naomi – Werwölfin – Cousine von Pearl
Raymond – Werwolf – Aufpasser von Pearl, der sie heiraten will
Sean – Werwolf – rechte Hand von Rowan
Venora – Hüterin

Die Wächter:
Logan – Jaguar – Kämpfer der Wächter – Gefährte von Joleen (Wild Thing – Dem Jaguar verfallen).
Joleen – ehemalige Barkeeperin – Hackerin bei den Wächtern – Gefährtin von Logan (Wild Thing – Dem Jaguar verfallen).

David – Wolf – Anführer der Ersten Einheit – Gefährte von Emily (Wild Thing – Wolfsliebe)

Emily – ehemalige Einbrecherin – Gefährtin von David (Wild Thing – Wolfsliebe)

Gerry – Luchs – Arzt der Wächter – Gefährte von Lea (Wild Thing – Das Herz des Luchses)

Lea – Engel – Krankenschwester – Gefährtin von Gerry (Wild Thing – Das Herz des Luchses)

Brian – Wolf – Einbruchsspezialist der Wächter – Gefährte von Caitlin (Wild Thing – Eigentum des Wolfs)

Caitlin – Falke – Spionin der Wächter – Gefährtin von Brian und Nichte von Steward (Wild Thing – Eigentum des Wolfs)

Steward – Gepard – Boss der Wächter – Gefährte von Patricia und Onkel von Caitlin (Wild Thing – Dämonische Gefährtin)

Patricia – Dämonin – Agentin der Magischen Welt – Gefährtin von Steward (Wild Thing – Dämonische Gefährtin)

Patrick – Panther – Hacker der Wächter – Gefährte von Victoria (Wild Thing – Gefangene des Panthers)

Victoria – Sylphe (Luftgeist) – Gefährtin von Patrick (Wild Thing – Gefangene des Panthers)

Jorgan – Drache – Kundschafter der Wächter – Gefährte von Mia (Wild Thing – Die Liebe des Drachen)

Mia – Heilerin – ehemalige Küchenhilfe in Ballygannon – Gefährtin von Jorgan (Wild Thing – Die Liebe des Drachen)

Weitere Gestaltwandlerbücher, die unabhängig voneinander zu lesen sind:

Brendon – Bär – Schafzüchter – Cousin von Gerry – Gefährte von Paula

Paula – Bibliothekarin – Gefährtin von Brendon (Ein Bär zum Verlieben)

Flann – Tiger – Kämpfer/Inhaber eines Fitnessstudios – Freund von David – Gefährte von Darla

Darla – Informatikerin – Gefährtin von Flann (Ein Tiger mit Gefühl)

Finbar – Werwolf – Brennmeister – Gefährte von Clara

Clara – Verkäuferin – Gefährtin von Finbar (Ein Werwolf mit Herz)

Liam – Löwe – Bankdirektor – Freund von Steward – Gefährte von Aislinn

Aislinn – Hexe – Mensch – Patenkind von Alfar – Gefährtin von Liam (Kein Löwe zum Küssen)

Cormack - Richter - Mensch und Gefährte von Belana

Belana - Katze - lebt auf den Straßen von Athlone - Gefährtin von Cormack (Ein Kätzchen zum Zähmen)

Danksagung

Ich bedanke mich an dieser Stelle besonders bei meinen fantastischen Testlesern Vero, Tanja, Nadine, Ute, Anja, Christine und Nicole. Ihr seid die Besten!

Ein ganz besonderer Dank geht an meinen fantastischen Coverdesigner Paul von D-Design Cover Art. Seine Geduld mit mir ist unbeschreiblich und seine Ideen einfach toll. Danke.

Einen dicken Dank auch an meinen Lektor Dietmar, ohne den so mancher logischer Fehler durchgerutscht wäre. Danke.

Besonders bedanke ich mich bei meinem Lesern, die aus mir erst das machen, was ich bin. Danke, danke, danke.

Über die Autorin

Lisa Skydla ist 1971 geboren, gelernte Datenverarbeitungskauffrau und lebt heute mit ihrer Familie im wunderschönen Rhein-Lahn-Gebiet.

Im Alter von etwa zehn Jahren bekam die heutige Autorin ein Buch in die Hand, von dem sie so enttäuscht war, dass sie beschloss, selbst etwas zu schreiben. Aus den Mini-Liebesromanen für Klassenkameradinnen wurden dann nach und nach richtige Bücher.

Als sie in die fantastische Welt des BDSM fand, wurde das Pseudonym „Lisa Skydla“ geboren. Eigentlich sind das die beiden Namen ihrer Pferde, die jetzt als Autorenname für die SM-Liebesromane herhalten. Wobei es ihr extrem wichtig ist, einen Einblick in die Welt des BDSM zu geben. Den Menschen zu zeigen, dass diese Art Liebe großes Vertrauen erfordert und nichts Perverses oder Abartiges ist. Vieles hat sie selbst erlebt und genossen, einiges ist nur ihrer Fantasie entsprungen. Was davon was ist, überlässt sie der Vorstellungskraft ihrer Leser.

Allerdings sind die SM-Szenen nur die Sahnehäubchen innerhalb der Geschichten. Lisa Skydla schreibt Bücher über Beziehungen, Liebe und Gefühle für ganz normale Menschen.

Ihre Geschichten haben den Hintergrund, die Leser zu bestärken sich nicht verbiegen zu lassen, zu sich selbst zu stehen und zu erkennen, dass jeder Mensch wertvoll ist.

Außerdem ist sie unter dem Pseudonym „Aimée Moreau“ unterwegs. Dort schreibt sie Liebesromane mit Tiefgang.

Website: www.lisa-skydla.com

Facebook: https://www.facebook.com/Skydla
Instagram: https://www.instagram.com/lisaskydla
Blog: https://skydla.wordpress.com

Weitere Bücher von Lisa Skydla:

Mystic Ireland:
Vom Werwolf entführt
Vom Tiger geliebt
Vom Leoparden gerettet
Vom Kätzchen verführt

Highland-Reihe:
Highlander sind auch nur Männer
Weihnachtswunder in den Highlands
Sommernachtstraum in den Highlands

Wild Thing - Reihe:
Wild Thing - Dem Jaguar verfallen
Wild Thing - Wolfsliebe
Wild Thing - Das Herz des Luchses
Wild Thing - Eigentum des Wolfs
Wild Thing - Dämonische Gefährtin
Wild Thing - Gefangene des Panthers
Wild Thing - Die Liebe des Drachen

Elementals - Reihe:
Elementals - Gefangenes Wasser
Elementals - Gezähmtes Feuer
Elementals - Gesprengte Erde
Elementals - Gefesselte Luft

Dämon - Reihe:
Jill - Sklavin des Dämons
Emma - Eigentum des Dämons
Bella - Geliebte des Dämons

Russian Fighter - Reihe:
Russian Fighter - Eigensinnige Herzen
Russian Fighter - Widerwillige Gefühle
Russian Fighter - Rebellische Liebe
Russian Fighter - Vergessenes Vertrauen
Russian Fighter - Wiedergewonnenes Glück
Russian Fighter - Verdrängte Leidenschaft

Wiesbaden-Lovestory:
Finstere Leidenschaft
Finstere Zärtlichkeit
Finstere Hingabe

Einzelromane:
Ein Kätzchen zum Zähmen
(K)ein Löwe zum Küssen
Ein Bär zum Verlieben
Ein Tiger mit Gefühl
Ein Werwolf mit Herz
Die Sklavin des Drachenreiters
Lustsklavin des Königs
Fesseln der Zärtlichkeit
Die Sklavin des Zauberers
Reitstunden der Lust
Tabu - Eigentum des Lehrers
Sklavin der Finsternis

Die Geschichte der Sabrina P.
Cassandra - Sklavin des Wassermanns
Im Bann des keltischen Tigers
Der Rigger und das Model
Endstation Sklavin?!
Tanja - Gefährtin des Höllenfürsten
Therese - Eigentum des Grafen

Liebesromane:
Liebe, Stolz und andere Schwierigkeiten
Im Rennpass ins Glück
Ast - Liebe auf Isländisch

Außerdem gibt es noch die Romane von Aimée Moreau, ohne BDSM, aber mit genauso viel Gefühl:

L'Amour éternel
Klang der Tränen
Liebe! Gegenwehr sinnlos
L'Amour du voleur: Die Liebe des Diebes